KB040317

외국인 근로자의 권리보장정책

국립중앙도서관 출판시도서목록(CIP)

외국인 근로자의 권리보장 정책 / 노재철 지음.
-- 서울: 논형, 2012
  p. ;   cm. -- (논형학술; 70)

ISBN 978-89-6357-136-2 94330: ₩20000

외국인 근로자[外國人勤勞者]

321.544-KDC5
331.544-DDC21   CIP2012005539

외국인 근로자의 권리보장정책

노재철 지음

노형

외국인 근로자의 권리보장정책

초판 1쇄 인쇄 2012년 11월 30일
초판 1쇄 발행 2012년 12월 10일
지은이 노재철
펴낸곳 논형
펴낸이 소재두
편   집 소재천, 조현준
등록번호 제2003-000019호
등록일자 2003년 3월 5일
주소 서울시 관악구 성현동 7-77 한림토이프라자 6층
전화 02-887-3561
팩스 02-887-6690
ISBN 978-89-6357-136-2 94330
값 20,000원

책을 펴내며

우리나라는 1960년과 1970년대에 걸쳐 간호사, 광부, 단순 노무직 등 많은 근로자들을 독일과 중동 등지에 송출하여 외화를 벌어들인 역사가 있다. 이 시기에는 절대적 빈곤에서 벗어나는 것이 국가적 과업이었기 때문에 국내 노동인력을 적극적으로 해외로 송출시켰고, 개인적으로는 지긋지긋한 가난을 탈피하기 위해 많은 근로자들이 해외로 눈을 돌렸다.

지금은 OECD 경제순위 10위권의 나라로 장족의 발전을 거듭하고 있지만 과거의 우리나라는 현재 동남아 수준에도 미치지 못하는 열악한 경제수준에 머물고 있었다. 송출 근로자들을 산업 역군이자 전사라 칭송했지만 그들이 타국에서 겪었던 차별과 냉대는 이루 말할 수 없는 외로움과 고통으로 남았을 것이다.

이제는 한국도 인력 송출 국가에서 인력 유입 국가로서 위상을 갖추게 되었다. 더불어 외국인 근로자들이 급속히 유입되면서 여러 가지 부작용들이 발생하고 있다. 특히 불법 체류 외국인 근로자(이하 미등록 외국인 근로자로 칭함) 양산이다. 외국인 근로자정책은 정주형태가 아니라 한시적이고 일시적인 단기 순환형태를 띠고 있으며, 외국 노동인력의 유입 초기 단계에서는 값싼 노동력 공급에만 주력했다. 이 때문에 제도적 장치의 미흡과 사회문화적 학습과정의 부족 등 외국인 체류와 거주에 대한 효율적인 관리능력의 부족으로 미등록 외국인 근로자 양산 등 여러 가지 사회문제들이 발생하게 되었다.

가장 큰 문제는 외국인 근로자들에 대한 인권 침해다. 열악한 작업환경,

낮은 임금수준, 산업재해, 임금체불, 여권압류, 폭행, 감금 등 심각한 인권상황에 놓여 있다. 정부나 지자체 그리고 민간단체에서 많은 노력을 기울이고 있지만 아직까지 손길이 미치지 못하는 곳이 많다. 한국 기업들의 천대와 인권유린을 참지 못해 태국에서는 AKIA(Anti Korea Interests Agency)라는 반한단체가 생겨 한국(인)에 대한 적개심이 커지고 있다는 안타까운 일들이 일어나고 있다.

21세기는 속도의 시대이자 통합의 시대다. 네트워크로 각 나라가 연결되어 움직이고, 우리는 세계가 평평한 시대를 살고 있다. 이럴 때 일수록 공동체 의식이 절실히 필요하다. 이제 우리나라도 단일민족이라는 순혈주의만 고집할 수 없는 세상이 되었다. 외국인 근로자들의 유입과 국제결혼으로 인해 다문화 사회는 이미 공론화 된 지 오래다. 다문화 자녀들이 이미 군대 갈 나이가 되었다. 지금부터라도 다문화 자녀들의 사회적 일탈을 줄이기 위해 노력해야 한다. 국내거주 외국인 수는 해마다 늘어날 것이다. 굳이 6~70년대 겪은 우리 산업 역군들의 애환을 설명하지 않더라도 세계 10위권의 경제 대국으로서 면모를 보여야 할 것이다.

이 책은 박사학위 논문을 기초로 해서 외국인 근로자들에 대해 배타적인 자세를 버리고 그들의 문화를 존중하기를 바라는 마음으로 펴낸다. 그리고 그들을 공동체의 일원으로 받아들일 수 있는 인류애를 가짐으로써 다문화 사회에 도래할 부작용을 예방하고, 건강한 국가사회가 되길 기원한다.

1장은 외국인 근로자의 개념을 정리해보고 그들의 유입배경과 현황, 외국인력정책의 연혁 등 주요 국가들의 외국인 근로자 인력정책을 살펴보고 비교를 통해 합리적 방안을 모색해보았다. 무엇보다 법적 지위에 있어서 대우문제와 불평등 구조로 비롯되는 권리침해에 의한 외국인 근로자의 권리보호 개선방안을 가장 중요한 부분으로 다루었다.

외국인 근로자의 개념과 인력정책의 연혁에 보면 1980년대 산업구조의 변화에 따라 제조업에 종사하던 인력들이 서비스분야로 이동하게 되면서 제조업에 대한 인력부족 현상이 나타나게 되었다. 게다가 국내 노동인력의 임금상승으로 국내 제조업체들은 더 큰 어려움을 겪게 되면서 내국인보다 값싼 임금의 외국인 근로자 활용방안에 관심을 가지기 시작했다. 1991년 11월에 '해외 투자 업체 연수생 제도'를, 1993년 11월에는 '외국인 산업연수생 제도'를 도입해서 연수생을 근로자로 활용하면서 편법운용해 왔지만 사업체 이탈 등 각 종 부작용이 발생하게 되자 2004년 고용 허가 제도를 시행하여 외국인 단순기능 인력의 국내 취업을 합법화시키고 2007년 해외동포를 위한 방문취업 제도를 실시하여 취업활동을 할 수 있게 했다.

2장은 여러나라의 외국인 근로자정책을 비교해본다. 대부분의 국가들은 전문기술 외국인력에 대해서는 우대정책을 펴지만 단순기능 외국인 근로자에 대해서는 정주화를 방지하기 위해 단기체류자격을 부여하여 필요에 따라 한시적으로 노동력을 제공받고 있다. 미등록 외국인 근로자정책에 있어서도 나라마다 약간의 차이는 있지만 근로자 신분을 보장해주는 경향이 높아지고 있다. 특히 독일은 인간의 권리를 우선시 해서 그들에게 노동3권을 보장하고 있다. 우리나라의 경우 고용 허가제에 의해 노동3권이 보장되어 있음에도 불구하고 출입국 관리법상 단속대상이기 때문에 노동관계법상 보장된 권리를 누리지 못하고 있는 실정이다.

3장 외국인 근로자의 법적 지위와 권리침해 실태에서는 국제법상의 국제연합, 국제노동기구, 유럽공동체의 보호기준에 따른 외국인 근로자들의 법적 지위와 국내법에 있어서 헌법상 지위, 노동법상 지위, 출입국 관리법상 지위, 사회보장 기본법상 지위를 다루었다. 체류자격 여부와 관계없이 모든 외국인 근로자들은 균등처우의 원칙과 차별금지 규정에 따라 내국인 근로자들과 동등한 대우를 받으며 어떠한 경우라도 차별대우해서는 안 된다는 법적 지위를 가지고 있다. 권리침해 실태에서는 체류자격별로 구분해서 그 사례들을 법적 테두리로 묶어 정리했다.

4장은 외국인 근로자 권리보호 개선방안을 살펴본다. 먼저 법률적인 방안에서는 외국인 근로자들의 체류자격 여부와 상관없이「노동관계법」에서 보장하고 있는 노동3권이 노동현장에서 적용될 수 있도록 해야 하고,「사회보장 기본법」에서 외국인 근로자에 대한 사회보험은 상호주의 원칙에 따른다는 관계법령은 전향적인 방향으로 검토가 필요하다. 그리고「출입국 관리법」의 보호조항에 따라 미등록 외국인 근로자를 강제 연행하는 것은 법조항의 지나친 해석으로써 보완이 필요하고, 단속과정에서도 영장주의를 적용시켜 인권 침해 여지를 없애야 한다. 또한 강제 퇴거 명령에 따른 이의신청시 권리구제 절차가 진행 중일 때 까지는 강제 퇴거가 집행되지 않도록 하는 조항을 신설하고, 지나친 정치활동 규제 조항은 표현의 자유를 침해 하는 요소로써 보완의 필요성이 있다. 현행 고용 허가제의 권리침해적 요소 개선에서는 사업장 변경 및 재취업 허용기간 연장사유에 대해서 외국인 근로자 귀책사유가 없는 규정의 범위를 넓히고 구직 기간도 충분한 시간을 주어야 하며, 사업장 변경 횟수 제한도 장기적으로 폐지해 나가야 한다.

정책적 방안에서는 먼저 출입국 행정을 위한 전문자격사 제도를 시행하고, 외국인 근로자 고용정책에 있어서는 단기 순환정책을 장기 정주화정책으로 전환해야 한다. 단기 순환정책이 반드시 외국인 근로자들의 정주화를 막는 데 효율적인 방안이 아니라는 것이 독일의 사례로 증명되고 있다. 일정 기간 동안 숙련시켜 놓은 외국인 근로자가 본국으로 귀국하고 다른 미숙련 근로자로 대체하면서 사용자들은 불필요한 교육훈련비용 및 여러 가지 부대비용에 대한 부담이 크다. 이에 독일 정부는 사용자들의 입장을 받아들여 단기 순환정책을 폐지하고 체류기간을 5년 또는 무기한 허용해 시행하고 있다. 또한 고용 허가 제도를 사업장 이동 자유가 보장된 노동 허가제로 전환해 나가야 한다. 그리고 미등록 외국인 근로자들에 대한 사면조치 방안과 합법적 신분부여 등 적절한 관리체제가 이루어져야 한다.

우리나라는 고령화와 저출산으로 가까운 미래 사회에 노동인구가 줄어들 것으로 예상된다. 따라서 외국인 근로자 유입은 상대적으로 늘어날 것이다. 이런 추세에서 국제법과 국내법상의 「노동관계법」에 따른 외국인 근로자의 법적 지위에 따라 내국인과 동등하게 대우하고 상호문화 교류를 통해 공존할 수 있는 방안모색이 필요하다. 그리고 무엇보다도 법률 간의 불합치에 대한 해소, 각 조항 권리침해적인 요소에 대한 적극적인 보완 또는 폐지, 그리고 국제규범이나 국내법에 명시된 외국인 근로자의 법적 지위와 권리보호에 관한 규정을 노동현장에 실질적으로 접목시켜 나갈 때 비로소 공동체의 일원으로서 국가 발전의 원동력이 될 것이다.

이 책은 많은 분들의 애정 어린 관심이 없었다면 나오기 힘들었을 것이다. 일일이 한 분 한 분 고마움을 표시해야겠지만 직접 찾아뵙고 그 감사함을 전하고자 한다. 넓은 아량으로 헤아려 주시기 바란다. 지난 어버이날에 하늘나라로 가신 아버지와 가족들은 항상 마음의 평화, 그 자체다. 필자에게는 더없는 존경의 대상인 아내와 제 몫을 다하고 있는 사랑스러운 아이들이 큰 힘이 되었다. 논형의 편집진에게도 감사드린다. 무엇보다도 이 책이 먼 이국땅에서 고향과 가족을 그리워하며 외로움 속에서 하루하루를 생활해가는 외국인 근로자들에게 조금이나마 위안이 되길 바란다.

2012년 9월
태조산 자락에서 노재철

C차 례ontents

서론

1. 문제제기 및 연구목적

우리나라는 1960~1970년대에 독일과 중동 등지에 간호사, 광부, 단순 노무직 등으로 많은 근로자를 송출하여 외화를 벌어들였다. 이 시기에 우리나라는 빈곤에서 벗어나는 것이 국가적 과업이었기 때문에 국내 노동 인력을 적극적으로 해외로 송출하였고, 남아있는 내국인 근로자들도 3D(Dangerous, Dirty, Difficult) 업종을 마다하지 않고 취업하려는 것이 일반적인 현상이었다.[1]

그러나 1980년대로 진입하면서 우리나라 산업구조의 변화와 함께 노동조합 설립 및 노동운동이 활발해졌다. 따라서 국내 생산직 근로자들의 임금이 급격히 상승해 가계전체 소득수준이 높아지고 중소기업과 대기업의 임금격차가 커지면서 중소기업 생산직의 인력난은 점점 심화되기 시작했다. 사실 어느 나라건 어느 정도 생활수준이 향상되면 노동 인력이 남아도는 데도 3D 업종에 대한 기피현상으로 인력난이 발생하는데, 우리나라의 경우 90년대 이후 경제성장과 더불어 소비 여가문화 및 노동운동의 활성화에 따라 이러한 현상이 나타나기 시작하였다.

이와 같은 경제사회 환경수준의 변화와 국내 근로자의 임금상승으로 저임금, 단순기능직에 대한 내국인 근로자들의 기피로 인해 대체인력으로서

---

1) http://blog.daum.net/skadkfl34/227(검색일: 2009. 8. 10).

외국인 노동력이 본격적으로 유입되기 시작하였다. 외국인 근로자들이 들어오기 시작하면서 우리나라에서도 불법 체류로 인한 미등록 외국인 근로자가 생겨나게 되면서 사회적 문제가 야기되었다.

미등록 외국인 근로자 대부분은 신분적 제약을 받으면서 내국인 근로자들이 꺼려하는 3D 업종에 종사하며 낯선 환경과 문화적 이질감, 그리고 사회적 편견과 차별 등으로 인해 많은 고통을 겪고 있다. 특히 신분상 취약한 상태에 있기 때문에 권리침해를 당할 수밖에 없는 대상이 되어 왔다.

우리나라는 인력 송출국가에서 인력 유입 국가로 바뀐 지 얼마 되지 않았고, 외국인 근로자정책이 정주형태가 아니라 한시적이고 일시적인 단기 순환형태를 띠고 있다. 그리고 외국 노동 인력의 유입 초기 단계에서는 값싼 노동력 공급에만 주력하다 보니 제도적 장치의 미흡과 사회 문화적 학습과정의 부족 등 외국인 체류와 거주에 대한 효율적인 관리능력의 부족으로 미등록 외국인 근로자 양산 등 여러 가지 사회 문제들이 발생하게 되었다.[2]

이런 시행착오를 겪으면서 우리나라 정부는 외국인 근로자의 효율적인 관리와 권리침해 문제에 대한 해결방안의 일환으로 지속적인 제도적 변화를 모색해왔다. 2003년 8월 16일에 외국인 고용 허가제를 도입하여 불법 체류자들을 일시적으로 합법화 조치하는 등을 내용으로 하는 「외국인 근로자의 고용 등에 관한 법률」이 제정되고, 2004년 고용 허가제를 실시하면서 단순기능 외국인력의 합법적 고용으로 외국인 근로자 문제들을 개선해 나가는 데 일부 기여하고 있다.[3]

그러나 이런 제도의 변화에도 불구하고 노동 현장이나 일상생활에서 외국인 근로자 인권 침해 및 차별의 문제가 해소되지 않고 있다. 새로운 외국인

---

2) 이규용 · 유길상 · 이해춘 · 설동훈 · 박성재, 「외국인력 노동시장분석 및 중장기 관리체계 개선방향연구」(한국노동연구원, 2007), p. 172.

3) 고준기, 「외국인 고용 허가제의 문제점과 개선방안」, 『법과 정책연구』 제5집 제1호 별책 한국법정책학회(2005. 6), p. 209.

고용정책이 보완, 시행됨에도 불구하고 외국인 근로자 문제 해결에 대한 근본적인 개선수준에 미치지 못하고 있으며, 외국인 근로자에 대한 사회적 편견과 차별은 아직까지 넘어야 할 산으로 남아있다. 게다가 노동시장에서 내국인 근로자와 경쟁해야 하는 구도가 형성되면서 이해관계에 의한 충돌이 예상됨에 따라 심각한 사회적 갈등이 야기될 가능성이 매우 높다.

주지하듯이 국내적으로 여성의 적극적인 사회참여와 경제적인 문제로 인한 저출산, 그리고 식생활 개선과 의료기술 발달 등으로 인해 자연수명이 길어져 이미 고령화 사회로 진입했다. 고령사회가 얼마 남지 않은 상황에서 노동인구의 급격한 감소는 불을 보듯 뻔한 사실이다. 이런 부족한 노동 인력을 채울 수 있는 대체인력으로서 외국인 근로자들의 국내 유입이 지속적으로 진행될 것으로 예상된다.

우리나라도 이제 국내거주 외국인 100만 명 시대에 들어섰다. 외국인 근로자 역시 우리나라에서 낮지 않은 비율을 차지하고 있을뿐더러 그 만큼 존재가치도 높아져 있다. 2012년 9월 말 현재 국내체류 중인 외국인이 140만 명을 넘어섰으며 전체 외국인 약 60~70%가 국내 취업활동을 통해 외국인 근로자로 일을 하고 있다. 그러므로 우리나라는 외국인 근로자에 대한 합리적인 고용정책 방안을 모색하고, 법적 보호조치를 강화해 사회적 대응체계를 갖추기 위해 더 많은 노력을 기울여야 할 것이다.

따라서 이 책은 우리나라에 입국해 우리 사회의 일원으로서 노동영역의 일부분을 담당하고, 일정부분 산업발전에 기여하고 있는 외국인 근로자를 우리나라 공동체의 구성원으로 인정하고 수용할 수 있도록 이들에 대한 고용정책과 법적 지위를 알아보고, 그에 따른 제도상의 문제와 권리침해의 실태를 살펴보면서 권리보호 개선방안을 제시해보고자 한다.

2. 연구범위 및 방법

이 책은 외국인 근로자들의 국제 간 이동이 자연스럽게 이루어지는 국제 환경 속에서 현재 발생하고 있는 법과 제도의 문제, 외국인 근로자에 대한 시각, 그리고 그로 인한 권리침해 실태 등에 대해 알아보고 올바른 외국인 노동 인력 관리에 대한 법률적, 정책적 해결방안을 모색해보고자한다. 연구 범위와 방법은 다음과 같다.

먼저 연구의 범위는 외국인 근로자에 대한 개념과 유입배경, 현황과 유형, 그리고 외국인력정책의 연혁들을 살펴보고, 우리나라와 동아시아·북미· 유럽연합(EU)의 주요 국가별 외국인 근로자정책의 국제적 비교를 통해 합리 적이고 선진화된 정책과 국제법상 외국인 근로자 보호규범과 국내법상 법적 지위를 알아보고, 외국인 근로자에 대한 권리침해 사례를 살펴볼 것이다.

국제법상의 보호규범에 있어서는 국제연합(UN)의 「모든 외국인 근로자 및 그 가족구성원의 권리보호에 관한협약」이나 국제 노동기구(ILO)의 「근 로자에 관한 관계협약」등 그리고 유럽공동체(EC)의 「외국인 보호기준」을 참고로 했다. 즉 이 책에서는 외국인 근로자 보호를 위한 국제규범인 국제연 합(UN), 국제 노동기구(ILO), 유럽공동체(EC)의 기준을 중심으로 알아보고 자 한다. 국내법상 지위에 있어서는 조금 상세히 분석할 필요가 있다고 판 단해서 외국인 근로자의 헌법상 지위·노동법상 지위·출입국 관리법상 지 위·사회보장 기본법상 지위에 관해 알아보고, 이와 같은 법적 지위가 보장 되어 있음에도 불구하고 등록 및 미등록 외국인 근로자들에 대한 권리침해 가 줄어들지 않고 있는 문제점을 알아보고자 한다.

외국인 근로자에 대한 권리보호에 대한 개선방안으로는 먼저 법률적 개 선방안에서 노동3권, 사회보장 기본법, 출입국 관리법, 현행 고용 허가제 권 리침해적 조항 개선과 정책적 개선방안으로 출입국 행정을 위한 전문자격사 제도의 도입 필요성과 단기 순환정책을 장기 정주화정책으로 전환, 고용 허가제에서 노동 허가제로의 전환, 그리고 미등록 외국인 근로자의 합법적 지위 부여에 관한 방안들을 제시해보기로 한다. 그리고 결론 부분에서 외국인 근로자의 생활적응력 향상을 위한 통합 프로그램 개발과 문화교류를 통한 연대체제 구축 등을 언급하기로 한다.

연구방법에 있어서는 외국인 근로자들의 개념과 유입배경, 현황과 유형 그리고 외국인력정책의 연혁과 외국인 근로자정책 국제비교와 국제규범과 국내법이 규정한 외국인 근로자의 법적 지위, 권리침해 상황을 고찰하기 위해 관련분야에 대한 광범위한 문헌조사와 면접조사를 하고자 한다. 문헌조사의 경우 외국인 근로자 관련 개념과 현황, 외국인력정책의 연혁, 외국인 근로자 고용정책에 관한 국제비교 그리고 법적 지위에 관련해서는 해당 부처 자료나 관련문헌, 그리고 기존 연구논문 자료 등을 활용할 것이다.

또한 국제연합(UN), 국제 노동기구(ILO), 유럽공동체(EC) 등에서 발간된 문헌 등도 외국인 근로자의 국제법상의 보호관계의 분석에 사용될 문헌들이며, 국가인권위원회에서 나온 외국인 근로자에 대한 인권보고서, 언론보도자료, 한국외국인 선교회 부산지부 상담자료 등은 국내에서 거주하는 외국인 근로자의 처우와 실태를 파악하기 위해 사용될 문헌이다. 그리고 외국인 근로자 권리침해 사례를 보완하기 위해 '김해 외국인 근로자 지원 센터'의 도움을 받아 간단한 면접조사를 실시했다.

1장
외국인 근로자의 개념 및 외국인력정책의 연혁

1. 서언

외국인 근로자가 우리나라에 유입되어 취업노동 활동을 한 지도 벌써 20년이 넘었다. 그들은 내국인이 기피하는 3D 업종에 종사하면서 우리나라 노동시장의 일정부분을 전담하게 되었고, 그 결과 자연스럽게 외국인력이 우리나라 노동시장에 편입되어 노동시장의 구성원이 되었다.

국가 간에 있어서 근로자의 이동과정을 보면, 외국인 근로자는 통상적으로 경제적 상황이 열악한 국가에서 경제사회적 상황이 상대적으로 양호한 국가로 이동한다. 그리고 이동한 국가에서 내국인이 기피하는 업종의 일을 맡는 것이 일반적인데 우리나라도 예외는 아니다. 우리나라에 있어서 외국인 근로자의 유입요인을 보면, 출산율 저하와 인구의 고령화로 인한 노동력 부족, 사용자의 부담을 덜어주는 외국인 근로자에 대한 관습적 저임금 구조, 그리고 노동조건이 열악하고 임금이 적은 단순노동을 내국인이 기피함으로써 생기는 부족한 노동력에 대한 보충의 필요성에 의해 이루어지고 있다.

그 결과 많은 문제점들이 노출되고 있다. 특히 불법 체류자 수의 증가로 인한 권리침해 사례가 늘어나고 있고, 범죄 집단과의 연계도 증가하고 있다. 또한, 불법 체류자들 상호 간에 소개비 수수와 영세업체에 취업알선을 주선하다가 발각되어 강제 퇴거 당하는 등의 부작용들이 나타나고 있다. 불법 체류로 인한 미등록 외국인 근로자인 경우는 발각 즉시 강제 퇴거당하는 것을 두려워해 자신에게 주어진 노동법상의 법적 지위와 권리보호 및 그 행사에 있어서 소극적인 태도를 취할 수밖에 없다.

우리나라는 세계 10위권의 경제대국으로서 인권을 존중하고 국제 사회의 발전을 위하여 다양한 노력과 기여를 도모하고 있다. 그러나 이에 걸맞은 국제적 이미지를 만들어가기 위해 각계에서 많은 노력들을 기울이고 있지만, 아직까지 미흡한 부분이 많다.

이 장에서는 외국인 근로자의 개념과 유입배경, 현황과 유형 그리고 외국 인력정책에 대한 연혁을 살펴보고자 한다.

2. 외국인 근로자 개념

우리나라 대다수 국민들이나 매체에서는 국내에 체류하면서 노동행위를 제공하고 있는 외국인을 '외국인 노동자'라 부르고 있고, 정부에서는 '외국인 근로자'라 하기도 하는데 법적 호칭은 '외국인 근로자'로 통용되고 있다.[1]

「외국인 근로자의 고용 등에 관한 법률」 제2조(외국인의 정의)에서 '외국인 근로자라 함은 대한민국의 국적을 가지지 아니한 자로서 국내에 소지하고 있는 사업 또는 사업장에서 임금을 목적으로 근로를 제공하고 있거나 제공하고자 하는 자를 말한다' 라고 규정하고 있다.

그리고 외국인 근로자들이 체류 기간을 초과해 체류할 경우 「출입국 관리법」[2]에서는 '불법 체류 외국인 근로자'라고 하나, '초과체류 외국인 근로자'

---

1) 문준조, 「주요국가의 외국인 이주노동자의 지위와 규제에 관한 연구」, 『한국법제연구원연구보고』(2007. 1), p.19.
2) 대한민국에 입국하거나 출국하는 모든 사람의 출입국관리와 체류하는 외국인의 체류관리 및 난민의 인정절차 등에 관한 사항을 규정한 법률. 1963년 3월 5일 법률 제1289호로 제정하

또는 '미등록 외국인 근로자'로 불리기도 한다.[3] 그 외에 외국인 근로자의 표현 형태를 보면, 이주근로자, 이민근로자, 초빙근로자, 단기근로자, 계약근로자, 이방인근로자 등으로 다양하게 불리고 있다.[4]

다른 한편 외국인 근로자의 개념을 국제 문서상으로 보면, 국제 노동기구(ILO) 「불법이주 및 이주근로자의 기회 및 처우균등의 촉진에 관한조약」(제143호) 제1부 제11조에서 '이주근로자'라 함은 '본인 이외의 자를 위하여 고용될 목적으로 일국으로부터 타국으로 이주하는 자'를 말하며 외국인 근로자로서 정상적으로 입국이 인정되는 자를 말한다고 정의내리고 있다.[5]

1990년 국제연합(UN) 총회에서 채택된 「모든 외국인 근로자 및 그 가족구성원의 보호에 관한 국제협약」도 취업분야, 취업형태, 취업기간, 사회적 지위여부를 불문하고 대체적으로 외국에서 소득활동에 종사하는 외국인을 의미한다. 또한 「외국인 근로자의 법적 지위에 관한 유럽협약」 제1조는 '이주근로자'라 함은 '고용의 대가로 임금을 받기위하여 다른 체약국의 영역에서 체류하는 것을 허가받은 어느 체약국의 국민'이라고 정의하고 있다.[6]

이 책에서는 「외국인 근로자의 고용 등에 관한 법률」 제2조의 외국인 근로자의 정의에 입각하여 '외국인 노동자', '이주노동자'를 법적 용어인 '외국

여 1967년 · 1977년 · 1983년에 전문개정 했다가 1992년 12월 8일 법률 제4522호로 다시 전문개정 하였다. 국민의 출 · 입국, 외국인의 입국 · 상륙, 외국인의 체류 · 출국, 외국인 등록, 강제 퇴거, 선박 검색, 난민 인정, 고발과 통고처분 등 전문 11장 106조와 부칙으로 되어 있다.

3) 체류 기간 초과 혹은 불법 체류하면서 취업하고 있는 외국인에 대하여 흔히 불법 체류자라는 용어를 사용하고 있지만 이는 정확한 개념이라고 할 수 없다. 불법 체류자라는 것은 출입국 관리법상 허가된 체류 기간을 넘겨 체류 중인 외국인을 의미하는 것으로 일본식 영어로 over-stayer라고 하며 이는 우리말로 옮기면 초과 체류자이다. 또한 이들이 출입국 관리법상 초과 체류를 했다고는 하나 범죄나 불법이 아닌 경제활동과 취업활동까지 불법으로 볼 수 없기 때문에 이들을 취업이 허가되지 않은 근로자란 의미에서 Undocumented Worker 다시 말해, 미등록 근로자라는 용어가 정확하다고 하겠다.

4) 설동훈, 「외국인 근로자와 한국사회」, 서울대학교 사회발전총서⑩. (서울대학교 출판부, 1999), p.9.

5) 국제노동 연구소 편, 『ILO조약 · 권고집(1919-1991)』, ILO연구총서3 (돌베게, 1991), p.1498 의 번역에 의함.

6) 문준조, 앞의 책, p.21.

인 근로자'로 사용하기로 한다. 그리고 합법취업 외국인 근로자를 '등록 외국인 근로자'로 표기하고, 출입국 관리법상 초과체류를 했다고는 하나 범죄나 불법이 아니고 단지 취업이 허가되지 않은 근로자란 의미에서 이들 외국인 근로자를 '불법 체류 외국인 근로자'라고 표기하지 않고 '미등록 외국인 근로자'로 통일해 기술하기로 한다.

3. 외국인 근로자 유입배경

외국인 근로자 유입의 구조적 배경을 살펴보면, 1920년대 자본주의적 생산관계가 제조업 중심으로 재편되고, 노동집약적 산업이 저 임금구조와 노동력을 갖춘 저개발국가로 이전되면서 자본주의가 확장되어 나가기 시작했다.[7] 자본주의적 생산의 전 지구화는 자본유출국과 투자대상국의 '물질적 · 문화적 · 이념적 연결구조'를 만들어 저개발국가의 근로자를 해외로 대량 유출시키는 계기가 되었다.[8]

우리나라 역시 생산의 전 지구화와 세계 노동시장의 성립이라는 근본적인 구조변화에서 예외일 수 없었다. 외국 자본의 국내 유입, 우리나라 자본과 노동 인력의 해외진출과 더불어 외국인 근로자들의 국내 유입이 자연스럽게 발생하게 되었다. 이와 같이 외국인 근로자가 우리나라에 유입된 배경으로 '전 지구적 자본주의의 전개'와 '우리나라의 경제성장', '국제 분업구

---

7) 설동훈, 「한국사회의 외국인 노동자에 대한 사회학적 연구」, 서울대학교 박사학위 논문 (1996), p.67.

8) 아펠바움과 제레피(Appelbaum and Gereffi, 1994)는 자본주의 발달, 제국주의 국가의 저개발 침투, 자본의 저개발국 침투, 국제노동력 이동 등이 서로 긴밀하게 연결된 사슬임을 파악하고 있다. 그는 의복 산업을 연구하면서 상품이동이 결과적으로 노동력 이동을 낳는 과정을 상품연쇄(commodity chain)라는 개념으로 설명하고 있다.

조에서의 위치변화' 및 '우리나라에서의 생산직 인력난' 등을 들 수 있다.[9]

우리나라에 외국인 노동 인력 유입이 본격화 된 시기는 1986년 아시안게임과 1988년 88올림픽 같은 대형 국제행사를 계기로 시작되었다. 특히 이 시기에는 경제성장과 더불어 근로자들의 의식화가 진행되면서 노동조합을 설립하고 강력한 노동운동으로 인한 임금상승이 이루어졌다. 1987년 이후 노동시장의 변화로 인해 국내 대기업의 생산직 근로자들의 임금이 급속히 상승했다.

이와 같은 근로자들의 의식화와 경제성장으로 인해 소득수준이 높아짐에 따라 편안한 삶을 추구하는 내국인 근로자 중 특히 젊은 근로자들이 근로조건이 열악하고 임금수준이 낮은 이른바 영세기업의 '3D 업종을 기피하는 현상'이 빚어지게 되었다. 대부분 제조업 분야의 중소기업이 노동력 부족이라는 어려움을 겪게 되었다.

이런 생산직 인력난이 만성화된 국내 노동시장에 교통 · 통신 등의 발달로 국가 간 노동 인력의 이동이 쉬워지면서 자연스럽게 외국인 근로자들로 채워지기 시작했다. 이 무렵 추진된 우리나라 정부의 북방정책에 의해 재중동포는 우리나라 방문사증을 매우 쉽게 발급받게 되었고, 필리핀 · 방글라데시 · 네팔 · 파키스탄 · 스리랑카 출신의 외국인 근로자들도 우리나라 정부의 규제완화로 별 어려움 없이 입국할 수 있게 되었다. 이때부터 방문, 관광 등 단기사증을 발급받고 입국한 외국인들이 국내에 취업하는 현상이 일어나기 시작했다.[10]

1980년 이후 국내 기업은 극심한 생산직 인력난을 겪게 되자 동남아시아의 저임금 군의 외국인력 도입에 눈을 돌리기 시작했다. 이런 필요성에 따라1991년부터 산업연수생 제도를 도입하여 연수생자격으로 입국한 외국

---

9) 설동훈, 앞의 논문, p.94.
10) 위의 논문, p.79.

인들을 국내 노동력이 부족한 사업장에 투입시켜 실질적 노동행위를 하도록 하였다. 그러나, 근로자로서 대우를 외면하는 부당한 처우가 지속되면서 연수생들의 집단 사업장 이탈 사태가 발생하는 등 외국인 근로자들의 불법 체류만 늘어나는 결과를 초래했다.

1996년부터 본격적으로 불법 체류에 의한 취업이 사회 문제화가 되면서 미등록 외국인 근로자에 대해 관심을 갖기 시작했다. 1990년대 초까지만 하더라도 우리나라로 유입되어 노동현장에서 취업활동을 하고 있었던 외국인 근로자들은 거의 「출입국 관리법」을 위반한 불법 체류 신분이었으며, 그나마 등록 취업자로는 전문기술직 종사자들이었다.

지난 1997년 경제위기를 맞이하기 전까지 우리나라 경제발전은 초고속 성장을 거듭했고, 1995년 기준으로 경제규모 세계 12위로 보고가 되었으며, 국민총생산 증가율이 연 9%를 상회한다는 통계가 나왔다. 이후 국제통화기금(IMF) 경제위기 속에서도 '금모으기 운동'을 통한 위기극복 시나리오는 전 세계를 깜짝 놀라게 했다. 그야말로 각본 없는 드라마가 온 국민들의 힘으로 만들어진 것이다. 이러한 성장 동력을 보임으로써 우리나라는 국제적 생산국가의 반열에 올라 세계 노동시장의 성립이라는 근본적 구조변화 과정 속에서 자본유입 국가에서 수출국가로, 노동력 송출국가에서 유입 국가로 그 지위가 상승했다.

2004년 고용 허가제 시행초기에는 우리나라에 인력을 송출하는 나라가 필리핀 등 6개국이었지만, 2007년도에는 15개국으로 늘어났다.[11] 현황은 다음 〈표 1〉과 같다.

---

11) 송출국가를 몇 개국으로 할 것인가에 대한 일반적인 기준은 없지만 송출국가의 수가 너무 많아지면 외국인력의 국내체류 관리비용이 많이 들고, 외국인력 도입과 관련한 송출국과의 긴밀한 협력관계를 발전시키기도 어려워진다. 따라서 수입국 국민과의 인종적·문화적 유사성, 국내 사용자의 선호도, 송출국별 불법 체류자 비율, 외교관계 등을 고려하여 효율적 관리가 가능한 5-6개국을 넘지 않는 것이 일반적이다. 이규용·유길상·이해춘·설동훈·박성재, 「외국인력 노동시장분석 및 중장기 관리체계 개선방향연구」, 한국노동연구원(2007), p.198.

〈표 1〉 송출국가와 노동 인력 현황(2009년, 단위: 명)

국가명	인원(명)	비고
네팔	3,139	-
동티모르	0	08년 신규등록으로 미입국
몽골	1,915	-
미얀마	514	-
방글라데시	2,067	-
베트남	53,608	-
스리랑카	16,940	-
우즈베키스탄	5,552	-
인도네시아	24,327	-
중국	3,880	-
캄보디아	4,324	-
키르기즈스탄	497	-
태국	33,786	-
파키스탄	3,571	-
필리핀	32,698	-

출처: 출입국 · 외국인정책본부

유입 국가로서의 지위를 가진 우리나라는 내국인으로서 대체할 수 없는 전문기술 분야 뿐만 아니라 고용 허가제의 실시로 단순기능 외국인력의 국내취업이 합법적으로 가능하게 되었다.

노동 수출국가의 국민들에게는 국내의 임금수준이 자국의 임금수준을 훨씬 웃도는 높은 수준이므로 이들은 불법 체류를 해서라도 취업을 유지하려고 한다. 그리고 동시에 종래 국내 노동 인력은 고등교육으로 고학력자가 증가했고, 기술 분야의 고도성장으로 고급 노동 인력에 대한 지원인력으로 집중되면서 농업 및 제조업의 단순 노동 인력의 부족은 더욱 심화되었다. 게다가 고령화, 출산율 저하 등의 이유로 외국인 근로자들의 유입은 한층 증가되었다고 말할 수 있다.[12]

외국인 노동 인력의 유입은 경제성장으로 인한 노동시장의 구조적 변화로 노동력 공급의 변화를 가져올 수밖에 없다. 오늘날 국제 간 노동 인력의 이동은 외국인 근로자의 유입으로 발생할 수 있는 모든 상황에 대한 대처방안들이 마련되어야 할 필요성이 그 만큼 커지게 되었다.

4. 외국인 근로자 현황과 유형

1) 외국인 근로자 현황

법무부 출입국 외국인정책본부의 2012년 9월말 기준〈표 2〉통계자료에 의하면 총 체류 외국인 수는 1,448,933명이다. 그 중 국내 등록된 외국인 수는 962,968명, 단기체류 외국인 수는 307,671명, 거소신고 수는 178,294명으로 나타났다. 이 중에서 〈표 3〉을 살펴보면 미등록 외국인 수[13]는 179,843명으로 집계되어 총 체류 외국인 수는 10년 전 566,835명

---

12) 백석현, 「외국인 근로자의 공용과 노동력 부족 대책」, 『외국인 근로자의 현실과 미래』(서울인력미래센터, 1997), p.42.

13) 불법 체류하는 외국인들의 경우 체류형태가 무척 다양하다. 미등록 체류자의 대부분은 체류 기간이 만료된 자들이 굉장히 압도적으로 많고, 취업자격을 갖지 않은 자들이 취업을 해서 불법 체류로 분류되는 자, 난민신청을 하였다가 거절돼서 지금 현재 미등록 체류로 남아 있는 자, 결혼 이민자들 중 미등록체류가 된 경우, 산업 근로자 형태로 왔다가 기간이 만료됐는데도 안 돌아간 자, 특히 고용 허가 제도가 시작될 때 당시 한국에 남아 있던 미등록 이주근로자들 중에 일부에게 체류 자격을 일정기간 동안 부여를 했는데 전체 미등록 체류자를 대상으로 한 것은 아니었고 정부는 고용 허가제 시행과 동시에 미등록 체류자들에 대한 추방정책을 그 때부터 본격화하면서, 이러한 단속에 걸리지 않고 남아있는 자, 고용 허가제라는 제도 역시도 이주근로자들이 한국에서 최소 기본적으로 3년 이상(2년 연장가능)의 체류를 금하고 있는 제도이기 때문에 많은 외국인 근로자들이 미등록 체류자로 남은 경우 등 그 형태가 다양하다.

에 비해 약 3배 가까이 증가했으며 전체 주민등록인구의 2.2%를 차지하고 있다.

〈표 2〉 체류 외국인 총괄현황(2012. 9. 30. 현재, 단위: 명, %)

구분	총계	등록	단기체류	거소신고
2011년 9월	1,418,149	996,607	302,739	118,803
2012년 9월	1,448,933	962,968	307,671	178,294
전년대비 증감률	2.2%	-3.4%	1.6%	50.1%
구성비	100%	66.5%	21.2%	12.3%

※ 거소신고: 외국 국적 동포 국내거소 신고 현황
출처: 출입국 · 외국인 정책본부

〈표 3〉 불법 체류 외국인 총괄현황(2012. 9. 30. 현재, 단위: 명, %)

연도	총계	등록 외국인	단기체류 외국인	거소신고
2011년 9월	170,614	82,738	86,934	942
2012년 9월	179,843	92,097	84,485	3,261
전년대비 증감률	5.4%	11.3%	-2.8%	246.2%

출처: 출입국 · 외국인 정책본부

우리나라에서 불법 체류하고 있는 외국인들은 소수의 밀입국자를 제외하고는 관광 · 유학 · 고용 허가제 등 대부분 합법적으로 입국했던 자들로서 출입국기록이 남아 있다. 이것을 토대로 낸 통계이기 때문에 약간의 차이는 있을 수 있겠지만 그 차이가 크지는 않다.

2012년 9월 말 취업자격별 체류 외국인 총괄현황과 취업자격 체류 외국인 자격별 현황은 다음 〈표 4, 5〉와 같다.

〈표 4〉 취업자격[14] 체류 외국인 총괄현황(2012. 9. 30 현재, 단위: 명)

구분	총계	전문 인력	단순기능인력
총 체류자	561,906	51,377	510,529
합법체류	496,746	47,960	448,786
불법 체류	65,160	3,417	61,743

출처: 출입국 · 외국인정책본부

〈표 5〉 취업자격 체류 외국인 자격별 현황(2012. 9. 30 현재, 단위: 명)

구 분		총 체류자	합법 체류자	불법 체류자
총 계		561,906	496,746	65,160
전문인력	소계	51,377	47,960	3,417
	단기취업(C-4)	602	410	192
	교수(E-1)	2,766	2,741	25
	회화지도(E-2)	22,405	22,301	104
	연구(E-3)	2,826	2,812	14
	기술지도(E-4)	166	160	6
	전문직업(E-5)	690	670	20
	예술흥행(E-6)	4,699	3,280	1,419
	특정활동(E-7)	17,223	15,586	1,637
단순기능인력	소계	510,529	448,786	61,743
	비전문취업(E-9)	237,014	183,762	53,252
	선원취업(E-10)	10,373	6,660	3,713
	방문취업(H-2)	263,142	258,364	4,778

출처: 출입국 · 외국인정책본부

〈표 4〉를 보면 국내체류 중인 전체 취업자격 체류 외국인 수는 561,906
명으로 그 중에 등록 외국인 근로자(합법체류) 수가 496,746명, 미등록 외

14) 체류 자격 C-4, D-3, F-1-4는 제외된 숫자임.

국인 근로자(불법 체류자) 수가 65,160명으로 나타나고 있다. 〈표 5〉에서는 단순기능 인력이 510,529명으로 전체 취업자격 체류 외국인 수의 91%에 해당되며, 단순기능인력 중에 고용 허가로 취업한 외국인 근로자 수를 포함한 비전문 취업자 수가 237,014명으로 전체 단순기능 인력의 46%이고, 방문취업제에 의한 외국인 근로자 수는 263,142명으로 52%로 나타나고 있어 전체단순기능 인력의 대부분을 고용 허가제와 방문취업제로 입국한 외국인 근로자들이 차지하고 있음을 알 수 있다.

〈그림 1〉 취업분야별 외국인 근로자의 현황 (2012. 9. 30. 현재)

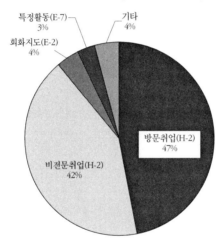

출처: 출입국·외국인정책본부

취업분야별 외국인 근로자의 현황 〈그림 1〉을 보면, 방문취업자로 들어와 종사하는 경우가 전체 취업자격 외국인 근로자 수와 비교해 47%로 가장 많이 차지하는데 이유는 방문취업 제도의 시행으로 재중 동포들의 국내 취업률이 높아진 결과로 보인다. 그 뒤를 이어 비전문 취업 외국인 근로자가 42%를 차지하는 것으로 나타나고 있다.

국적별 외국인 근로자 현황은 다음 〈표 6〉과 같다.

〈표 6〉 국적별 외국인 근로자[15] 현황(2012. 9. 30, 단위: 명)

구 분	총체류자	합법 체류자	불법 체류자
총계	561,906	496,746	65,160
방글라데시	9,314	7,352	1,962
미얀마	7,774	7,191	583
캄보디아	18,086	17,004	1,082
스리랑카	20,736	18,522	2,214
중국[16]	277,069	260,488	16,581
한국계	255,147	246,472	8,675
인도네시아	29,749	24,402	5,347
일본	1,731	1,731	0
키르기스스탄	1,388	1,267	121
몽골	10,499	7,349	3,150
네팔	15,448	14,512	936
파키스탄	4,495	3,173	1,322
필리핀	21,558	12,974	8,584
티모르민주공화국	1,007	938	69
타이	18,984	15,237	3,747
우즈베키스탄	25,825	24,161	1,664
베트남	64,008	47,093	16,915
캐나다	4,310	4,290	20
미국	14,315	14,234	81
영국	2,985	2,979	6
러시아(연방)	2,059	1,916	143
오스트레일리아	747	743	4
뉴질랜드	630	626	4
기타	9,189	8,564	625

출처: 출입국 · 외국인정책본부

---

15) 외국인 근로자 수는 C-4, D-3, F-1-4를 제외한 숫자임.

16) 한국계 포함.

〈그림 2〉 국적별 외국인 근로자 현황[17](2012. 9. 30. 현재, 단위: 명)

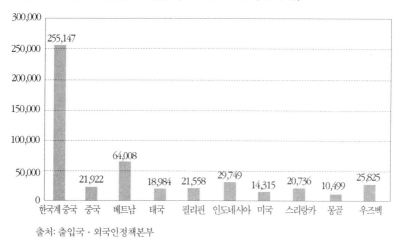

출처: 출입국 · 외국인정책본부

〈표 6〉국적별 취업인구 수와 〈그림 2〉의 현황을 보면 한국계(255,147)를 포함한 중국인 수(21,922)를 합하면 277,069명으로 현저히 많고, 그 다음 베트남, 인도네시아, 우즈베키스탄, 필리핀, 태국 순으로 나타났다. 한국계 중국 취업인구 수가 많게 나타난 것은 방문취업 제도에 의한 영향이라고 볼 수 있다. 고용 허가제에 의한 외국인 국적 현황을 본다면 베트남 취업인구가 가장 많은데 이것은 외국인 국적별 선호도를 조사한 결과 베트남인을 가장 선호하는 것[18]으로 나타난 것과 무관치 않아 보인다.

2) 외국인 근로자 유형

외국인 근로자의 법적신분은 우리나라에 입국하기 위해 발급받은 사증에 의해 결정된다. 즉 그들의 신분은 합법적인 취업이 가능한 사증(고용 허가증, 방문취업증 등)을 가져 체류 자격 을 소지한 등록 외국인 근로자와 사증

---

17) C-4, D-3, F-1-4를 제외한 숫자임.

18) http://www.seoul.co.kr/news/newsView.php?id=20091023001007(검색일: 2009. 12. 16).

을 가지지 못하여 불법 체류자로 구분되는 미등록 외국인 근로자 두 가지로
분류된다.

　여기서는 등록 외국인 근로자들 중에서 단순기능 인력의 대부분을 차지
하고 있는 고용 허가에 의한 비전문 취업 근로자, 방문 취업제도에 의한 방
문 취업 근로자, 미등록 외국인 근로자에 대해 알아보기로 한다.

(1) 등록 외국인 근로자

　외국인이 우리나라에서 합법적으로 취업할 수 있는 자격은 「출입국 관리
법」에 의해 규정된다. 「출입국 관리법 시행령」 제23조(외국인취업과 체류
자격[19]) 제1항에 의하면 '취업활동을 할 수 있는 체류 자격'이라 함은 '체류
자격의 기호 9- 단기취업(C-4), 19- 교수(E-1) 내지 25의3- 비전문 취업(E-9),
25의4- 선원취업(E-10) 및 31- 방문취업(H-2)의 체류 자격을 말한다'라고 규
정하고 있다. 취업자격 체류 외국인 자격별 현황은 위의 〈표 5〉과 같다. 여
기서는 등록 외국인 근로자 중 단순기능 인력을 중심으로 가장 쟁점화 되고
있는 고용 허가로 인한 비전문 취업 근로자(E-9)와 방문취업 근로자(H-2)에
대해 살펴보고자 한다.

고용 허가로 인한 비전문 취업 근로자

　2003년 8월에 「외국인 근로자의 고용 등에 관한 법률」 제정으로 고용 허
가제가 도입됨으로써, 2004년 8월 17일 부터 비전문 단순기능 노동 인력의
외국인 근로자들의 합법적 취업이 가능해졌다. 이에 따라 우리나라는 국내
인력으로 부족한 부분에 한하여 고용 절차과정을 거쳐 국내사용자가 정부
(노동부)로부터 고용 허가서를 발급받아 적격자를 선택하여 국내에 입국시

---

19) 〈부록 1〉 참조.

켜 노동에 종사하게 할 수 있게 되었다.

고용 허가제에 의해 국내에 취업하는 외국인 근로자에 대해서는, 먼저 내국인 고용기회를 보장하면서 외국인력을 활용할 수 있도록 하기위해 허용업종을 정해 놓고, 업종별로 외국인 근로자 고용허용 인원을 제한하고 있기 때문에 수요에 대한 공급이 부족할 수밖에 없다.[20] 이와 같이 지나치게 제한된 수용정책은 국내 외국인 근로자 사용자들이 불가피하게 미등록 외국인 근로자를 불법고용할 수밖에 없는 한 요인으로 작용하고 있다고 볼 수 있다. 노동시장 상황에 따라서 허용업종을 늘리고 고용인원을 상향조정하기도 하지만 좀 더 전향적인 방향으로 수용정책이 이루어져야 할 것이다.

방문취업 근로자

방문취업 제도는 중국 및 구 소련지역 거주 동포 등에 대해서 자유로운 왕래 및 취업 기회를 제공하기 위해 제정되었다. 2007년 3월부터 방문취업(H-2) 체류 자격을 부여하여 내국인과 유사한 취업활동의 자유를 보장한다. 입국 후 노동부 지정 취업교육기관에서 취업교육을 수료하고, 관할 노동부 고용지원 센터에 구직등록을 한 경우에는 사업장에 취업이 가능하도록 하여 사용자의 고용 허가 절차를 완화하였다.

과거와 달리 국내에 호적 또는 친족이 있는 외국 국적 동포 뿐만 아니라 국내에 연고가 없는 외국 국적 동포에게도 국내에 입국하여 취업을 허용하는 제도로서, 국내출입국 및 취업 등 혜택에서 상대적으로 소외되었던 중국·러시아에 거주하는 동포들의 대부분이 방문취업 제도를 통해 국내 취업활동을 하고 있다. 〈표 7〉에 의하면 방문취업 제도로 방문취업 사증(H-2)을 발급받아 유입된 국적별·유형별 방문취업자수는 263,142명에 이른다.

---

20) 〈부록 2〉참조.

〈표 7〉 국적 · 유형별 방문취업자(H-2)현황(2012. 9. 30 현재, 단위: 명)

구분	총계	한국계 중국인	우즈베키스탄	러시아	카자흐스탄	기타
총계	263,142	250,867	9,866	1,379	622	408
연고방취 (H-2-1)	263,142	250,867	9,866	1,379	622	408
유학방취 (H-2-2)	52,770	52,418	150	185	7	10
자진방취 (H-2-3)	379	376	2	1	0	0
연수방취 (H-2-4)	79,677	79,567	73	29	7	1
추첨방취 (H-2-5)	1,667	1,641	22	2	2	0
변경방취 (H-2-6)	65,050	53,327	9,592	1,157	594	380
만기방취 (H-2-7)	58,134	58,115	13	3	3	0
기타방취 (H-2-99)	60	28	8	0	7	17

출처: 출입국 · 외국인정책본부

〈그림 3〉 방문취업자(H-2)증감추이(2012. 9. 30 현재, 단위: 명)

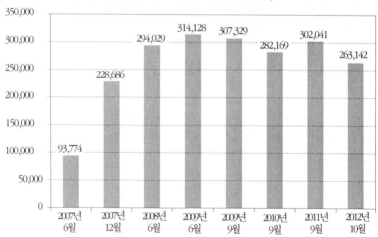

출처: 출입국 · 외국인정책본부

2007년 3월 방문취업제가 시행되었는데, 〈그림 3〉을 보면 2007년 6월에서 동년 12월까지 6개월 사이에 무려 2.5배 가까이 증가한 것으로 나타났다. 2009년 6월 방문취업제로 국내에 취업한 인원은 314,128명을 넘어서고 있고, 국내 사정에 따라 관계당국에서 외국 국적 동포들의 유입의 수를 조절하는 시스템(국내 무연고 외국 국적 동포들에 대한 비자발급 쿼터 제한 등)에 의하여 동년 9월에는 307,329명으로 조금 줄어든 수치를 보이고 있다. 이후 2010년 282,169명으로 줄었다가 2011년 302,041명, 2012년 9월 263,142명으로 나타나고 있다.

(2) 미등록 외국인 근로자

미등록 외국인 근로자는 출입국 관리법상 관광, 방문, 단순기능인력 등의 단기사증을 발급받아 한국에 들어온 후 체류 기간을 초과한 채로 취업한 '체류 기간 초과취업자'와 체류하는 것은 합법적이지만 취업하는 것은 불법인 '자격 외 취업자' 그리고 정식 입국절차를 밟지 않고 국내에 들어와 취업중인 '밀입국 취업자'를 포함한다.[21] 연도별 불법 체류 외국인의 현황은 〈표 8〉과 같으며 불법 체류 외국인 대부분이 미등록 상태에서 노동현장에 종사하고 있다.

2004년 고용 허가제 시행 이후 산업연수생 제도와 병행해 오다가 2007년에 고용 허가제로 일원화 되었으나, 〈표 8〉에서 보듯이 불법 체류자 수가 종래와 큰 차이가 없어 보인다. 2009년 부산 출입국 관리사무소 당국자는 "올해 국내 체류 외국인 30만 명 정도가 체류 기간 만료되는 시기라 불법 체류자 수가 다소 늘어날 가능성을 배제할 수 없지만, 일단 불법 체류자

---

21) 최홍엽, 「외국인 근로자의 노동법상 지위에 관한 연구」, 서울대학교 대학원 법학과(2003), p.73.

수를 19만 명으로 줄이는 것이 목표"라고 말했다. 실제로는 17만 여 명으로 줄었으니 통계적으로 목표를 초과 달성한 셈이다. 그리고 2010년까지 167,780명으로 줄다가 2011년 170,614명에서 2012년 179,843명으로 늘어나 전년대비 5.4%증가율을 보이고 있다.

〈표 8〉 연도별 불법 체류 외국인의 현황(2012. 9 현재, 단위: 명)

연도	총계	등록 외국인	단기체류 외국인	거소신고[22]
2002년	308,165	83,779	224,386	0
2003년	154,342	72,500	81,842	0
2004년	209,841	89,857	119,216	768
2005년	204,254	107,049	96,373	832
2006년	211,988	106,657	103,835	1,496
2007년	223,464	107,278	114,295	1,891
2008년	200,489	93,461	106,486	542
2009년	177,955	83,729	93,613	613
2010년	168,515	78,545	89,238	732
2011년	167,780	82,848	84,354	578
2011년 9월	170,614	82,738	86,934	942
2012년 9월	179,843	92,097	84,485	3,261
전년대비 증감률	5.4%	11.3%	-2.8%	246.2%

출처: 출입국·외국인정책본부

---

22) 재외국민(외국 영주권자 또는 영주할 목적으로 외국에 거주하고 있는 자)과 재외동포체류 자격(F-4)으로 한국에 입국한 외국 국적 동포로서 「재외동포의 출입국과 법적 지위에 관한 법률」 적용을 받기 위하여 필요한 경우 '국내거소 신고'를 할 수 있다(의무사항 아님). 재외동포 가 국내거소 신고를 할 경우 재외국민에게는 재외국민 국내거소 신고증을 외국 국적 동포에 게는 외국 국적 동포 국내거소 신고증을 발급하여 주민등록증 또는 외국인 등록증을 대신하 여 사용할 수 있다. 국내거소 신고증을 발급받으시면 출입국과 체류, 부동산거래, 금융거래, 외국환거래, 의료보험, 연금, 국가유공자·독립유공자와 그 가족의 보상금 지급 등 여러 가지 한국 내 활동에 편의를 제공받을 수 있다. http://www.chchkorean.org/bbs/board.php?bo_ table=notice&wr_id=142&sfl=&stx=&sst=wr_hit&sod=desc&sop=and&page=1(검색일: 2009. 12. 15).

5. 외국인력정책의 연혁

세계화의 물결 속에 국가 간 인적 이동이 확산되면서 외국인들의 국내취업이 활발히 이루어지게 되었다. 우리나라는 1980년대 후반 인력난이 발생한 틈을 타서 외국인력들이 유입되기 시작하였으며, 주로 후진국 출신으로 내국인들이 기피하는 업종에 종사하였다. 초기에는 '전문기술 인력 취업제도'에 의한 외국인의 국내취업은 해당직종의 전문성과 국내에서 구하기 어려운 특정기술 인력에 한하여 허용되었다. 「출입국 관리법」에서는 교수(E-1) · 회화지도(E-2) · 연구(E-3) · 기술지도(E-4) · 전문 직업(E-5) · 예술흥행(E-6) · 특정 활동(E-7) 등 전문기술 인력에 대해서는 고용·계약체결 등 일정한 체류 자격을 갖춘 경우에 한정하여 취업을 허용했다.[23]

1991년 11월에 와서는 '해외투자기업 산업연수 제도'를 실시하였고, 원칙적으로 단순기능 인력에 대해서는 취업을 금지해왔지만 1992년부터 개발도상국과의 경제협력 도모 등을 위해 '외국인 산업연수생 제도'를 도입하여 운영해왔다. 1994년 1월부터 해외투자실적이 없는 국내 중소기업에도 산업연수생을 수입할 수 있도록 한 '업종단체 추천 산업연수 제도'를 실시하였다.

산업연수생 제도는 외국인 근로자에게 근로기준법상 '근로자' 신분이 아니라 '연수생' 신분으로서 많은 부작용을 낳았다. 시행초기부터 연수생들의 사업장 이탈, 인권 침해, 송출비리 등의 문제점이 노출되자 1998년부터 '연수취업 제도'를 도입했다. '연수취업 제도'는 산업연수생으로 입국한 후 2년간 근무한 후 소정의 시험을 통과하면 '근로자' 신분인 연수취업자로 체

---

23) 설동훈, 「한국의 외국인력 관리체계」, 『세계화시대 지역홍보와 외국인 노동자 정책 - 2005년 한국동북아학회. 21세기정책정보연구원. 전북대 지방자치연구소 공동학술회의』(한국동북아학회, 2005), p.48.

류 자격을 변경해주는 방식이었다. 이 제도는 종전의 연수취업기간인 2년 연수 후 1년 취업에서 「출입국 관리법 시행령」(2002. 4. 18) 및 「출입국 관리법시행규칙」(2002. 4. 27) 개정을 통하여 연수 1년에 취업 2년으로 조정되었다. 그러나 연수취업 제도 역시 산업연수생 제도의 변형된 제도이기 때문에 근로자를 연수생으로 위장해 도입한다는 비난을 면치 못했다.[24]

이러한 제도 하에서 2002년 12월 서비스분야에 외국 국적 동포를 대상으로 취업을 허용하는 '취업관리제'(특별고용 허가제)[25]를 도입했다. 거의 대부분이 국내에 연고가 있는 중국거주 동포들이었다. 2003년 8월 16일 「외국인 근로자의 고용 등에 관한 법률」을 제정 공포함으로써 고용 허가제가 도입 되었고, 1년간의 준비기간을 거쳐 2004년 8월 17일부터 합법적인 단순기능인력 도입제도인 '고용 허가제'를 시행하기에 이른다. 초기에는 기존 산업연수생 제도를 그대로 두고 고용 허가제를 시행해오다가 2005년 7월 27일 외국인력정책위원회에서 노동·법무부 등 16개 관련부처 합의를 통해 산업연수생 제도를 폐지하고 2007년 1월 1일부터 고용 허가제로 일원화한다는 방침을 확정해 시행하고 있다.

그리고 앞서 언급한 취업관리제가 안고 있는 문제점들을 보완하기 위해 2007년 「외국인 근로자의 고용 등에 관한 법률」 개정안을 통해서 「재외동포의 출입국과 법적 지위에 관한 법률시행령」 제3조(외국 국적 동포의 정의)[26]는 「재외동포의 출입국과 법적 지위에 관한 법률」 제2조(정의)2항의 '대한민국의 국적을 보유하였던 자(대한민국정부 수립 전에 국외로 이주한

---

24) 앞의 학술보고서, p.47.

25) 종전 특례 고용 허가제(구 취업관리제)란 국내 호적 또는 친척 등이 있는 만 25세 이상의 중국 및 구 소련 동포들에 대해 단순노무업종에서 취업을 허용한 제도.

26) 제3조(외국 국적 동포의 정의) '대한민국 국적을 보유하였던 자로서 외국 국적을 취득한 자', '부모의 일방 또는 조부모의 일방이 대한민국의 국적을 보유하였던 자로서 외국 국적을 취득한 자' 를 말한다.

동포를 포함한다) 또는 그 직계비속(直系卑屬)으로서 외국 국적을 취득한 자 중 대통령령으로 정하는 자'라는 규정에 해당하는 외국 국적 동포들에 게 복수사증을 발급하여 노동할 수 있도록 하는 방문취업 제도를 시행해오고 있다.

6. 소결

우리나라는 1980년대 산업구조의 변화로 다수의 노동 인력이 서비스업종으로 자리를 옮김에 따라 상대적으로 제조업에 대한 인력부족 현상이 나타나게 되었다. 게다가 국내 노동 인력의 임금상승으로 인해 국내제조업체들은 더 큰 곤란을 겪게 되면서 외국인 근로자 활용방안에 대해 고심하기 시작했다.

당시만하더라도 전문 직종종사자 이외의 단순기능 인력은 불법이었음에도 불구하고 노동 인력에 대한 국내 제조업체들의 필요에 의해 1987년부터 외국인이 국내에 불법으로 취업하는 사례가 발생하기 시작했다. 1990년대 들어서면서 중소제조업체의 인력부족 현상이 더욱 심화되면서 외국인의 국내 유입이 급속도로 증가하게 되었다.

단순기능 노동 인력의 부족으로 미등록 외국인 근로자가 급증 하게 되자, 불법고용에 대한 부담을 안게 된 사용자들이 외국인 근로자의 채용을 합법화시켜 줄 것을 정부에 건의했지만 정부는 단순기능 외국인력의 국내취업금지 원칙을 고수하면서 1991년 11월에 '해외 투자 업체 연수생 제도'를, 1993년 11월에는 '외국인 산업연수생 제도' 도입을 재개해 외국인을 연수생

신분으로 고용해서 활용하는 편법적인 방식으로 제도를 시행했다.[27]

그러나 산업연수생 제도 하에서는 외국인 근로자 공급이 제한적일 수밖에 없기 때문에 사용자들은 부족한 인력을 채우기 위해서 불법고용의 위험을 감수할 수밖에 없었고, 연수생들은 좀 더 나은 임금을 받기 위해 위험을 불사하고 사업장을 이탈하는 사례가 빈번하게 발생하면서 미등록 외국인 근로자는 늘어날 수밖에 없었다. 이후 이러한 문제점들을 보완, 해결하기 위해 2004년 단순기능 외국인력의 합법화를 위한 고용 허가제를 시행하고, 2007년 해외동포를 위한 방문취업 제도가 시행되어 오늘에 이르고 있지만 아직까지도 미등록 외국인 근로자 문제는 미완의 과제로 남아 있다.

오늘날 해외 인력의 국제 간 이동이 증가함으로 인해서 우리나라의 외국인 근로자 유입도 자연히 증가하고 있다. 해외 인력의 국내 유입으로 인해 발생하는 외국인 근로자의 문제는 우리가 해결해나가야 힐 과제이다.

---

27) http://kin.naver.com/detail/detail.php?d1id=4&dir_id=411&docid=82891&qb=7Jm46rWt7 J24IOq3vOuhnOyekCDsnKDsnoXrsLDqsr0=&enc=utf8&section=kin&rank=1&sort=0&spq=0& pid=fwBIcg331xCssZ0mV0Cssv~065805&sid=Swj6HXDTCEsAAE10TiM(검색일: 2009. 11. 22).

1. 서언

오늘날 국제교역이 활발해짐에 따라 국가 간 노동력 이동도 자연스럽게 이루어지고 있다. 노동인구 국제이동의 흐름은 그 규모 및 특성 등이 매우 다양하기 때문에 각 나라마다 외국인 근로자를 활용하는정책도 다를 수밖에 없다.[1]

외국인력을 도입, 고용하는 국가들의 공통적인 현상은 가급적이면 외국 고급전문 인력을 선별 도입하여 자국의 경제·사회적 효과를 극대화하기를 원한다. 또, 미숙련 단순기능을 가진 외국인력은 대체로 국내 노동시장을 교란하지 않는 범위 내에서 최소한의 규모로 한시적으로 투명하게 도입하고 효율적으로 관리해서 사회적 비용을 최소화하도록 노력한다. 따라서 각 나라마다 특성이 다른 만큼 많은 논란거리가 되고 있는 것이 사실이다. 이러한 의미에서 각 국의 외국인력정책에 대한 비교는 향후 외국인 근로자정책에 많은 도움이 되리라 본다.[2]

우리나라의 경우 단순기능 비전문 외국인 근로자를 합법적으로 고용할

---

1) 유길상·이정혜·이규용, 『외국인력 제도의 국제비교』(한국노동연구원·국제인력기구, 2004), p.1.
2) 위의 책, pp.1-2.

수 있는 고용 허가 제도가 제대로 평가받기 위해서는 지금까지 문제가 되어 왔던 외국인 근로자 송출과정에서 비리 문제, 미등록 외국인 근로자 문제, 그리고 외국인 근로자 권리침해 등의 문제가 제대로 해결되어야 한다. 이러한 문제를 해결하기 위해서는 선진국의 경험과 사례를 우리나라 사정에 맞게 선택적 적용을 통해서 외국인 고용정책을 잘 운용해나가야 할 것이다.

이 장에서는 외국인 근로자정책과 제도를 우리나라와 동아시아 · 북미 · 유럽연합(EU)의 주요국가와 비교하여 보고, 이를 통하여 합리적인 외국인 력정책 및 제도를 마련해나가는 데 보탬이 되고자 한다.

2. 외국인 근로자정책 유형

외국인 근로자의 정책은 각 나라별로 다양하게 존재하지만 크게 두 분류로 구분해볼 수 있다.

첫째는 공급주도형 제도로서 제한요소가 적고 자국에서는 부족한 고급숙련 외국인력을 장기적으로 활용하는 데 비중을 두는 국가에서 주로 시행하고 있다. 그러나 공급주도형 제도를 시행하는 나라에서도 고급숙련 외국인력에 대해서는 점수제[3]를 적용하여 영주권을 부여하지만 미숙련 외국인 근로자에 대해서는 점수제를 적용하지 않고, 미숙련 단순기능 외국인 근로자가 직접 수입국가의 정부당국에 취업허가를 신청하고 허가를 받으면 일정 기간 한시적으로 취업할 수 있도록 한다.[4] 이와 같은 미숙련 단순기능 외국

---

3) 캐나다, 호주, 뉴질랜드 등에서는 영구이주를 희망하는 고급숙련 외국인력을 교육수준, 직업수행에 필요한 전문지식과 기술, 언어능력, 연령, 기타 이주 후 성공적으로 적응하는 데 영향을 미칠 수 있는 자산상태 등 제반 요소를 점수화하여 일정 점수 이상인 외국인에게만 이주와 취업을 허용하는 것이다.

4) 유길상 · 이정혜 · 이규용, 앞의 책(2004), P.4.

인력에 대한 제도는 독일의 노동 허가 제도와 유사하다.

둘째, 수요주도형 제도는 외국인력의 수요자인 수입국가의 사용자가 외국인의 고용을 허가해줄 것을 정부당국에 요청함으로써 외국인력의 도입과정이 시작된다. 수입국가의 정부는 외국인의 고용이 내국인의 일자리를 잠식하지 않고 내국인의 임금이나 근로조건에 부정적인 영향을 미치지 않는 범위 내에서 외국인의 고용을 허가하며, 고용 허가를 받은 사용자는 외국인력을 허가받은 분야에 허용인원의 범위 내에서 사용자의 책임 하에 외국인을 선별하여 고용한다.[5] 우리나라 고용 허가 제도가 대표적인 예라고 볼 수 있다.

외국인력정책은 나라마다 각각 다르지만 수입국가의 경제와 사회발전에 도움이 되는 방향으로 인력을 선별하여 활용하기 위해 노력하고 있다는 것이 공통된 점이라고 볼 수 있다.

3. 우리나라 외국인 근로자 고용정책

1) 외국인 근로자정책

우리나라는 1970년대까지는 노동력을 해외로 보내 외화를 획득하는 인력 송출국가였으나, 1980년대 후반부터 국내 노동시장에서 필요한 인력을 외국인으로 충원하는 인력도입 국가가 되었다. 그러나 오랫동안 단일민족 국가라는 민족중심 사상을 지켜온 우리나라는 단순기능 외국인력의 합법적 유입 정책은 도외시 한 채, 1993년 외국인력을 근로자 자격이 아닌 연수생 자격으로 입국시켜 노동현장에 활용토록 하는 산업연수생 제도를 도입하였다.

---

5) 앞의 책, p.4.

외국인 산업기술 연수생 제도의 원래 취지는 외국인의 단기기술 연수를 위한 것이었지만, 국내의 제조업체의 인력난을 감안하여 정부당국이 사실상 노동현장에서 변칙적 외국인 고용방법으로 연수생을 활용하는 것에 대해서 방치, 묵인함으로써 많은 문제점을 양산시켰다.[6]

연수생은 노동을 제공하더라도 근로자의 신분이 아니기 때문에 「노동관계법」의 보호를 받지 못했다. 이러한 차별로 인한 불이익을 참지 못하고 지정된 사업체에서 이탈한 산업연수생들이 불법취업을 통해 미등록 외국인 근로자로 전락하게 되었다.

또한 단순기능 외국인력에 대한 국내수요를 노동력 공급이 제한된 산업연수생으로 충족시킬 수는 없었다. 이와 같이 단순기능 외국인력의 고용에 대한 수요와 공급이 존재함에도 정부는 단순기능 외국인력의 국내취업을 금지하는 원칙을 계속 유지함에 따라 3D 업종을 중심으로 한 중소기업의 인력난이 더욱 심각해지면서 미등록 외국인 근로자는 증가할 수밖에 없었다.[7]

이와 같은 문제를 해결하기 위해서 1995년부터 정부는 새로운 외국인력 정책 개선방안을 위해 연구, 노력해왔다. 하지만 이해관계 당사자들의 이견으로 합의점을 찾지 못한 채로 산업연수생 제도를 계속 유지해왔다. 그 과정에서 2002년 12월에는 우리나라에 체류하는 외국인 중 미등록 외국인 근로자가 무려 28만 9천명으로써 전체 외국인력의 79.8%에 이르게 되었다. 이처럼 미등록 외국 근로자가 사회 문제화 되자 외국인을 고용하려면 산업연수생이 아닌 근로자 신분으로 정당하게 대우를 받을 수 있도록 해야 하고, 미등록 외국인 근로자를 줄여 나갈 수 있는 근본적인 제도 개선이 필요하다는데 뜻을 모아 2003년에 「외국인 근로자의 고용 등에 관한 법률」을 제정, 공포했다. 이로써 우리나라에서도 2004년 8월부터 외국인 근로자 고

6) 박석운, 「한국의 외국인 근로자 인권 문제와 대책」, 법과 사회(1995. 5), P.283.
7) 김의성, 「외국인 근로자의 고용 등에 환한 법률」, 법제(2003. 9), P.80.

용 허가 제도를 시행하게 되었다.[8]

모든 정책은 이와 같이 시대변화에 따라 점진적 발전을 거듭한다. 외국인 근로자 문제도 유럽공동체(EC)와 같이 각 나라가 통합되어 하나의 정치 · 경제 · 사회 · 문화의 집합체가 이루어져 공동의 이익을 추구하고 있다. 또한 물질문명의 발달로 어디든 갈 수 있는 시대가 도래하였으며 미래 사회는 더욱 국경의 경계가 모호해짐에 따라 국가 간 노동인구 이동은 아주 자연스럽게 받아들여질 것이다. 따라서 세계 공동체의 이익을 우선 순위에 두는 미래 사회에 대비한다는 자세로 외국인 근로자에 대한 정책을 수립해나가야 할 것이다.

지금까지 외국인 근로자 정책에 많은 변화가 있었지만 단기교대제에 의한 단기 순환정책의 기조는 바뀌지 않았다. 여기서는 먼저 단순기능 외국인 력인 미숙련 외국인 근로자정책과 미등록 외국인 근로자정책을 살펴보고 전문기술 인력정책은 간단히 기술해보기로 한다.

(1) 미숙련 외국인 근로자정책

오늘날 우리나라는 국제 사회의 책임 있는 일원으로써 국제화 시대에 걸맞는 외국인력 고용정책을 선도해나가야 할 위치에 서 있다. 이런 시대적 요구와 국내 기업의 외국인력 도입에 대한 필요성에 의해 2004년 8월 17일부터 합법적인 단순기능 외국인력 도입제도인 외국인 고용 허가제를 시행하게 되었다.

현재 우리나라의 외국인 근로자 고용 제도는 앞서 언급한 바와 같이 제3국 근로자를 대상으로 하는 고용 허가 제도와 외국 국적 동포를 대상으로 하는 방문취업 제도로 나뉘어져 있다. 고용 허가 제도의 경우 외국인 근로자

---

8) 유길상. 이정혜. 이규용, 앞의 책, p.2.

를 고용하고자 하는 자는 관할 고용지원 센터에 내국인 구인신청을 하면 된다. 내국인 구인 노력에도 불구하고 원하는 인력의 전부 또는 일부를 채용하지 못한 경우 우선 외국인 고용 허가 관할 고용지원 센터에 외국인 근로자 고용신청을 한다. 그러면 고용지원 센터는 미리 송출국가와 협의하여 작성한 외국인 구직자 명부에 등록된 자들 중 적격자를 추천하고, 사용자가 최종 선택한 후 그 외국인 근로자의 성명 등이 기재된 외국인 근로자 고용 허가서를 발급하여 노동계약을 체결하는 내용으로 구성되어 있다.

외국 국적 동포를 특례 고용하고자 하는 사용자도 일반 외국인 근로자를 고용할 경우와 동일하다. 다만 과거와 달리 근로자 개인별로 고용 허가서를 발급받지 않아도 되며, 관할 노동부 고용지원 센터에서 '특례고용 가능 확인서'를 발급받아, 동 확인서에 기재된 사업장별 고용허용 인원 범위 내에서 노동부에 구직 등록한 외국 국적 동포의 고용이 가능하다.

우리나라 미숙련 단순기능 인력 도입은 대부분 고용 허가제와 방문취업제를 통해 입국한 인력들로 채워져 있다. 고용 허가제로 인한 합법적 단순기능 외국인 근로자들의 인권, 노동권 보장은 법적으로는 확보되었지만 노동현장에서 얼마나 잘 지켜지느냐 하는 문제가 남아 있다. 방문취업 제도에서 외국인 근로자의 사업장 이동의 자유를 보장함으로써 고용 허가제를 보완했지만 외국 국적 동포에게만 적용시킴으로써 그 한계를 벗어날 수가 없다.

향후 외국인 근로자에 대한 법적 보장이나 권리침해에 대한 원인을 잘 살펴서 계속적인 제도적 보완이 이루어져야 할 것이다.

(2) 미등록 외국인 근로자정책

우리나라는 1992년 6월 최초로 미등록 외국인에 대한 자진 출국기간 설정 및 출국기간 유예조치를 시행하였고, 고용 허가제 도입을 앞둔 2003년 9월 미등록 외국인에 대한 전면적인 합법화 조치를 취하는 등 총 18회에 걸친 미

등록 외국인에 대한 각종 유화정책을 전개하였다.[9]

미등록 외국인 대부분이 국내취업을 위한 체류상태에 있다고 보기 때문에 미등록 외국인 근로자로 보아도 무방하다. 미등록 외국인 근로자가 발생하는 주된 이유는 국가 간 운송, 통신 수단의 발달로 인한 저임금, 저개발 국가 국민들이 일자리를 찾아 국제이동을 도모하면서 합법취업의 제한 때문이다. 이러한 이유로 불법취업 방식을 취하고 있으며, 등록 외국인 근로자라 하더라도 체류 기간 만료 후에 본국으로 귀국할 경우 생활고에 대한 우려로 귀국하지 않고 체류국가에 머물면서 자연스럽게 미등록 상태가 되는 경우가 많다. 독일은 단순기능 인력으로 노동을 제공하는 외국인 근로자들은 체류 기간이 끝나도 대다수가 본국으로 귀국하지 않고 미등록 상태로 거주한다는 사실을 잘 파악하고 그에 따른 외국인 근로자정책을 펴고 있다.

우리나라는 미등록 외국인 근로자 수를 줄이기 위해서 신규 유입되는 외국인에 대한 입국심사를 강화하고, 미등록 인원이 많은 국가에 대해서는 이민연락관을 파견하여 출발지 공항에서부터 통제 기능을 강화하고 있다.(태국은 2007년 1월부터 시행하고 있음) 무엇보다 미등록 외국인 근로자를 고용하고 있는 사용자에 대한 처벌을 강화[10]해서 불법취업 환경을 사전에 차단한다는 것이다.

외국의 경우를 보면 일본은 사용자가 미등록 외국인 근로자를 불법고용했을 때 형사처벌 및 3년 간 외국인 연수생을 사용금지 조치하고, 미국은 피고용된 불법 체류자 1명을 기준으로 불법 고용한 사용자에게 벌금을 부과하고 있으며 2회 적발 시 가중처벌을 하고 있다. 독일, 프랑스의 경우는 형사

9) 김양수, 「불법 체류 외국인 감소대책, 재한 외국인 정책현황과 개선과제」, 한나라당(재)여의도 연구소(2008), p.27.
10) 사용자 범칙금 최저금액을 대폭 상향조정, 불법 고용 기간 위주의 부과체재를 불법고용 외국인 수 위주로 변경.

처벌 이외에 일정기간 영업장 폐쇄조치를 취하고 있다.[11]

선진국의 미등록 외국인 근로자들에 대한정책의 공통점은 불법고용을 한 사용자에 대한 처벌은 강화하면서 정작 미등록 외국인 근로자에 대해서는 관대하다는 것을 알 수 있다. 미등록이라 할지라도 근로자로서의 권리보장은 국제법과 국내법 조항에 의해 철저히 지켜지고 있다. 특히 유럽국가 같은 경우에는 사회통합정책을 추구하고 있기 때문에 보다 전향적인 외국인 근로자 정책이 이루어지고 있다.

우리나라 정부도 외국인 근로자에 대한 인권 부분을 나름대로 고려하면서 정책 마련에 고심하고 있다. 현장에서 잘 지켜지지는 않지만 단속 시 적법절차 준수(미란다 원칙 고지)하고자 노력하고 있고, 고충상담관을 지정해 운영하고 있으며 명예 인권상담관 제도도 활용하고 있다. 법률구조공단에서는 법률지원을 통해 편의를 제공하고 있고, 무료진료 지원체계를 갖추어 건강진단을 받게 하고 있으며, 종교·여가활동과 보호시설 안전관리 등 외국인 근로자 인권보호에도 많은 지원을 하고 있다.

우리 정부의 이와 같은 노력에도 불구하고 전체 외국인 수에서 미등록 외국인 근로자 수의 비율이 눈에 띄게 줄어들고 있지 않는 것 같다. 이는 인권적 차원에서 지원보호 대책방안을 모색하고 있지만 실질적으로 노동 현장이나 일상생활 속에서 미등록 외국인 근로자는 적용대상이 아니기 때문이다. 단속과 처벌 그리고 강제 퇴거라는 법집행만을 가지고는 이 문제를 근본적으로 해결할 수 없다. '자진출국 인센티브 프로그램'을 다양하게 마련하여 실행에 옮길 수 있는 후속조치들을 강구해나가야 할 것이다.[12]

그리고 학계에서는 '미등록 외국인 수가 전체 외국인 체류자 수 대비

---

11) 김양수, 앞의 발제문, pp.35-36.
12) 이철승, 「외국인 정책 현황과 개선과제에 대한 정책 제언, 재한외국인 정책현황과 개선과제」, 한나라당 (재)여의도 연구소(2008), p.71.

20.3%가 적당하지만 그 목표가 달성되면 기준을 점차적으로 낮춰 잡는 방식이 바람직하다[13]"는 주장과 '15%로 이하로 줄여야 한다'는 목소리도 있다 (2005년 고려대학교 윤인진 교수, '장래 우리나라 인력난 문제해결 및 재외 동포 인력 활용방안' 연구보고서). 우리 정부에서는 미등록 외국인들을 전체 외국인력 대비 10% 이하로 감소시켜 나갈 계획을 세우고 있다.[14]

우리나라는 향후 40년 후면 인구 수가 400만 명이 줄어든다고 한다(2009. 11. 19. KBS 보도). 가까운 미래 사회에 심각한 노동인구의 부족으로 야기될 문제에 대비하기 위해서도 미등록 외국인 근로자들에 대한 적절한 해결방안을 모색해나가야 할 것이다. 현재 우리나라 제도는 과학 · 경제 · 문화 · 체육 등 특정분야에 탁월한 능력을 갖고 있는 우수 해외 인력 외국인의 국적 취득 조건을 완화하는 방안을 검토 중이지만, 일반 단순기능 외국인 근로자에게는 해당되지 않는다. 게다가 미등록 외국인 근로자들은 언제든지 추방될 수 있는 것이 우리나라의 현 실상이다.[15]

앞으로 미등록 외국인 근로자들에 대한 인권 문제와 노동권 보장 문제에 대해 끊임없는 관심이 필요하다. 미국이나 프랑스 등은 장기적 관점에서 미등록 외국인 근로자들에 대한 합법화가 부분적으로 허용되고 있고 꾸준히 논의가 이루어지고 있다. 이 처럼 우리나라도 미등록 외국인 근로자의 합법화와 외국인력정책에 있어서 단기 순환정책에서 장기 정주화정책으로 전환하는 문제까지도 진지하게 살펴봐야 할 것이다. 이젠 우리나라도 미등록 외국인 근로자의 합법화정책 전개가 필요하다. 우리나라에 거주하는 장기거주 미등록 외국인 근로자에 대하여 일정한 조건을 충족하는 경우에 제한적으로 합법화하는 정책을 마련해나가야 할 것이다.

---

13) 설동훈, 「국내 불법 체류 외국인의 적정규모 추정, 2005년도 출입국 관리국 정책연구보고서」, 법무부 (2005), P.27.

14) 김양수, 앞의 발제문, p.40.

15) 경향신문, 사회10면 (2009. 10. 26)

국가주력산업의 동력원은 비록 첨단기술 인력이지만(참고로 우리나라 외국인 전문 인력은 2%, 미국·영국 등은 40%까지 육박하고 있다), 첨단 산업만 국가산업으로 육성할 수 없기 때문에, 외국인 근로자가 담당하고 있는 3D 산업 역시 포기할 수 없는 분야다. 3D 산업이 없는 국가가 존재하지 않고, 3D 분야 경제활동 인구가 아직까지도 상상 이상으로 많다.

그리고 저출산·고령사회로 인한 노동력 부족상태를 보충하기 위한 외국인력의 대거유입이 불가피하다는 점 등을 감안하면 장기 미등록 외국인 근로자에 대한 합법화는 진지하게 고려해야 할 부분이다. 특히 미등록 외국인 근로자에 대한 단속 및 미등록 신분을 악용한 사용자의 체불임금 사례, 산재 처리 문제 등으로 인한 권리침해 등을 경험한 외국인 근로자들이 우리나라에 대한 반감을 갖고 본국에 귀국하게 되고, 이런 사례가 반복되면 결국 국가이미지에 큰 타격을 받게 되면서 국제 사회에서도 지탄의 대상이 될 것이다.

미등록 외국인 근로자에 대한 합리적인 운용방안을 마련해서 더 이상 국가 이미지를 실추시키는 일이 발생하지 않도록 해야 한다. 그러기 위해서는 앞서 말한바와 같이 미등록 외국인 근로자에 대한 점진적 합법화를 통해 사회통합정책의 기초를 다져 나가야 한다.[16]

(3) 전문기술 외국인력정책

우리나라 법무부 출입국 외국인정책본부의 외국인 전문 인력에 대한정책의 기본목표는 해외의 인적 자원 및 외국인 투자자를 적극 유치함으로써 다양한 인적 자원 간의 경쟁을 통한 국가경쟁력을 제고시키고 해외자본 유치를 통한 고용창출 및 세수증대 등에 기여하는 것을 목표로 하고 있다. 결국 우리나라의 전문 인력 유치정책의 핵심은 국가 육성산업에 있어서 세계적

---

16) 이학춘, 「한국 내 다문화 가정과 외국인 근로자의 적극적 사회통합 방안」, 법무부 특강자료, 동아대학교 국제법무학과(2009), p.30.

경쟁력을 갖춘 우수 인력을 유치하는 데 있다.[17]

'전문기술 인력 취업제도'에 의한 외국인의 국내취업은 해당직종의 전문성과 국내에서 구하기 어려운 특정기술 인력에 한하여 허용되었다. 「출입국관리법」에 의거 전문하여 기술 외국인력은 교수(E-1)·회화지도(E-2)·연구(E-3)·기술지도(E-4)·전문직업(E-5)·예술흥행(E-6)·특정활동(E-7) 체류자격을 부여받아 국내취업이 가능하다.[18]

7개의 전문기술 분야에 취업하려는 이들에게는 합법적인 취업비자를 발급하고 있고, 특히 우리나라가 국가 전략적으로 육성하고 있는 첨단기술 외국인력[19]에 대해서는 적극적인 유치를 지원하기 위해 국적에 관계없이 복수사증 발급, 체류 기간 상한 확대 및 체류 자격 외 활동허용 등 체류활동 요건을 완화하여 시행해오고 있다.[20]

일반 절차를 보면 당사자 간에 고용계약 체결→ (관계부처 장관의 추천)→ 법무부 장관의 사증발급인정서 발급→ 외국인의 입국으로 되어있다. 예술흥행(E-6)의 경우, 공연업소의 공연 요청→ 연예기획사와 현지 연예인간의 고용계약 체결→ 연예기획사의 추천심사 의뢰→ 영상물 등급 심사위 추천→ 법무부 장관의 사증 발급인정서 발급→ 외국인의 입국과정을 거친다.[21]

---

17) 이규용·박성재·김선웅·노용진·김재훈, 『전문기술 외국인력 노동시장 분석』(한국노동연구원, 2005), p.186.

18) 유길상·이정혜·이규용, 앞의 책, p.191.

19) 첨단기술 분야는 정보기술(IT), 전자상거래 등 기업정보화(E-business), 생물산업(BT), 나노기술(NT), 신소재(금속, 세라믹, 화학), 수송기계, 디지털 전자(반도체, 디지털 가전, 디스플레이, Post-PC 및 텔레마티크, BINT(BT+IT+NT) 분야이다.

20) 주요개선 내용을 보면 첨단기술 외국인력에 대해서는 2000년 11월부터 복수사증 발급협정 체결 여부를 불문하고 복수사증을 발급토록하고 있다. 체류 허가 시 1회에 부여하는 체류기간의 상한을 종전의 2년에서 2002년 11월부터 3년으로 확대하였으며, 고용 계약기간 연장에 따른 체류 기간 연장 허가를 받으면 무제한 체류가 가능하다. 그리고 2000년 11월부터 원고용주의 동의가 있는 경우 체류 자격외 활동 허용 등 자유로운 국내 체류활동을 보장하고 근무처를 추가, 2개 이내 범위 내에서 복수 허가가 가능해졌다. 유길상·이정혜·이규용, 앞의 책, pp.178-179.

21) 영상물등급심사위의 외국인 국내 공연 추천에는 공연법이 적용되며 공연 추천 신청은 근로자 파견법에 의한 근로자 파견업체에 한정되며, 근로자 파견법은 26개 파견허용업종에 '예

2) 외국인 근로자 취업제도

우리나라는 전문기술 인력을 유치하기 위한 전문기술 인력 제도, 노동 인력부족 문제를 해결하기 위한 산업연수생 제도와 단순기능 외국인 근로자 입국을 합법화한 고용 허가 제도 등이 있다. 이와 같이 우리나라도 외국인 근로자에 대한 몇 가지 고용 제도가 있었지만 시행착오를 거치면서 새로운 제도들을 도입 시행해오고 있다. 이 장에서는 그동안 채택된 제도 중 현재 외국인 근로자 문제로 이슈화되고 있는 방문취업 제도와 고용 허가 제도를 중심으로 살펴보고자 한다.

(1) 방문취업 제도

세계 다른 지역에 거주하는 동포는 「재외동포의 출입국과 법적지위에 관한 법률」의해 국민에 준하는 법적 지위를 부여받는 반면, 중국과 구소련동포는 「출입국 관리법 시행령」 제23조(외국인의 취업과 체류 자격)에 의해 「재외동포의 출입국과 법적지위에 관한 법률」의 적용에서 배제됨에 따라 동포 간 차별 문제가 발생하였다.[22]

이에 중국 등의 동포에게 입국문호를 확대하고 특례 고용 허가제(구 취업관리제)의 불합리한 절차를 개선하기 위해 우리나라는 방문취업 제도 도입을 주요골자로 하는 「외국인 근로자의 고용 등에 관한 법률」 개정안을 2007년 1월 3일 공포하였고, 「출입국 관리법 시행령」을 개정하여 2007년 3월 4일 부터 방문취업 제도를 시행하였다.[23] 이 제도는 그간 입국 기회가 제한되었던 국내 친척이 없는 무연고 동포들에게도 입국 및 취업 기회를 부여하여

술. 연예'를 포함하고 있다.

22) http://www.humanright.go.kr/10/sub/sub05_03.htm(검색일: 2009. 12. 15).

23) 이규용 · 설동훈 · 박성재 · 주무현 · 조동훈, 『구조변화와 이주정책과제』(한국노동연구원, 2008), p. 62.

연간 쿼터의 범위 내에서 입국을 허용하는 것이다. 국내 친척이 있는 연고 동포는 쿼터 제한을 받지 않고 입국을 허용하지만, 무연고 동포들에게는 한 꺼번에 대거입국이 이루어질 경우 발생할 노동시장 혼란을 방지하기 위하여 매년 법무 · 노동부 차관이 안건을 공동 상정하여 '외국인력 정책위원회'에서 쿼터를 정하여 사증을 발급하고 있다.[24]

「재외동포의 출입국과 법적 지위에 관한 법률」이 정한 외국 국적 동포로서 방문취업(H-2)사증 소지자가 이 제도의 적용을 받는데 우리나라보다 경제적 수준이 훨씬 낮은 중국과 구소련 거주 외국 국적 동포들이 주요 대상이다. 그동안 선진국의 외국 국적 동포에 비해서 차별대우를 받았던 중국 · 러시아 거주동포 포용정책의 일환으로 「외국인 근로자의 고용 등에 관한 법률」 중 일부를 개정하여 외국 국적 동포에 대한 취업 기회를 확대하기 위하여 마련되었다.

「재외동포의 출입국과 법적 지위에 관한 법률 시행령」 제3조(외국 국적 동포의 정의)의 규정에 의한 외국 국적 동포로서 「재외동포의 출입국과 법적 지위에 관한 법률」 제2조(정의) 제2호[25]에 해당하는 만 25세 이상인 자에 대하여 5년간 유효한 방문취업(H-2), 복수사증을 발급하여 사증의 유효범위 내에서 출입국이 가능하며 자유롭게 노동에 종사할 수 있도록 했다.[26]

체류 기간 연장허가 절차 대폭 간소화에 따라 종전 특례 고용 허가제하에서는 근로계약서 · 소속업체의 사업자등록증 사본 등을 제출하지 않을 경우 체류 기간 연장허가를 불허했지만 방문취업 제도하에서는 여권과 외국인

24) 곽재석, 「방문취업제 성과와 과제」(법무부 출입국외국인 정책본부 외국 국적 동포팀, 2008), pp.1-4.

25) 대한민국의 국적을 보유하였던 자(대한민국정부 수립 전에 국외로 이주한 동포를 포함한다) 또는 그 직계비속(直系卑屬)으로서 외국 국적을 취득한 자 중 대통령령으로 정하는 자를 말한다.

26) 문준조, 『주요국가의 외국인 이주노동자의 지위와 규제에 관한 연구』(한국법제연구원연구보고, 2007, 1), p. 221.

등록증 제출만으로 체류 기간 연장허가가 가능하다(1회 에 부여하는 체류 기간 연장허가 기간을 2년으로 설정).

고용 허가제와 달리 5년 이내의 사증기간 동안 본국에 왕래가 자유로우며 취업할 수 있는 업종도 20개에서 34개로 확대되었다. 운수·통신업·대형 할인마트 등 기타식품 판매업·근로자 파견업·전기·가스·수도업 등 서민 생계와 관련된 몇몇 업종을 제외한 건설업·가사 서비스업·사업 복지사 등 전 업종이 개방되었다.[27]

사업장 변경도 허가제에서 신고제로 완화되어 사용자의 의사와 상관없이 자유스러운 측면에서 볼 때 유럽의 노동 허가제와 유사한 면이 있다. 방문취업 제도 시행 전에는 노동부로부터 의무적으로 알선을 받아야만 합법취업으로 인정을 했지만 현재는 취업교육 및 구직신청 절차를 거친 동포에 대해서는 자율구직이 허용되었다. 사용자는 3년간 유효한 특례고용 가능확인서를 발급받아 허용인원의 범위 내에서 별도의 고용 허가 없이 동포고용이 가능하도록 했다.[28]

하지만 내국인들의 일자리를 잠식한다는 비판의 목소리도 있다. 2006년 포스코 건설근로자 농성 시 단체협약 요구사항 중에 외국 국적 동포 사용 금지조항이 있었던 것을 하나의 예로 들 수 있다. 그리고 외국 국적 동포에게만 적용된다는 측면에서 민족주의라는 비난에 자유로울 수 없고, 영주권의 취득가능성을 배제함으로써 우리나라 노동정책이 단기 순환정책에서 벗어나지 못하고 있다.[29]

향후 노동 인력의 부족이 예상되는 상황에서 단순기능 외국인력은 지속적으로 유입될 것이다. 어차피 외국인 근로자를 고용해야 한다면 인종적·

---

27) 이규용·설동훈·박성재·주무현·조동훈, 앞의 책, p.62.
28) 곽재석, 앞의 자료, p.6.
29) 문준조, 앞의 책, pp.221-222.

문화적 마찰이 적은 재외동포를 최대한 활용해나가는 것이 바람직할 것이다.[30] 일본의 '니케진' 제도는 일본의 해외 거주 후손들에게 거의 영주취업권을 부여하는 수준에서 운용되고 있다.

(2) 고용 허가 제도

고용 허가제는 내국인의 고용을 보장하면서 외국인 노동 인력을 활용하는 제도이다. 국내 노동시장의 '보충성 원칙'에 따라 내국인 인력을 채용하지 못한 사용자에 한해 외국인 인력을 고용할 수 있도록 허용하는 것이다. 즉 단순기능 외국인력을 합법적 절차를 거쳐서 국내에 유입시키는 제도로서 국내 인력을 구하지 못하는 사용자가 노동부로부터 인력부족 확인서를 발급받아 합법적으로 외국인 근로자를 고용할 수 있는 제도다. 또한 사용자의 자율적인 외국인 근로자 선택권을 보장하고, 송출비리의 방지를 위해서 외국인력 선정ㆍ도입 절차를 투명하게 하는 것이다. 1992년도에 산업연수생 제도를 도입해서 민간 부문에 맡겨 운영해본 결과 송출비리 등 각종 부작용이 많이 발생했다. 그 사실을 감안하여 정부 간에 양해각서를 체결하고 외국인 근로자의 선정ㆍ도입 관리업무를 공공기관에 맡기는 등 제도의 운영을 공공부문으로 하여금 수행하게 하는 특징을 가지고 있다.[31]

노동부가 제출한 고용 허가 제도 개선안이 2009년 9월 16일 국회를 통과해 국무회의 의결을 거쳐 동년 12월 10일과 2010년 4월 10일부터 시행되어오고 있다. 주요 내용을 보면, 먼저 사용자가 외국인 근로자의 취업활동기간 3년이 만료되기 전에 외국인 근로자 재고용을 요청할 경우 종래 출국일정 기간이 경과한 후 재입국하는 등의 번거로움을 갖지 않고도 2년을 더

---

30) 이혜경, 「재한 외국인 정책현황과 개선과제」(한나라당 (재)여의도 연구소, 2008), p.100.
31) 김태환, 「외국인 근로자의 고용 등에 관한 법률의 고찰」, 『사회과학편』 제22집(2003), p.19.

연장 할 수 있게 되었다. 즉, 외국인 근로자는 재고용 계약을 체결할 때 출국한 뒤 1개월 후 재입국해 3년간 재고용(1회 출국 3+3제)하던 규정도 폐지하고, 출국 절차 없이 최대 2년간 재고용(무 출국 3+2제) 계약을 할 수 있도록 했다. 한국 정부는 2012년 2월 1일 「외국인 근로자의 고용 등에 관한 법률」을 개정하면서, 사업장 변경 없이 성실 근로 후 자진 귀국할 외국인 근로자는 3개월 후 재입국 하여 다시 4년 10개월간 취업할 수 있도록 했다.

그리고 근로계약 기간이 1년으로 제한돼 있어 기업은 각종 신고에 따른 번거로운 절차나 행정비용이 발생하고, 외국인도 체류 기간보다 짧은 계약기간으로 고용 불안을 느껴온 점을 감안해서 최대 취업활동 기간 3년 범위 내에서 당사자 간 자율적으로 계약기간을 정하도록 했다.

그리고 외국인 근로자의 사업장 변경은 신청 후 3개월 이내에 이뤄져야 하나, 산재 · 질병 · 부상 · 임신 · 출산 등 취업활동이 불가할 때도 적용돼 온 문제점을 고려해 업무상 재해 · 질병 · 부상 · 임신 · 출산 등 외국인 근로자 귀책사유 없이 구직활동을 할 수 없는 경우 그 사유가 해소된 이후 구직기간을 계산하도록 변경됐다.

또, 사업장 변경사유가 추가됐다. 기존에는 근로조건 위반, 사용자의 부당한 처우 등 불가피한 사유로 사업장 변경이 필요한데도 변경허가를 얻을 수 없었다. 이번 개정안은 사업장 변경사유에 '사업장의 근로조건이 계약조건과 다를 경우, 근로조건 위반 등 사용자의 부당한 처우 등으로 인해 사회통념상 근로계약을 유지하기 어려운 경우'를 추가했다.

아울러 사업장 변경 횟수제한에도 예외 규정을 뒀다. 기존의 법률은 사업장 변경사유에 관계없이 3회의 횟수제한을 획일적으로 적용, 휴 · 폐업 등 사유로 출국 대상이 되는 근로자가 발생하기도 했으나 개정안은 이러한

이유를 사업장 변경 횟수의 제한에 포함되지 않도록 규정하고 있다.[32]

외국인 근로자를 고용하기 위해서는 외국인력 고용규모와 업종 및 출신국 등은 '외국인력 고용위원회'(위원장: 노동부 차관)의 심의를 거쳐, 국무총리실 내의 외국인력 정책위원회(위원장: 국무조정실장)가 국내 인력 수급동향과 연계해서 적정 수준의 도입규모를 결정한다. 그리고 외국인 근로자를 고용하기에 앞서 노동부 고용지원 센터에서 먼저 내국인 대상의 구인기간을 3~7일간 부과하도록 하여 내국인의 고용기회 부여에 우선권을 주고 있다.

또 송출비리 방지 및 외국인력 선정에 있어 도입절차를 투명하게 하기 위해서 민간기관 개입을 배제한 정부 간 양해각서(MOU)를 체결하고, 노동부 고용지원 센터나 산업인력공단 같은 공공부문에서 외국인 근로자 선정 및 도입을 담당하도록 하고 있다. 나아가 기능수준이나 언어 능력 등을 갖추어 사용자의 수요에 맞는 적격자 선정이 가능하도록 했으며, 합리적인 이유 없이 부당한 차별금지와 내국인 근로자와 동일한 「노동관계법」 적용을 통해[33] 외국인 근로자에 대한 기본적 인권보장을 함으로써 내국인 근로자들과 동등한 대우를 받게 되었다.[34] 우리나라의 외국인 고용 허가 제도는 대만에서 채택하고 있는 제도와 유사한 성격을 가지고 있다.

---

32) http://news.chosun.com/site/data/html_dir/2009/09/23/ 2009092301178.html
연합뉴스: 2009. 09. 23일자(검색일: 2009. 11. 15).

33) 부산지방법원 2006. 5. 12.선고 2005나7747 임금.
① 외국인 산업기술 연수생이 실질적으로는 대상 업체의 지시 · 감독을 받으면서 근로를 제공하고 그 근로의 대가로 연수수당 등의 명목으로 실질적인 임금을 받는 근로기준법 제14조의 근로자라고 한 사례
② 실질적으로 근로자와 같은 근로를 하는 외국인 산업기술 연수생에게 퇴직금을 지급하지 않는 것이 합리적 이유가 없는 차별대우에 해당한다고 한 사례
③ 산업연수계약상의 연수업체가 '파견근로자보호 등에 관한 법률'상의 파견대상업체에 해당하지 않는다고 한 사례.

34) 내국인 근로자와 동등하게 근로기준법, 최저임금법, 산업안전보건법 등 노동관계법의 적용을 받고 노동3권 등 기본적인 권익보장.

고용 허가제의 문제점은 먼저 근로계약 초기단계부터 업종이 정해져 선택의 여지가 없으며, 외국인 근로자의 사업장 이동이 제한되어 있어 사실상 차별적 요소를 지니고 있다. 노동부 개선안은 다만 횟수와 사용자의 귀책사유 사항을 보완했을 뿐이다. 그리고 송출에 관한 문제도 아직까지 완전히 해소되지 않고 있다. 현행 고용 허가제에서는 송출국에서 추천한 외국인 근로자들의 명단을 국내 사용자가 적격자를 선택하여 채용하는 방식으로 산업인력공단에서 근로계약체결을 대행하고 있기 때문에 정작 당사자인 외국인 근로자는 사용자나 사업장의 상황도 제대로 모르고 자신이 무슨 일에 종사해야 하는지도 모른 채 계약을 체결하게 되는 것이다. 결국 입국한 이후에 노동환경이나 일상생활에 적응하지 못하고 사업장 이동도 힘든 상황에서 현실적으로 여러 가지 문제가 발생할 가능성이 높다.[35]

그리고 대부분의 송출국에서는 사실상 기존 산업연수생을 보내던 송출기관들을 통하여 인력을 모집하고, 송출기관에서 모집한 인력의 명단만을 송출국 정부에서 취합하는 형태로 운영되고 있기 때문에 송출 비리 발생 가능성은 계속 상존하고 있는 실정이다. 제대로 된 감독을 위해서는 이주 관련 '국가 간 기구' 또는 '국제 NGO'에 송출 감독기능을 위탁하는 것도 검토해볼 필요가 있다.[36] 또한 내국인 고용기회를 보장하기 위해 내국인 구인 기간을 두는 것은 어차피 외국인 근로자들에게는 허용되는 업종과 허용 인원이 애초에 제한되어 있기 때문에 별 의미가 없어 보인다. 장기적으로 내국인 구인 기간의 폐지와 업종과 인원에 대한 허용기준도 완화해나가야 할 것이다.

---

35) 문준조, 앞의 책, p.220.
36) 설동훈, 「한국사회의 외국인 노동자에 대한 사회학적 연구」, 서울대학교 박사학위 논문 (1996), pp.58-59.

4. 각 주요 국가별 외국인 근로자정책

경제발전과 생활수준의 향상 등으로 단순기능을 가진 인력이 요구되는 3D 업종에 대한 노동 인력 부족현상을 겪고 있는 대부분의 국가에서는 자국의 사회·경제·문화적 여건 등을 감안하여 외국인 근로자들을 합법적으로 도입, 활용할 수 있는 제도를 마련하고 있다.[37]

앞서 외국인 근로자정책의 유형에서 언급한 바와 같이 외국인 근로자 고용정책을 보면 사용자의 고용의 권리에 초점을 둔 수요주도형인 고용 허가제와 근로자의 사업장 이동의 자유를 허가한 공급주도형인 노동 허가제로 분류할 수 있다.

아시아에서 대표적인 외국인 근로자 수입 국가는 일본, 대만, 한국 등이다. 대만과 한국은 고용 허가제를 실시하고 있고, 일본은 고용 허가제에 대한 논의는 되고 있으나 아직 도입하지 않고 있다. 북미국가 중 미국은 사용자가 필요한 외국인 근로자의 도입을 주도하는 수요 주도적인 고용 허가제를 실시하고 있는데 반해서 캐나다는 점수제에 의해 일정한 점수 이상에 해당하는 외국인이 스스로 캐나다에 이주를 신청하고 캐나다 정부가 희망자를 선별하여 받아들이는 공급 주도적인 노동허가 제도를 실시하고 있다.[38]

그리고 유럽연합(EU) 국가의 외국인 근로자정책은 비유럽연합 국민을 대상으로 하는데 회원국 자국민이나 유럽연합 국민 또는 유럽연합 국가에서 체류허가를 이미 받고 합법 신분으로 거주하고 있는 국민들로부터 채울 수 없는 일자리에 한해 사용자에게 한시적인 외국인 고용 허가를 허용하여 외국인 근로자를 고용하고 있다. '계절적 외국인 근로자'와 '국경 왕래 외국인 근로자'에 대해서도 취업이 엄격하게 제한되고 있으며, 특히 유럽연합은 회

---

37) 김의성, 앞의 법령, p.90.
38) 유길상·이정혜·이규용, 앞의 책, p.9.

원국별로 입장이 다르기 때문에 아직까지 구체적인 외국인 근로자 정책이 통일되지 못하고 있다.[39]

여기서는 동아시아의 일본과 대만, 북미의 미국과 캐나다, 유럽연합과 그 회원국가 중 독일과 프랑스의 외국인 근로자정책과 제도를 살펴보기로 한다.

1) 동 아시아

(1) 일본

외국인 근로자정책동향

일본에서 외국인 근로자 문제가 사회적 관심이 된 요인은 일본 경제의 급성장에 따라 일부 부문에서 국내 노동력이 부족해졌고, 베트남, 중국, 한국 등으로부터 유입된 외국인 근로자 수가 증가하면서 일본의 노동시장과 사회에 미치는 영향 등이 커졌기 때문이다.[40]

일본의 외국인력정책은 외국인 근로자를 등록 외국인 근로자와 미등록 외국인 근로자로 나누어 관리하고 있다. 등록 외국인 근로자는 전문기술직, 특정 활동자, 숙련 근로자 등과 연수생, 기능실습생, 유학생, 취학생(일본어학교 등의 전문학원생), 니케진 제도[41] 등으로 구분된다. 미등록 외국인 근로자는 체재허가 기간이 지난 체류 기간 초과자와 자격 외 취업자로 나누어진다.[42]

1951년 제정된 초기 「출입국 관리법 및 난민인정법」은 단순기능 외국인 근로자의 국내 취업을 원칙적으로 금지했지만 1950년대 이래 급성장을 기록하

---

39) 앞의 책, pp.8-9.

40) 문준조, 앞의 책, p.97.

41) '니케진(日系人)'은 브라질, 페루 등 해외에 이주한 일본인의 후손들을 말한다.

42) http://ijunodong.prok.org/bbs/zboard.php?id=data_02&page=1&sn1=&divpage=1&sn=off&ss=on&sc=on&select_arrange=headnum&desc=desc&no=5(검색일: 2009. 11. 11).

면서 해외진출 법인근로자의 기능과 기술을 향상시키고 일본의 기술을 아시아 개발도상 국가에 전수시킨다는 명목으로 외국인 연수 제도를 도입해왔다. 그리고 1989년「출입국 관리법 및 난민인정법」을 개정하여[43] 1990년에 시행 이후 해외투자기업 뿐만 아니라 일본 국내 중소기업의 인력난을 해소하기 위해 일반 중소기업도 외국인 근로자를 연수 목적으로 유입할 수 있게 되었다. 연수기간 종료 후 사실적 고용관계에서 노동법의 보호대상자격을 부여하는 기능실습 제도가 1993년 4월에 도입되었다. 그리고 일본은 브라질, 페루 등 남미에 이주한 일본인 후손들에게 '정주자' 체류 자격을 부여하여 제조업 등에 취업을 허용하는 '니케진(日系人)' 제도를 운영하고 있다.[44]

일본의 외국인 근로자정책동향을 정리해 보면 우선 1990년에 시행된「출입국 관리법 및 난민인정법」으로 중남미에 거주하고 있는 일본인 후손에 대한 활용정책과 연수생 및 유학생에게 주당 20시간까지의 취업을 허용하여 이들의 노동력을 활용하는 정책을 펴왔다. 특히 일본이 외국인 근로자의 공식적인 유입보다는 해외 일본인 후손에 한하여 일종의 노동 허가제를 시행함으로써 외국인 근로자의 유입에 따른 인종적, 문화적 갈등을 최소화하여 고용정책의 효율성을 높이고 있다.[45]

---

43) 개정입관법(改正入管法)에 따르면 불법취업자는 일본 밖으로 강제 퇴거 시킬 수 있다(동법 제24조, 제19조). 구체적인 절차로는, ① 입국경비관은 불법취업자로 사료되는 외국인이 있는 때에는 그 외국인에 대하여 '위반조사'를 할 수 있으며(제27조), ② 입국경비관은 외국인이 불법취업에 해당된다고 의심할만한 상당한 이유가 있는 때에는 입국경비관의 청구에 의해 그 소속관서의 주임심사관이 발부하는 수용영서(收容令書)에 의해 그 자를 수용할 수 있으며(제39조), 입국경비관은 수용영서의 발부를 기다려서는 용의자가 도주할 우려가 있다고 인정하기에 상당한 이유가 있는 때에는수용영서의 발부없이 용의자를 수용할 수 있고(제43조 제1항), ③ 수용영서에 의해 수용할 수 있는 기간은 30일 이내이지만, 주임심사관은 부득이한 사유가 있다고 인정되는 때에는 30일을 초과하지 않는 범위 내에서 연장할 수 있으며(제41조 제1항), ④ 수용영서 또는 퇴거강제영서(退去强制令書)에 의해 신병이 구속된 자가 도주한 때에는 1년 이하의 징역 또는 20만엔 이하의 벌금에 처하거나 이를 병과한다(제72조).

44) http://mybox.happycampus.com/krnumber/654946/(검색일: 2009. 10. 20).

45) 1994년 당시 일본에 거주하는 66만 명 외국인 단순 기능 인력 중 6%만이 외국인 연수생임에 비해서 32%인 21만 명이 일본인 해외 거주 후손이었다(이혜경, 1997).

일본은 1994년 당시 단순기능 외국인 근로자 66만 명 중 외국인 연수생이 6%이고, 일본인 후손인 니케진이 32%인 21만 명을 차지하고 있었다. 이 수치를 보면 일본의 주요 단순기능 외국인력정책의 핵심은 연수생 제도가 아니라 해외 일본인 후손정책이었음을 알 수 있다.[46] 그리고 전문직, 기술직 분야에서는 외국인의 취업을 적극적으로 권장, 허용하는 정책을 펴고 있다.[47]

외국인 근로자의 경우, 우리나라와 마찬가지로 일본체류 외국인 근로자들도 정주화 경향을 보이고 있다.[48] 일본도 외국인 근로자와의 문화적 차이로 갈등이 야기되는 등 다양한 사회적 문제가 제기되고 있다. 하지만, 향후에 국제 사회에서 일본의 이미지를 향상시키기고, 외국인 근로자들이 일본에 대해 긍정적인 평가를 할 수 있도록 그들에 대한 정책개발을 꾸준히 강구해오고 있다.[49]

일본은 주로 「출입국 관리법 및 난민인정법」에 의한 외국인 연수 제도와 기능실습 제도 그리고 니케진 제도 등을 통해 부족한 노동 인력을 보충, 활용하는 고용정책을 시행하고 있다.[50]

미등록 외국인 근로자 문제

일본은 1980년대 후반 이후 세계화의 큰 흐름 속에서 인력의 국제적 이동이 일상화 되면서 불법취업하고 있는 단순기능 외국인력의 수가 급증하게 되었다. 이 같은 미등록 외국인 근로자의 양산은 출입국관리 제도의 근간을 어지럽힐 뿐만 아니라, 노동시장에 대한 악영향, 범죄의 증가, 주민과

46) 이혜경, 앞의 토론문, p.110.

47) 문준조, 앞의 책, p.103.

48) 위의 책, p.103.

49) 이규용 · 박성재 · 김선웅 · 노용진 · 김재훈, 앞의 책, p.72.

50) 유길상 · 이정혜 · 이규용, 앞의 책, p.25.

의 마찰 등 사회 문제, 인권 문제를 유발한다. 이 때문에 엄격한 대응방안을 마련할 필요가 있다는 인식하에, 불법취업을 목적으로 입국하려는 자를 강력하고 확실하게 방지하기 위하여 「출입국 관리법 및 난민인정법」을 개정하고 관계규정을 정비하였다.[51]

일본 정부는 외국인 연수생 제도가 제대로 지켜지지 않고 체류 기간 초과자 내지 미등록 외국인 근로자가 증가하자, 1993년 '기능실습 제도'를 도입하여 연수라는 전제하에 외국인 근로자가 일본에 입국할 수 있는 길을 마련하여 주었다. 기능 실습생 제도는 연수비자로 입국 후 연수를 마치고 취업을 할 수 있다. 실습기간(실질적으로는 취업기간)은 2년 3개월 이내이다. 일본의 경찰은 「출입국 관리법 및 난민인정법」이 규정하는 불법취로조장죄(不法就勞 助長罪: 이에 대하여는 3년 이하의 징역 또는 200만 엔 이하의 벌금에 처하거나 이를 병과한다: 제73조의2) 외에 「직업안정법」, 「노동자 파견사업의 적정한 운영확보 및 파견 노동자의 취업 조건의 정비 등에 관한 법률」, 「노동기준법」 등의 고용관계 법령을 적용하여 외국인 근로자 불법취업에 관여한 조직폭력배 등을 단속함과 동시에 브로커에 대한 압박수사, 불법취업 사전차단을 위한 국제협력 및 관계기관과의 연대강화 등을 통하여 미등록 외국인 근로자의 공급차단을 꾀하고 있다.[52]

일본은 2004년 6월 발효한 「출입국 관리법 및 난민인정법」 개정을 통해 불법 체류 및 불법취업조장에 관련된 벌금 한도액을 증가하고, 출국명령 제도를 통한 신속한 퇴거조치 제도를 도입했다. 그리고 향후 5년 내 동경의 불법 체류자를 반으로 줄이기 위해 대책을 수립하는 등 불법 체류 단속

51) http://ijunodong.prok.org/bbs/zboard.php?id=data_02&page=1&sn1=&divpage=1&sn=off&ss=on&sc=on&select_arrange=headnum&desc=desc&no=5(검색일: 2009. 11. 11).

52) http://ijunodong.prok.org/bbs/zboard.php?id=data_02&page=1&sn1=&divpage=1&sn=off&ss=on&sc=on&select_arrange=headnum&desc=desc&no=5(검색일: 2009. 11. 11).

을 한층 강화해오고 있다.[53]

이와 같이 미등록 외국인 근로자에 대해 강경한 조치를 취하고 있음에도 불구하고 미등록 외국인 근로자는 좀처럼 근절되지 않고 있다. 미등록 외국인 근로자는 「노동관계법」의 비적용으로 인한 저임금과 장시간 초과근무, 그리고 취업알선 조직이 중간에 임금을 착취하는 등 많은 문제가 되고 있다. 일본 역시 「근로자 재해 보상보험법」은 적용되나 관계기관에 신청서를 제출하는 순간 관리기관에 통보의무와 사용자 처벌 제도[54]로 인하여 사실상 권리보장이 어려운 실정이다.[55]

그 밖에 자녀들이 교육이나 의료 서비스를 제대로 제공받지 못해 사회적 안전망에서 벗어나 많은 어려움을 겪고 있다. 결국 범죄단체와 연루되는 등 사회 문제가 심각한 수준이다. 특히 여성 미등록 외국인 경우는 주로 접객업소에 근무하고 있으며, 매춘 강요 등의 인권 침해의 사각지대에 놓여 있다. 미등록 외국인 근로자가 처한 현실은 우리나라와 흡사하다고 볼 수 있다.[56]

외국인 근로자 제도

일본 정부는 예술·기술·보도·투자·경영 분야의 전문직 외국인 근로자들에게는 적극적으로 체류 자격을 인정하지만, 생산현장에서 일하는 단순기능 외국인 근로자는 거부한다는 방침을 견지하고 있다. 일본의 외국인 근로자 고용 제도는 외국인 연수 제도와 기능실습 제도 그리고 니케

---

53) 고현웅, 「각국 정부의 이주노동자 대책, 외국인 노동자의 불법 체류 원인과 대책토론회」, 국회의원 박순자(2005), p.42.

54) 불법취로 외국인의 증가를 억제하기 위해서는 불법 취로 외국인 본인만 단속하는 것으로는 부족하다. 이러한 사람들을 고용한 고용주와 알선 등을 행한 브로커 등을 단속하여 처벌할 필요성이 있다는 점에서 불법취로 조장죄가 제정되었다.

55) 문준조, 앞의 책, p.102.

56) 위의 책, p.102.

진 제도가 있다. 단순기능 외국인 근로자는 외국인 연수 제도와 기능실습 제도를 통해서 변칙적으로 고용을 하고 있다. 그리고 혈통을 중시하는 일본은 1990년에 「출입국 관리법 및 난민인정법」을 개정하면서까지 재외거주 일본인 후손인 니케진(日系人)이 일본에서 자유롭게 취업활동을 할 수 있도록 했다. 그 결과 수많은 브라질계 니케진이 일본 각지에서 단순노동에 종사하고 있다.[57]

① 외국인 연수 제도

일본의 외국인 연수 제도는 정부의 관계부처가 주관하는 정부 차원의 연수 제도와 순수민간기업 및 관련단체가 주관하는 민간 차원의 연수 제도로 양분되어 있다.[58]

정부 차원의 외국인 연수 제도는 ① 외무성이 관장하는 국제협력 사업단(Japan International Cooperation Agency: JICA)을 통한 외국인 연수 제도, ② 산업경제성이 관장하는 해외기술자 연수협회(The Association for Overseas Technical Scholarship: AOTS)를 통한 외국인 연수 제도, ③ 후생노동성이 관장하는 외국인 연수 제도로서 중앙 직업능력 개발협회(Japan Vocational Ability Development Association: JAVADA)[59] ④ 일본 국제 노동기구(ILO)협회를 통해서 실시하는 외국인 연수 제도가 있다. 일본 정부가 직접 관장하는 외국인 연수 제도는 정부가 개발도상국과의 기술협력 차원에서 이루어지는 것이기 때문에 연수비용의 전부 또는 대부분을 정부가

---

57) 이학춘, 앞의 법무부 특강자료, p.27.

58) 2000년 전체 외국인 연수생의 24.1%는 정부 차원의 연수생이며 75.9%는 민간 차원의 외국인 연수생이다.

59) 근로자의 직업능력 개발을 촉진하기 위하여 직업능력개발촉진법에 의해 1979년에 설립된 단체로서, 기능 검정의 실시와 기능존중의 사회적 분위기 조성, 기업에 대한 능력개발 관련 정보의 제공, 외국인 기초기능 연수생 수입사업 등을 실시하고 있다.

보조하고 있다.[60]

민간 차원의 외국인 연수 제도는 후생노동성 직업능력 개발국 해외협력과 외국인 연수 추진실이 정책을 관장하고, 국제연수협력기구(JITCO)가 외국인 연수를 시행하는 민간단체 및 기업에 대하여 종합적인 지원 및 지도를 행하고 연수생을 보호하며, 직접적인 연수는 민간단체와 기업에서 이루어진다.[61]

② 기능실습 제도

일본의 외국인 근로자 고용의 법률적인 근거는 「출입국 관리법」과 1990년 6월부터 시행된 「출입국 관리법 및 난민인정법」에 의하여 규율되고 있다. 기능실습 제도[62]는 「출입국 관리법 및 난민인정법」에 근거를 주고 있으나 공식적인 제안은 1991년 12월 임시행정 개혁심의위원회의 제2차 회의에서 이루어졌다. 구체적 실시는 1993년 4월 「고시 기능 실습제도에 관한 출입국관리상의 취급에 대한 지침」에 의해 이루어지고 있다. 이 기능실습 제도는 1989년에 설치되었고 유관기관 상설합동위원회인 관계성청 연락회의(關係省廳 連絡會議)에서 연수생의 도입과 직종, 임금 등을 결정하였다.[63]

소정의 연수기간을 거쳐 기능실습생이 자격이 부여되면 연수생과는 다른 대우를 받게 된다. 근로자로서의 지위가 인정되며 정당한 임금지급을

60) 유길상·이정혜·이규용, 앞의 책, pp. 212-213.

61) 민간 차원의 외국인 연수생으로 선발되기 위해서는 ① 단순작업의 연수를 받지 않을 것. ② 18세 이상으로서 연수종료 후 송출국에 귀국하여 이전의 직장 등에 복귀할 것이 약속되어 있을 것. ③ 현재의 기술. 기능 수준의 향상을 위하여 일본에서 연수를 받을 필요가 있을 것. ④ 연수생이 송출국의 지방 공공기관 또는 그에 준하는 기관으로부터 추천을 받을 것. ⑤ 원칙적으로 일본에서 받게 될 연수와 동조의 업무에 종사한 경험이 있을 것. 위의 책, p.217.

62) 외국인 연수생이 9개월 이상(보통 12개월)의 연수를 마친 후 소정의 기능평가시험에 합격하면 2년 3개월 이내(보통 2년)의 기간 동안 연수기업과 동일한 기업에서 고용계약 관계 하에서 근로자 신분으로 기능. 기술 등을 습득할 수 있는 제도.

63) 문준조, 앞의 책, p.100.

받게 되고, 「노동법」의 보호대상으로 「산업재해 보상보험법」·「최저임금법」·「사회보험」의 적용을 받게 된다. 또한 실습생을 받아들인 기업은 적립금 제도를 통하여 귀국 전에 본인에게 귀국비용을 지불해야 한다.[64]

단순기능 외국인력을 기능실습 제도를 통해서 수급하는 형태를 취하고 있다. 기능실습 제도에 대한 정책도 외국인 연수 제도와 같이 후생노동성 직업능력개발국 해외협력과가 관장하고 있다. 연수 및 기능실습 기간을 포함한 최장기간은 3년이다. 기능실습에 대한 국고지원은 없으며 기능실습에 대한 원조를 실시하는 민간 차원의 국제연수협력기구(JITCO)재정의 1/2을 국고에서 보조하고 있다.[65]

③ '니케진'(日系人) 제도

브라질·페루 등의 중남미 국가들 출신인 '니케진'의 경우 1989년 「출입국 관리법 및 난민인정법」개정 이전부터 다수가 일본에 입국해왔다. 「출입국 관리법 및 난민인정법」 개정에 의해 체류 자격이 정비되고 확충되어 일본으로의 입국이 용이하게 되자 많은 '니케진' 근로자가 일본으로 들어와 정착하게 되었다.[66]

일본은 해외거주 일본 동포인 '니케진'에 대해서는 아무런 제한 없이 일본 내에서 취업활동을 할 수 있도록 허용하고 있으며 일본 국내 단순기능 인력의 부족은 대부분 이 '니케진' 에 의해 채워지고 있다.[67] 그들은 1~3년 체류 자격을 얻어 입국하지만 특별한 사유가 발생하지 않는 한 체류 기간을 계속 연장할 수 있고, 취업허가 없이 일본 내에서 자유롭게 취업할 수 있으며, '니케진' 취업알선을 위해 통역자를 배치하고 전담 취업알선 창구를

---

64) 앞의 책, p.101.

65) 유길상·이정혜·이규용, 앞의 책, pp.221-222.

66) 이규용·박성재·김선웅·노용진·김재훈, 앞의 책, p.77.

67) 유길상·이정혜·이규용, 앞의 책, p.209.

운영하는 등 편의를 제공해주고 있다. '니케진'에 대해서는 총 입국한도나 기업별 고용한도에 대한 제한이 없으며 모두 시장 기능에 맡겨놓고 있다.[68]

임금은 동일한 노동에 대한 내국인과 동일한 임금이 주어지고 있고, 연수생과는 달리 숙박시설이나 식사는 제공되지 않는다. '니케진'에 대한 정책은 후생노동성 외국인 고용 대책과에서 관장하고 있다.[69] 우리나라 외국국적 동포들에 대한 정책과 많은 비교가 되는 부분이다.

(2) 대만

외국인 근로자정책 동향

대만은 1970년대 연 평균 10%를 웃도는 고속성장을 이루면서 시작된 인력난이 1980년대 중반 들어 더욱 극심해지자 1989년 10월 정부 부문 공공시설공사에 외국인 근로자 취업을 사실상 허용했다. 1992년 5월 말에는 「외국인 고용 허가 및 고용관리법」을 제정하여 대만의 외국인력 관리정책인 '외국인 근로자 고용 허가제'가 실시되었고, 민간 부문에도 외국인 취업이 합법화 되었다. 초기에는 제조업의 일부 업종과 건설업 등 6개 업종에만 외국인 취업이 허용되었으나 계속되는 노동 인력 필요에 의해 제조업 부문에 외국인 근로자 취업업종을 확대하였으며, 간병인·가정부·선원으로 대상을 확대해 취업을 허용했다.[70]

대만의 외국인력정책을 보면 인력이 부족한 업종 및 직종에 한해 한시적으로 외국인력 도입을 원칙으로 하고 있고, 외국인 근로자 총량은 규제하지 않는다. 그러나 경제발전, 경기변동 및 노동시장의 상황에 따라 각 직종

---

68) 일본은 생활비가 비싸기 때문에 '니케진'은 고용인원에 제한이 없어도 시장 기능에 따라 적정 수준이 유지되고 있다.

69) 유길상·이정혜·이규용, 앞의 책, p.222.

70) 위의 책, p.194.

의 노동력 수급상황을 고려하여 결정하되, 가급적 규모를 최소화하는 원칙을 고수하고 있다. 또한 전체 외국인력의 수 · 업종별 배분 · 외국인력의 취업직종 · 고용부담금 · 업종별 외국인 취업자 수의 제한 등 기본원칙을 제시하고, 인력 수입국가는 대만과 우호적인 국가[71]를 중심으로 선정되어 있으며 국가별 배정인원은 정해져 있지 않다. 고용관계 계약은 민간 알선기관이나 사용자들이 수입 국가를 결정해서 하도록 하고 있다. 그리고 인력 수입에 따른 자국 근로자의 근로조건 저하를 방지하고 미숙련 단순기능 외국인력의 대규모 유입을 억제하기 위해 목적으로 외국인 근로자를 고용하는 사용자로부터 내국인 근로자와 외국인 근로자 간의 임금격차에 해당하는 부분을 외국인 고용부담금으로 징수하는 고용부담금 제도를 도입하고 있다.[72]

미등록 외국인 근로자 문제

대만의 경우는 외국인 근로자와 내국인 근로자 간 임금차이가 거의 없기 때문에 체류 기간 내에는 등록 외국인 근로자가 사업장을 이탈하는 경우는 극히 드물고, 취업기간 만료 후에 귀국하지 않고 미등록 외국인 근로자가 되는 경우가 대부분이다.

대만의 법률은 미등록 외국인 근로자에 대한 관리처벌 규정이 없는 대신에 사용자만을 대상으로 하는 관리처벌 규정이 있다. 불법으로 외국인 근로자를 고용할 경우에 사용자에게는 최고 6개월의 징역 또는 9만 대만 달러의 벌금형을 부과하고 있다. 2인 이상을 고용할 경우에는 최고 3년의

---

71) 대만은 우호적인 국가로 필리핀, 태국, 미얀마, 인도네시아, 말레이시아 등 5개국을 선정하였다.

72) http://ijunodong.prok.org/bbs/zboard.php?id=data_02&page=1&sn1=&divpage=1&sn=off & ss=on&sc=on&select_arrange=name&desc=desc&no=5(검색일: 2009. 11. 17), 장준호, 「불법 체류 외국인 처리에 관한 외국실태와 국내 비교」.

징역과 또는 최고 30만 대만달러(한화 1천만 원)의 벌금형을 부과하고 있다. 또한 외국인 근로자를 불법으로 알선하는 자는 최고 6개월의 징역 또는 15만 대만달러의 벌금형을 부과하고 있으며, 상업적 목적으로 외국인 근로자를 불법으로 알선한 자는 최고 3년 징역 또는 60만 대만달러와 벌금형이고, 상습적으로 외국인 근로자를 불법으로 알선하는 자는 최고 5년의 징역 또는 15만 대만달러의 벌금형에 처하도록 하고 있다(취업서비스법 제58조 및 59조).[73]

대만은 미등록 외국인 근로자에 대한 공식적 법적 제재가 없어 사법기관에서 직접 수사나 작업장에 대한 수색을 하지 않는 대신에, 미등록 외국인 근로자를 신고할 경우에 1인당 1,000 대만달러의 포상금을 지급하고 있다.[74]

외국인 근로자 제도

대만은 수요자인 사용자가 주도가 되어 외국 노동 인력을 도입하는 수요주도형 제도를 운영하는 대표적인 국가로서 1992년 「취업서비스법」[75]과 「외국인 고용 허가 및 관리시행령」을 마련하여 고용 허가제를 실시하고 있

---

73) 유길상 · 이정혜 · 이규상, 앞의 책, p.200.

74) http://ijunodong.prok.org/bbs/zboard.php?id=data_02&page=1&sn1=&divpage=1&sn=off&ss=on&sc=on&select_arrange=headnum&desc=desc&no=5(검색일: 2009. 11. 11).

75) 1. 전문직 또는 기술직 업무
   2. 정부의 비준을 거친 화교 또는 외국인이 투자하거나 설립한 사업의 주관자
   3. 공립 혹은 입안을 통과한 사립전문대 이상의 학교 혹은 외국교민학교의 교사
   4. 보충학습교육법에 입안된 단기 보충학습반의 전임외국어 교사
   5. 운동코치 및 운동선수
   6. 종교, 예술 및 연예공연
   7. 가정부
   8. 국가 중대건설 혹은 경제사회개발의 필요로 인하여 중앙주무기관이 지정한 업무
   9. 기타 업무 성격의 특수성으로 인하여 국내에 해당업무의 인재가 부족하고 업무상 외국인을 고용하여 업무를 수행할 필요가 있어 중앙주무기관이 특별히 허락한 업무.
   이상의 9개 부문가운데 단순기능 외국인과 관련되는 것은 7, 8, 9항인데 그중 다수를 차지하는 것이 8항이다.

다. 대만은 사용자에 대한 고용 허가제와 외국인 근로자에 대한 취업허가를 구분하여 발급하는데 이는 해외노동력 수입의 규모와 직종을 제한하기에 용이하다는 장점이 있기 때문이라고 한다.[76]

외국인 근로자의 고용을 원하는 사용자는 먼저 공립 취업서비스 기관에 고용 허가를 신청하고 심사, 비준을 거쳐야 한다. 이후 사용자는 고용보증금과 취업 안정비를 납부한 후 고용 허가를 받을 수 있다. 대만은 국내 근로자의 충원이 불가능한 때에만 고용 허가제를 신청할 수 있도록 제한하고 있다. 사용자는 고용 허가 신청 전에 반드시 국내 근로자에 대한 구인광고를 국내신문 1개 지에 3일간 구인광고를 게재한 후, 광고 만료일 다음 날부터 7일 동안 적격자를 구할 수 없는 경우에 한하여 고용 허가신청이 가능하다. 그리고 고용 허가신청은 사용자가 하도록 되어 있으나 대체로 사용자의 의뢰를 받은 인력 중개회사가 이 업무를 대행하고 있다.[77] 한편 사용자의 고용 허가와는 별도로 대만에서 취업을 원하는 외국인은 건강진단을 거친 후 중앙주무부처에서 발급하는 취업허가를 받아야 한다.

대만의 고용 허가 제도는 근로자의 직업선택의 자유(사업장 이동의 제한)를 제한하고 있다는 점에서 우리나라 고용 허가제와 유사하며 독일의 노동 허가제와는 구분된다. 사용자가 정부로부터 외국인 근로자 고용 허가를 받아야 하며 외국인 근로자는 그 기업에 취업한다는 조건으로 취업허가를 받는다. 또한 모든 업종의 사용자가 외국인 고용 허가를 받는 것이 아니고 일정한 자격을 갖춘 경우에만 심사를 거쳐 고용 허가를 받을 수 있다.[78]

76) http://www.christiantoday.co.kr/view.htm?code=cg&id=167269(검색일: 2009. 11. 17).

77) 외국인 근로자를 고용하려는 사용자는 대만 내 인력 중개회사를 방문하여 인력을 선발한 후 중개회사에 고용 허가 신청을 의뢰하고 인력 중개회사는 수수료를 받고 고용 허가 업무를 대행해 주고 있다.

78) 김태환, 앞의 논문, pp.18-19.

2) 북미

(1) 미국

외국인 근로자정책 동향

미국은 1990년 「출입국 관리법」에 따라 이민개혁위원회를 발족시켜 미국의 이민정책의 실행 및 영향을 검토하고 평가해서 미국 의회에 보고하도록 했다. 1995년 미국 의회 보고에서 위원회는 입국 우선 순위를 단순기능 이주자에서 전문기술 이주자로 변경하고, 고학력 이주자들이 재정에 긍정적인 영향을 미칠 것이므로 신청자의 기술을 토대로 간소한 절차를 따라 이주자를 선별하자는 권고사항을 냈다.[79]

미국은 IT붐이 최고조에 이르렀을 때 기업들은 전문가들을 위한 H-1B (단기 전문직 취업비자)를 설립했다.[80] 비 이민 비자의 범위를 넓혀 광범위하게 사용했으며 체류 기간 또한 영주권 신청처리를 위해 연장되었고, 사실상 취업이민 비자의 절반 이상이 배우자와 부양자녀가 차지하고 있었다.[81]

그러나 미국도 경제침체로 인하여 기업의 노동조합으로부터 미국에 입국허가를 받는 외국인 근로자, 특히 전문기술 분야의 외국인 근로자 수를 줄여달라는 압력을 받았다. 급기야 2003년 7월 기술부문에서 H-1B제도를 완전히 폐지하자는 법안이 도입되었다. 이런 결과를 두고 한편에서는 '기업들은 세계적인 경쟁력을 갖추기 위해 해외의 다양한 기술력을 활용해야 하기 때문에 외국기술 인력의 유입을 막는 이민 장벽들을 철폐해야 한다'

---

79) 유길상 · 이정혜 · 이규용, 앞의 책, p. 161.

80) 1990년의 이민법 안에서 이 H-1B(단기 전문직 취업비자)를 설립하게 되었다. 즉 미국 회사가 외국인 종업원을 단기적으로 고용할 수 있으며, 외국인 종업원은 반드시 학사 혹은 상응한 경력의 소지자여야 한다. 사용자는 해당 지역의 평균임금보다 높은 임금을 지불해야 하며, 고용기한은 3년이고, 조건이 부합하면 3년을 더 연장할 수 있다.

81) 유길상 · 이정혜 · 이규용, 앞의 책, p.162.

고 하고 있다. 다른 한쪽에서는 '외국인력을 채용하기 전에 자국 내 근로자에 대한 연수를 강화해서 자국민으로 인력부족에 대한 대책을 마련해나가야 할 것'이라며, '미국이 자국의 인력부족을 외국인 근로자들로 채우는 정책을 고집한다면 시간이 지날수록 외국인 근로자에 대한 의존성이 높아질 것이다'라고 주장했다. 이로 인해서 낮아진 임금구조와 기회가 제한된 분야는 미국인 근로자가 더욱 기피[82]하게 됨으로써 자국민의 노동영역이 외국인 근로자에 의해 잠식되어 가는 결과를 초래할 것이라고 우려를 표하고 있다.

현실적으로 두 가지 의견을 참조하여 외국인력정책을 도모해간다면 효과적인 결과가 나타날 것이다.

미등록 외국인 근로자정책

미국은 이미 1986과 1994년 두 차례에 걸쳐 불법 체류자에 대한 합법화 조치를 취한 바가 있다. 이후 합법적인 외국인 근로자 고용방안에 대해 지속적으로 문제제기 되어왔다.[83] 2001년 필 그람(Phil Gramm) 전 상원의원이 제안한 미국 내 멕시코인 불법 근로자들에게 초청근로자 프로그램을 통해 합법화하는 방안을 제시하는 등 정부 차원에서도 효율적인 외국인 근로자정책을 도입하기 위해 많은 고민을 해오고 있다.[84]

2004년 1월 7일 부시 대통령은 불법이주 합법화 법안을 마련했다. 미국에 일자리를 갖고 있는 800만 여 명의 불법 외국인들이 임시합법 거주자 신분을 받고 이민비자를 신청할 수 있도록 하는 초청근로자 합법 신분 프로그램

---

82) IOM(2003a), p.20. (앞의 책 p.163에서 재인용).

83) 서경석, 「불법 체류 노동자의 실상과 대책」, 외국인 노동자의 불법 체류 원인과 대책 토론회, 국회의원 박순자(2005), p.30.

84) Philip Martin, "Symposium: North American Migration, Trade and Security: Article: NAFTA and Mexico-U.S. Migration: Policy Options in 2004", Law & Bus. Rev. Am, Vol.ll(2005), pp.375-376.

을 발표하였다. '특정한 일자리에 있어 미국인 근로자를 찾을 수 없을 경우 그 일을 하고자 하는 외국인 근로자와 외국인 근로자를 고용할 의사가 있는 미국 사용자를 연결해주겠다'는 부시 대통령의 목표를 달성하는 데 초점을 맞추고 있다.[85]

부시의 새 이민정책은 지난 1986년 로널드 레이건 당시 대통령이 이민법을 개정해 수백만 명의 불법 이민자를 구제한 이후 최대의 합법화 조치란 점에서 의미가 있다. 현재 미국 내 외국인 불법 체류자는 최대 1,400만 명에 이르며 이 중 노동인구 는 약 1,000만 명에 달하는 것으로 추정된다. 이러한 조처에 대해 미국 상공회의소의 토머스 도너휴 회장은 '미등록 외국인 근로자들이 모두 귀향 조치된다면 미국 경제는 아마도 정지사태를 맞게 될 것'이라며 부시 행정부의 조치를 환영했다.[86]

미국은 실업률이 높고, 미등록 외국인 근로자들이 많은 직장을 차지하고 있음에도 불구하고 그들을 추방하는 것이 아니라 3년간의 시간을 주어서 합법적으로 노동을 하도록 허락하고 있다. 앞으로 3년 후에도 이 미등록 외국인 근로자들이 건실하게 미국을 위해서 일한다고 한다면 그들은 영주권도 신청할 수 있고, 일정기간이 지난 후 정식 시민권을 신청할 자격도 얻게 된다. 미국은 그들의 국익을 위해서는 미등록 외국인 근로자에게도 합법적인 지위를 부여할 수 있는 법을 만들고 그 기회를 제공하고 있다.[87]

우리나라 국가인권위원회에서도 2006년 1월에 발표한 '미등록 외국인 단속 및 외국인 보호시설 인권상황 실태조사'에 따르면 미국은 미등록 체류자라도 강제 퇴거(추방) 취소조치가 이뤄질 수 있는 근거를 마련해뒀다. 이에 따라 10년 이상 미국에 거주했고 범죄사실이 없으며 추방됐을 때 배우자와

---

85) Ibid, p.377.

86) http://ijunodong.prok.org/bbs/zboard.php?id=data_01&no=60(검색일: 2009. 11. 17).

87) 이학춘, 앞의 법무부 특강 자료, p.25.

자녀부모에게 큰 피해가 생길 것이 확실할 경우 대개 강제 퇴거 취소처분이 나온다고 한다.[88]

초청근로자 제도

미국에는 취업이민, 단기 외국인력 제도, 자영업 등, 여러 가지 외국인력 제도가 있는데 여기서는 단기 외국인력 제도 속의 초청근로자 제도에 관해서 알아보기로 한다.

먼저 초청근로자의 신분에 관해 살펴보면, 미국은 이민 이외에 일시적 근로자 프로그램에 따른 '초청근로자 제도'를 통하여 필요한 외국인 근로자를 유입시켰다. '초청근로자'란 용어는 다양한 의미로 해석되어 왔으며 그 중 하나는 이미 입국한 미등록 외국인 근로자에게 임시신분을 부여하자는 뜻도 내포되어 있다. 「국제노동협약」과 「인권협약」 등이 초청근로자들에게 어느 정도의 법적 권리보호의 근거를 마련해줄 수는 있지만 국내법에 의한 보호 장치 없이는 그러한 국제적인 보호규범에 의한 규정은 큰 실효성을 갖지 못하게 된다. 미국은 초청근로자에게 임시근로자라는 신분을 부여했지만 그들 자신문제에 대한 협상이나 발언권한이 주어지지 않고 순전히 거래상품 정도로 취급해왔다.[89]

초청근로자들은 단체교섭권을 행사하여 근로조건에 대한 개선이나 미국 내 영구체류 자격을 요구할 수도 없다. 한시적 외국인 근로자 프로그램으로써 외국인 근로자를 주기적으로 교체해 활용하고 있다. 독일의 폐지된 단기 교대제와 비슷한 경우라고 볼 수도 있겠다.

북미자유무역협정(NAFTA)과 같은 무역협정들은 근로자들의 보호보다

---

88) 경향신문 사회 10면(2009. 10. 26일자).
89) 문준조, 앞의 책, p.49.

투자의 보호를 우선시 하고 있다.[90] 초청근로자 프로그램을 위해 최근 미국과 멕시코가 벌인 협상에서도 초청근로자 당사자들은 어떠한 권리나 권익을 주장할 수 없는 협상 대상물로 취급하고 있는 것이다. 이에 초청근로자들은 근로조건을 정하는 데 있어서 협상권한이 거의 없으며 그들에게는 본국에서의 빈궁한 생활과 미국에서의 임시 노동력 제공 사이의 선택권만 있을 뿐이다. 무역협정 등 각국 정부에 의한 교섭과정에서 주체적 입장에 있는 초청근로자들의 의견이 반영되지 않은 국제제도에 대하여 민주주의의 결여라는 비판도 제기되고 있다.[91]

한편 미국에서는 초청근로자 프로그램을 도입하기 위해 여러 차례 입법제안도 있었고 북미자유무역협정 체약국가인 멕시코와 이 문제를 논의하기 위한 고위급 협상도 진행된 바가 있지만 정작 당사자인 초청근로자들은 자신들이 원해서 제한된 기간 동안만 미국에서 체류하기 때문에 선출된 대표자들의 보호를 거의 필요로 하지 아니한다는 것이다.[92] 그러나 초청근로자들의 의사와 관계없이 국제적 수준의 법적 권리와 구제수단이 강구되어야 한다.

초청근로자 제도 시행과정을 보면, 미국에서는 외국인들이 일시적으로 일하기 위하여 입국하는 것을 허용하는 약 20가지의 비 이주자 프로그램이 있다. 이 프로그램에 따라 대사나 외교관 등에 발급하는 A1에서부터 단기상용방문B1 또는 그 이상의 학력을 가진 북미자유무역협정에 따라 자격 있는 캐나다인과 멕시코인 무역업무 종사자인 전문직 근로자들을 위한 TN

---

90) Eric Tucker, "'Great Expectations' Defeated? of Collective Bargaining Regimes in Canada and the United States Post-NAFTA", Comp. Lab. L. & Pol'y J,,Vol.26(2004), pp.104-105; Sanford E Gaines, "NAFTA As a Symbol on the Border", 51UCLA L. Rev., Vol.51(2003), pp.167-170.(앞의 책 p.49에서 재인용).

91) Daniel C. Esty, "Good Governance at Supranational Scale: Globalizing Administrative Law", Yale L.J., Vol.115(2006), pp.1523-1541.

92) 문준조, 앞의 책, P.52.

에 이르기까지 다양한 비자를 발급한다. 초청근로자 자격으로 미국에 합법 입국하는 대부분의 멕시코인들은 농장일과 미숙련 비 농장 일을 위해 각각 H2A(농업관계의 임시 또는 계절별 취업)와 H2B(임시 또는 계절별 근로자) 비자로 들어와 일시적 또는 계절적 일을 한다.[93]

H2A와 H2B 두 프로그램 모두 인증절차를 요구하는데 이를 위해 미국 사용자는 미국인 근로자에 대한 구인노력을 했음에도 불구하고 미국인 근로자들을 구할 수 없었음을 미 노동부에 증명하여야 한다. H2A 또는 H2B 비자를 받은 외국인이 하게 될 일자리에는 노동부가 관리하는 근로자 모집 노력에도 불구하고 미국인 근로자를 찾을 수 없었다는 노동부의 인증이 있어야 한다. 이는 정부가 미국인 근로자를 구할 수 없다는 사실을 인증하거나 동의할 때까지는 외국인 근로자들에 대하여 노동의 기회가 주어지지 않는다는 것을 의미한다.[94] 이 내용은 내국인 구인 노력의무(3~7일)를 이행한 사업체에 한해서만 고용 허가서를 발급하여 외국인 근로자 고용을 허용하는 내국인 근로자 보호를 위한 우선취업 기회 부여 절차는 우리나라와 대만의 고용 허가 제도와 비슷한 측면이 있다.

한편 전문직 직원(간호사 제외) H1B 프로그램 등에도 증명절차가 적용된다. 이 절차는 미국인 사용자가 현재 비어있는 일자리를 위해 외국인 근로자가 필요하다는 사실을 주장하거나 입증함으로써 고용 허가를 받을 수 있도록 한다. 비 이민 또는 초청근로자 프로그램의 목적은 필요한 노동력을 일시적으로 사용하는 것이지 외국인 노동 인력을 미국 인구에 편입시키는 것이 아니다. '초청'이라는 의미가 외국인 근로자는 고용관계가 종료되면 자국으로 돌아가야 한다는 뜻을 내포하고 있다.

대부분의 경우 초청근로자들은 특정산업이나 직종에 대하여 한시적으로

---

93) Philip Martin, op. cit, p.379.
94) 문준조, 앞의 책, p.57.

노동력을 제공하는 자들이며 그들이 하고 있는 일이 자동화되거나 혹은 대체되거나 추가적인 근로자들이 국내에서 훈련받을 때까지만 고용된다. 최근 몇 년간의 초청근로자 프로그램에 관한 제안들 중에는 외국인 미숙련 근로자의 사용자들이 그러한 근로자에 대한 필요를 입증할 수 있게 하는 것과 외국인 미숙련 근로자들이 미국인 사용자를 선택할 수 있도록 하여 사용자 및 근로자들이 프로그램 관련 규칙들을 더욱 잘 준수할 수 있도록 하는 경제적 장치들을 도입하는 것 등이다.[95]

하지만 불법이주가 줄어들지 않은 한 이러한 시범 프로그램 중 어느 것도 목표를 달성할 수 없을 것이다. 초청근로자 프로그램 시행으로 국경수비대를 피해 애리조나 사막을 넘어 국경을 탈출해오는 이주민들이 줄어들 수도 있겠지만 모든 불법이주자들이 초청근로자 제도를 이용할지 의문이고 이 프로그램이 모두에게 적용될 수도 없는 한계를 가지고 있다. 아무튼 미국은 불법 이주자에 대처하기 위해 여러 가지 방안을 고심하고 있다.[96]

(2) 캐나다

외국인 근로자정책 변화

최근 캐나다 정부는 경제 불황으로 인해 외국인 근로자 고용정책에 대한 변화를 가져왔다. 캐나다 인력개발국(Human Resources and Social Development Canada: HRSDC)의 정책에 몇 가지 큰 변화를 보면, 우선 취업비자 체류 기간을 결정짓는 노동허가승인(Labour Market Opinion: LMO)의 취업기간이 기존 2~3년보다 줄어든 1년짜리가 발급된다는 점[97]이고, 둘

---

95) Philip Martin, op. cit, pp.57-58.

96) 문준조, 앞의 책, pp.63-64.

97) 현재 캐나다는 어려운 경제 사정으로 인하여 2009년 2월 2일부터 HRSDC에서 취업기간이 1년으로 된 LMO를 발급하고 있다. 이것은 직업수준과 상관없으며 고용계약이나 신청서상의 취업기간을 2년 또는 3년으로 계약하고 신청하더라도 LMO는 1년짜리가 발급되고 있다. 결과

째 사용자가 외국인 근로자를 채용하는 사유에 대한 심사가 훨씬 강화되었다는 점[98]이다.

이와 같은 캐나다 인력개발국(HRSDC)의 정책변화를 살펴보면 사용자들이 노동시장에서 자국민들을 우선적으로 고려할 수 있도록 유도하고 있으며 꼭 필요한 상황에서만 외국인 근로자에 대한 노동허가를 발급하겠다는 의지가 엿보인다.[99] 이제는 외국인 근로자를 채용하기 위해 선행되어야 하는 서비스 캐나다/캐나다 인력개발국(HRSDC)을 통해 노동허가승인(LMO)을 받기가 매우 까다로워졌다. 이는 위에서 언급한 바와 같이 국내 경제사정이 악화되어 실업률이 급증하는 상황에서 외국인보다는 현지인력 고용을 우선하도록 하는 정부의 정책에 기인한 것이다. 서비스 캐나다와 이민부 모두 연방 정부기관으로, 주요 정책은 오타와[100]의 본부의 지시를 받는다. 불과 몇 달 전만 해도 비시 주와 앨버타 주의 숙련직 혹은 미숙련직들이 인력부족 직군으로 선정되어 노동허가와 취업비자 발급이 단기간 내에 쉽게 이루어지던 것[101]에 비교하면 큰 변화가 아닐 수 없다.

적으로 1년짜리 LMO를 받게 되면 결국 취업비자를 1년짜리를 받게 되는 것이다. HRSDC에서는 이를 힘든 경제적 상황 때문이라고 언급하며 캐나다 경제여건의 추이를 지켜 본 후 정책을 바꿀 수 있음을 내비치고 있다. 하지만 이로 인해 노동시장에서 당분간 외국인 근로자 신분이 불안해질 것으로 예상된다.

98) HRSDC의 또 하나의 정책변화는 보다 엄격해진 LMO허가기준이다. 경제 불황으로 인하여 캐나다인 뿐만 아니라 외국인 근로자 해고문제가 대두되고 있는데 HRSDC에서는 LMO 및 E-LMO신청방식을 변경하여 발표하였다. 특히 E-LMO에 대한 심사기준이 강화되었는데 2009년 3월 9일부터 고용주는 E-LMO 신청시 변경내용을 반영하여 캐나다인 지원자들이 고용되지 못한 이유에 대한 자료를 반드시 제출하여야 한다. E-LMO(Expedited Labor Market Opinion) - 비시 주, 앨버타 주만 해당. 〈부록 6〉참조.

99) http://kr.blog.yahoo.com/jjhee634/40(검색일: 2009. 11. 12).

100) 오타와(Ottawa)는 캐나다의 수도로, 캐나다 온타리오 주 동부에 위치하고 있다. 2006년에 따라서, 오타와의 인구는 약 113만 명이다. 오타와는 캐나다에서 가장 중요한 도시이다. 하지만 가장 큰 도시는 토론토(Toronto)이다.

101) 연방정부와 비시 주. 앨버타 주는 비시 주와 앨버타 주의 인력 부족 현상을 해결하기 위해 목수, 약사 등 12개 직종에 대해 보다 빠르고 쉽게 임시 외국인 근로자들을 고용하기 위한 시범 프로젝트를 운영하기로 합의했다. 12개 대상 직종은 목수, 크레인 기사, 호텔접객업소 객실관리자. 호텔 프론트 직원, 식 음료업 직원, 관광여행 가이드, 등록간호사, 치과 기술자, 약사, 스노보드스키 강사, 소매업소판매원, 음식 카운터 직원 등이다. 이 직종은 비시 주와 알

실제로 캐나다의 실업률은 2009년 3월 통계자료로 볼 때 8.0%에 이르고 있고 비시 주의 경우에도 2월의 6.7%에서 3월에는 다시 7.4%로 크게 증가하였다. 2008년 3월에는 비시 주 실업률이 4.4%에 불과했으며 1년 사이에 약 7만 7천개의 일자리가 없어진 것으로 나타나고 있다.

미숙련직의 경우에는 노동허가를 받기가 더욱 어려워지고 있다. 그렇다고 귀국할 가능성은 더욱 희박해 보인다. 또한 현행 제도상 영주권을 받지 못하는 미숙련 외국인 근로자는 결국 캐나다 사회의 잠재적 불안요소로 작용할 수가 있다. 지금까지 보수당 정부의 외국인 근로자 우대정책에도 많은 변화가 있을 것으로 보인다. 우선 이민부가 발표한대로 2009년에는 해외공관과 캐나다 이민국(CEC)[102]을 통해 영주권자를 더 받아들이는 대신 위축되고 있는 노동시장에서 내국인과 경쟁해야 하는 외국인 근로자에 대한 문호는 크게 축소될 것으로 보인다. 현실적으로도 경기침체로 사용자의 외국인 근로자 채용이 줄고 있고, 정치권에서도 연방자유당과 신민당에서 외국인 근로자 유입을 반대하고 있다. 국내 경제의 회복이 가시화되고 실업률이 다시 감소세로 돌아서지 않는 한 서비스 캐나다와 이민부의 정책이 변경되기 어렵다. 따라서 외국인 근로자 채용은 당분간 쉽지 않을 것으로 보인다.[103]

버타 주에서 극심한 노동력 부족 현상을 겪고 있는 부분으로 해외 임시 근로자들을 채용해도 캐나다 노동시장에 부정적인 영향을 주지 않는 것들이다. 이번 프로젝트를 통해 연방 정부는 15명의 전담 직원을 고용해 12개 직종에 대한 고용주의 요구를 신속히 평가하게 된다. 직원 부족 현상을 겪고 고용주는 서류로 ▶캐나다 시민권자나 영주권자들을 고용하기 위해 충분한 노력을 했고 ▶작업장에서 현재 진행 중인 노사 분규가 없으며 ▶ 임금을 비롯해 최소한의 근로 기준을 충족하겠다는 내용을 입증해 서비스 캐나다 국(Service Canada)에 제출한다.

102) CEC(Canadian Experience Class) 프로그램은 캐나다 내에서 CIC(캐나다 이민국)가 정해 놓은 학력 및 경력에 맞는 외국인력에게 영주권 신청의 기회를 제공하고자 2008년 8월에 발표되었다. 그 대상은 캐나다 현지에서 2년 이상의 취업비자를 소지하고 있는 외국인 근로자와 최소 2년 이상의 캐나다 대학을 마치고 취업을 한 유학생을 대상으로 신청자격이 주어지며, 전문 인력 이민처럼 점수제가 아니라 합격/불합격 (Pass/Fail)의 방식으로 이민 신청서가 심사된다.

103) http://kr.blog.yahoo.com/jjhee634/41(검색일: 2009. 11. 12). 최주찬, 어려워진 노동허가 및 취업비자 발급.

미등록 외국인 근로자 문제

캐나다도 미국과 마찬가지로 국토 및 경제개발을 위해 이주자들에게 의존해오고 있으며 세계에서 가장 많은 이민을 받아들이는 나라다.[104] 1960년대까지만 하더라도 캐나다는 미국과 유럽 출신을 받아들였지만 지금은 점수제[105]를 기반으로 해서 심사기준에 따라 필요한 사람들을 받아들이는 이민제도를 시행하고 있다.[106] 점수제를 기반으로 하는 이민법을 운용함으로써 캐나다에는 다양한 국적의 이주자들이 존재하며 이 중에는 불법 체류 상태로 있는 이주자들도 많다. 불법 체류 상태에 있는 대부분의 이주자들은 경제적인 이유로 자국을 떠나온 사람들이기 때문에 미등록 외국인 근로자로 분류된다.

하지만 캐나다는 난민자격을 신청하는 외국인들에게는 그 신청 계류기간 동안에는 합법적으로 취업할 수 있는 길을 열어놓고 있다. 이러한 점을 이용해서 많은 사람들이 난민신청을 하게 되자 캐나다 정부는 엄격한 심사기준 적용과 신속한 심사절차를 도입하고, 불법 입국을 알선하는 사람들에 대한 처벌수준도 강화하였다. 그러나 캐나다의 불법입국에 대한 관련법은 비교적 엄격하지만 강력한 집행의지는 보이지 않는다. 아마도 캐나다의 전체 인구 수 및 인구 밀도에 비해 불법입국자수가 그다지 많지 않기 때문인 것 같다.[107]

캐나다 「이민법」 제96조는 '캐나다 시민이 아닌 자 또는 취업자격이 없는 영주권자를 고의로 고용하는 행위는 위법행위다'라고 규정하고 있다. 또한 거짓 고용을 약속하고 입국을 유도하는 행위도 범죄로 간주된다. 이

---

104) http://www.mofat.go.kr/ko,new/nationinfo(검색일: 2009. 11. 19).

105) 신청자의 학력, 직업 등 여러 가지 심사기준이 있다(국적은 제외).

106) 문준조, 앞의 책, p.201.

107) 위의 책, p.202.

조항에 따라 위법행위에 대해서는 미국에 비해 다소 엄격한 처벌이 적용되며 기소가 되면 5,000달러 이하의 벌금형과 2년 이하의 징역형이 선고 된다. 약식재판에서 유죄판결을 받을 경우에는 1,000달러 이하의 벌금형과 6개월 이하의 징역형이 선고될 수 있다.[108]

캐나다 역시 미등록 외국인 근로자보다는 이들을 불법으로 고용하는 사용자에 대한 처벌규정을 갖고 있다. 그러나 실질적으로 사용자 처벌 제도로 인해 유죄판결이 내려진 사건은 거의 찾기 어렵다. 캐나다 이민국 관계자들도 사용자 처벌의 집행이 우선 순위가 아니며,[109] 미등록 외국인 근로자에 대한 불가피성에 대해 유럽국가와 마찬가지로 유연한 입장을 견지하고 있다.

외국인 근로자 제도

① 취업허가 제도

캐나다는 자국 노동력으로 채울 수 없는 노동시장 인력난을 일시적으로 보충하기 위해 사용자가 필요로 하는 외국인 근로자의 입국을 허용하는 것이다. 외국인 근로자를 고용하려면 사용자가 고용 허가를 받아야 하는 미국과는 달리, 캐나다에서는 캐나다 인력개발국(HRSDC)이 요구하는 사업장에 대한 질문지를 제출해야 하고(질문지 서식은 발표 예정) 자국민이나 영주권자로 일자리를 채울 수 없음을 확인해야 한다. 1976년 「출입국 관리법」에 기초한 취업허가 제도는 단기 취업이주자의 캐나다 입국을 규제하기 위해 만들어진 것이다. 사용자들과 업계가 캐나다 인력개발국 관리들과의 협의를 통해 노동력 및 기술 부족을 결정하고 캐나다 이민국(CIC)은 캐나다

---

108) Maria Isabel Medina, "Employer Sanctions in the United Sates, Canada and Mexico: Exploring the Criminalization of Immigration Law", Sw, J.L. & Trade Am. Vol.3(1996), p.349.
109) 문준조, 앞의 책, P.204.

인력개발국과 긴밀히 협조하여 노동시장에 필요한 외국인 근로자들의 입국을 촉진시킨다. 이 제도는 쿼터 제한을 받지 않고 점수제[110]로 운영되지 않는다.

외국인 근로자가 취업허가를 신청하려면 먼저 임시고용 제의서를 받고, 취업에 필요한 관련기술 및 자격을 보유하여야 한다. 또, 공공보건 부문에서 일하게 될 경우 신체검사를 해야 하고, 캐나다에 영주할 의사가 없음을 이민심사관에게 증명해야 하며, 또 전과기록이 없어야 하고, 공공질서 및 안보에 위험이 되지 않아야 한다는 자격요건을 갖추어야 한다.[111]

② 배우자 취업허가 프로그램

배우자 취업허가 프로그램은 보다 많은 전문기술 인력과 투자사를 캐나다에 유치하는 것을 목표로 하는 제도로서 1998년 10월에 시범적으로 시작해서 2001년 11월에 캐나다 외국인력정책 하에 영구적 제도로 자리매김하게 되었다. 본제도 하에서 관리직, 전문가 및 기술직 등 전문기술직 취업 외국인 배우자들은 긍정적인 노동시장의 평가 없이 간소한 고용 허가 절차를 통해 취업할 수 있도록 했다. 1998년 이전에는 전문기술 외국인의 배우자 자격으로 자동으로 취업의 권리를 보장받지 못했다. 배우자 취업허가 프로그램에 의해 사용자들은 노동시장 테스트를 신청할 필요가 없으며 배우자들은 캐나다 내 어디든지 취업이 허용된다. 이 프로그램은 캐나다에 6개월 이상의 입국허가를 받은 단기취업 외국인의 배우자들에게도 적용된다. 배우자의 취업허가는 취업비자 주신청자의 기간을 초과할 수 없고 최고 3년까

---

110) 1976년 출입국 관리법에 따라 수립된 점수제는 교육수준, 직장경력, 연령 등을 포함한 일련의 기준에 따라 취업이민 신청자를 평가한다. 이후 새로운 선별과정에서는 교육, 직장경력 및 언어능력이 보다 강조되었다.

111) 유길상 · 이정혜 · 이규용, 앞의 책, pp.156-157.

지 보장되며, 갱신이 가능다. 또, 쿼터가 없고 점수제로 운영되지 않는다.[112] 물론 자녀의 공립학교 무상교육도 주어지고 취업비자 소지자와 그 가족들은 캐나다 건강보험의 혜택을 누릴 수 있다.[113]

3) 유럽연합과 회원국

(1) 유럽연합

프랑스는 유럽결속의 필요성에 따라 유럽 국가를 대상으로 1950년 5월 9일 석탄 및 철강 산업을 초국가적인 기구를 통해 공동 관리하자는 '슈망선언'을 발표, 제의함으로써 독일 · 이탈리아 · 프랑스 · 네덜란드 · 벨기에 · 룩셈부르크 6개국이 참여해서 1952년 8월에 유럽석탄철강공동체(European Coal and Steel Community: ECSC)를 정식으로 발족시켰다. 이후 이 공동체는 석탄, 철강 산업만을 대상으로 한 공동시장을 모든 산업으로 확대하기 위해 당시 중요한 국가발전요소인 원자력의 공동개발 및 이용을 목적으로 하는 유럽원자력공동체 결성의 필요성 느끼고, 1957년 3월 25일 로마에서 위 6개국이 모여 유럽경제공동체(European Economic Community: EEC)[114]와 유럽원자력공동체(European Atomic Energy Community: EURATOM)[115] 설립을 위한 로마조약을 조인하였다.[116] 이후에 위 기존 유럽 3개(EEC, ECSC, EURATOM) 공동체는 사실상 단일공동체 화하여 유럽공동체(European

---

112) 앞의 책, pp.157-158.

113) http://blog.empas.com/review2005/list.html?c=1684379(검색일: 2009. 12. 28).

114) EEC(European Economic Community)는 관세동맹, 경제 및 화폐동맹과 회원국 간의 상품 · 사람 · 서비스 및 자본의 자유이동을 이룩함으로써 공동의 경제 · 산업 · 사회 · 재무 및 재정정책을 지닌 단일시장을 형성하려는 목적의 공동체이다.

115) EURATOM(European Atomic Energy Community)은 공동에너지 시장의 창설, 핵 원료의 균형 공급 보장, 핵에너지의 안전 및 인간과 환경의 보호를 위한 특별계획 등을 추진하려는 목적의 공동체이다.

116) http://www.busanilbo.com/news2000/html/2007/0323/050020070323.1010112102.html (검색일: 2009. 11. 18).

Communities: EC)가 총괄하였고, 기존공동체를 포함하는 유럽공동체(EC)를 유럽연합(EU)으로 한층 발전시켜오고 있다.[117]

위 로마조약을 출발점으로 삼아 회원국들은 경제통합을 매개로 정치·외교·안보 등 각 분야에서 밀접한 관계를 유지해오고 있다.[118] 유럽연합은 이민정책이 가장 중요한 문제로 부각되는 것 중의 하나이며 특히 근로자의 자유이동[119]과 이주 문제는 유럽의 정치·경제적 논쟁의 중심에 있었다.[120]

2004년 이후 중동부 유럽의 가입[121]에 따른 근로자의 자유이동과 이주 문제는 회원국 간의 문제뿐만 아니라 제3국의 외국인 근로자와 그 가족들에 대한 이민정책과 사회통합의 문제로 발전하게 되었다.[122] 2000년 3월 24~25일 리스본 유럽 이사회에서는 보다 나은 직업과 사회통합을 위한 의제를 마련하고 회원국 간의 노동시장을 창출하고자 하였다. 유럽고용국(European Employment Service: EURES)에서 회원국 간의 근로자의 자유이동을 장려하고, 2006년에는 '유럽 근로자 이동의 해 - 유럽의 노동시장을 향하여'(European Year of Workers Mobility - Towards a European Labour Market)

---

117) http://missiontoeu.mofat.go.kr/kor/eu/missiontoeu/introduction/eu/eu01/index.jsp(검색일: 2009. 12. 28)

118) http://shindonga.donga.com/docs/magazine/shin/2007/03/14/200703140500038/200703140500038_1.html(검색일: 2009. 11. 18).

119) EU 회원국 국민들에게 적용되는 노동력의 자유로운 이동에 관한 네 가지 원칙은 타 EU 국가에서 구직할 권리와 취업을 위해 타 EU 국가로 이주 또는 거주 할 권리 그리고 해당 세대가 재정적으로 자립이 가능한 경우, 고용종료 후에도 타 EU 국가에서 체류할 권리이다.

120) John R. Dobson, "Labour mobility and migration within the EU following the 2004 Central and East European enlargement," *Employee Relation*, Vol.31, No. 2,2009, p.121.

121) 유럽연합은 2004년 5월 1일자로 중동부 유럽국가의 가입으로 15개 회원국에서 25개국으로서의 통합이 이루어졌다. 그 이후 2개 국가가 더 가입하면서 현재 27개국이다. 회원국은 오스트리아, 벨기에, 영국, 체코, 키프로스, 덴마크, 에스토니아, 핀란드, 프랑스, 독일, 그리스, 헝가리, 아일랜드, 이탈리아, 라트비아, 리투아니아, 룩셈부르크, 몰타, 네덜란드, 폴란드, 포르투칼, 슬로바키아, 슬로베니아, 스페인, 스웨덴, 불가리아, 루마니아이다.

122) 유럽연합 통계국인 Eurostatdp에 따르면 2004년 EU거주 제3국 국민의 수는 2천 5백만 명으로 유럽 인구의 5.5%에 달하며 이들 중 불법 이민자 수는 5~8백만 명에 이른다고 추정하고 있다.

라는 선언까지 하면서 의욕적으로 출발했지만 유럽 차원의 정책과 개별회원국 간의 정책권한 배분의 차이[123]로 의견접근이 쉽지 않았다.[124] 각 회원국 간의 정책과 국내법들이 각기 다르기 때문에「유럽연합법」이 이주 문제에 있어서 많은 부분에서 취약성을 보이고 있고, 특히「노동법」과「사회보장법」과 관련해서는「유럽연합법」이 아직도 제한적일 수밖에 없다.[125]

즉 유럽공동체의 공통법규 자체도 유럽연합 노동시장의 보호정책을 반영하고 있긴 하지만 외부로부터의 외국인력의 유입은 여전히 각 회원국의 통제 하에 있다. 이는 단일시장 구축을 위한 단일「유럽연합법」포괄선언에 명시적으로 강조되어 있다. 동 선언은 또한 '본 조항 중 그 어떤 것도 회원국들이 제3국으로부터의 노동력 유입 통제를 위해 필요하다고 간주되는 조치를 취할 권리에 영향을 주지 않는다'라고 명시한다. 이는 제3국에 대한 외국인력정책이 각 회원국의 영역 내에 있음을 명백히 하는 것이다. 따라서 비유럽연합 국적자들은 완전히 자유로이 이동할 권리가 없다. 다시 말해 한 유럽연합 회원국에서 부여받은 거주 및 취업허가를 다른 회원국으로 이전하여 활용할 수 없다는 것이다.[126]

역사적으로 보면, 유럽연합에 이주해오는 외국인 근로자들은 대부분 미숙련 근로자들이었고 1970년대 중반부터 시작된 유럽의 산업위기는 미숙련 외국인 근로자들은 미래 사회에 불필요한 존재로 전락하고 말았다. 특히 북유럽국가들의 산업이 저 생산체제가 지속되고 기술적인 변화와 더불

---

123) 노동과 사회보장의 문제는 각 회원국의 배타적 권한에 속하는 문제로 유럽연합 차원의 정책에는 한계가 있기 때문이다.

124) 권한용,「EU의 제3국 이주노동자에 대한 법, 정책적 논의」,『노동법논총』제16집(2009), p.178.

125) Herwig Verschueren, Cross-Border Workers in the European Internal Market: Trojan Horses for Member State's Labour and Social Security Law?, The International Journal of Comparative Labour Law and Industrial Relations, Volume 24/2, 2008, p.168.

126) 유길상・이정혜・이규용, 앞의 책, p.20.

어 평균 9%에 달하는 유럽연합의 실업률은 더 이상 미숙련 근로자들의 설
곳이 없도록 만들었고, 회원국가들 사이의 노동환경의 차이는 상황을 더욱
악화시키는 요인으로 작용했다. 또한 1981년과 1986년, 스페인과 포르투칼
이 회원국으로 합류하면서 유럽연합 노동시장에 값싼 노동력이 유입되었
고 이는 유럽 실업률을 더욱 악화시켰다.[127]

유럽연합에서는 최근 제3국 국민의 유입과 통합 문제와 관련하여 회원국
또는 공동체 차원에서의 이주와 통합 문제를 끊임없이 분석해 보고서를 작
성해오면서 유럽연합 차원의 이주와 통합 문제에 대한 입법 및 정책적 차원
에서의 대처방안에 대한 다양한 논의들이 이루어지고 있다.[128]

유럽연합의 외국인 근로자정책

① 유럽연합의 회원국 외국인 근로자정책

1957년 유럽경제공동체(EEC)조약 제48조는 유럽연합 회원국 국민에 대
하여 고용과 임금 그리고 다른 근로조건에 대하여 어떠한 차별도 인정하지
않고 있다. 즉 회원국 간 근로자들의 자유이동과 그들 국민과 동등한 권리를
보장하고 있다.[129]

유럽연합 차원에서의 의지는 더욱 확고해 유럽연합 회원국은 근로자의
국적국보다 더 아무런 장애 없이 근로자의 권리를 근로자들에게 보장해야
한다. 이러한 권리보호에 관해서는 유럽사법재판소에서도 유럽연합 노동
시장에서의 모든 형태의 직, 간접적 차별에 대하여 유죄를 선고한 바가 있
다.[130] 한편 외국인 근로자에 대한 근로 및 고용조건에 대한 동등한 보장 요

---

127) Dobson, op. cit, p.124.

128) 권한용, 앞의 논문, pp.179-180.

129) 위의 논문, p.187.

130) 이와 관련된 판례로는 Case C-350/96, Clean Car, [1998] ECR 2521 (on residence

구는 고용회원 국가의 사회보장 제도뿐만 아니라 사회적 보호조건이 고용 국가보다 더 열악한 국가에서 온 외국인 근로자에게도 똑같이 적용됨을 의미한다.[131]

② 유럽연합의 제3국 외국인 근로자정책

유럽연합은 유급 근로자를 위한 허가절차에서 회원국의 노동시장에 대한 특혜원칙을 도입하고 있다. 즉 공동체 특혜(Community Preference)란 회원국들의 사용자들이 제공하는 일자리에 필요한 인력을 다른 회원국 또는 공동체 내에서 찾을 수 없다면 이미 공동체 내에서 합법적으로 거주하고 있거나 회원국의 정규 노동시장에 속해 있는 비회원국 인력을 고용할 수 있게 하는 것이 원칙이다. 2000년부터 인력부족을 겪고 있는 회원국들에게 제3국 외국인 근로자들의 고용을 제한하지 않고 있으며, 그 이외에도 허가 제도의 유연성을 보장하고 회원국은 자국의 경제적 필요성의 조건을 고려할 수 있도록 하였다.[132]

그리고 체류와 노동의 허가창구를 일원화해서 절차를 간소하게 하였고, 사업장 이동과 사용자의 변경도 허용될 뿐만 아니라 제3국 근로자들의 귀국이나 사회적, 경제적 기본 권리에 대한 유럽시민과의 동등한 권리부여를 인정한다. 그리고 유럽위원회는 이들 제3국 본국을 통하여 유럽연합의 합법적 입국에 대한 정보를 제공하고, 계약기간이 종료된 외국인 근로자의 원활한 귀국과 본국 내에서의 언어 및 직업연수 프로그램 운영 등 본국의 협조 하에 재입국에 대한 통제가 가능하다고 보았다. 그 외 제3국 근로자

---

requirement): Case C-162/99, Commission v. Italy,[2001] ECR 1-541 (on a residence requirement for the practice by dentists of their profession) and Case C-171/02, Commission v. Portugal, [2004] ECR 1-5645 (on the requirement of possessing a Portuguese License to work for a private security firm in portugal)등이 있다.

131) 권한용, 앞의 논문, pp.187-188.

132) Directive 2003/109/CE du Conseil(L 16/44), p.6.

들의 동화정책으로서 문화 및 언어연수, 유럽 수준의 자격 요건을 위한 실습 등에 대해서 유럽연합 차원의 공동정책을 시행하고 있다.[133]

미등록 외국인 근로자에 대한 법적 조치

유럽연합의 제3국 외국인 근로자에 대한 법적 규제는 미등록 외국인 근로자가 핵심대상이다. 불법이민을 통해 취업활동을 유지해나가는 미등록 외국인 근로자들에 대한 대응책을 강화하는 차원에서 유럽연합에서는 2001년부터 우선조치에 대한 보고서를 작성했다.[134] 그리고 헤이그 프로그램의 일환으로 전략적 분야에서의 모든 형태의 불법이민에 대한 대응책을 마련하여 우선조치 분야를 정했다. 그 내용을 보면, 외부국경을 통합관리하고, 블랙리스트를 작성하여 불법고용이 이루어지지 않도록 하고, 제3국과 대화를 통해 협조체제를 갖추고, 인간적인 대응 정책을 강화한다. 송환과 관련해서는 2002년 유럽위원회는 '불법 체류자를 위한 공동체의 송환정책에 관한 녹서'를 발표했다.[135]

기존수단에 의한 정보교환의 개선을 통해 정보공유의 장을 제공하고, 불법이민을 예방하기 위한 운송인들에 대한 책임을 규정하는 등 대응책을 마련했다.[136] 유럽연합은 우선조치 외에도 감시 제도를 두고 있다.[137] 2005년 특정국가로부터 유입되는 불법이민을 감시하고 평가하기 위한 별도의 감시 제도를 통해서 제3국 불법외국인 근로자에 대한 통제를 강화하고 있으나

---

133) 권한용, 앞의 논문, p.191.

134) COMMUNICAT DE LA COMMISSION AU CONSEIL ET AU PARLEMENT EUROPEAN CONCERNANT UNE POLITIQUE COMMUNEEN MATEIERE D'IMMIGRATION CLANDESTINE COM(2001)672 final Bruxelles, le 15.11.2001. (위의 논문에서 재인용).

135) Green Paper on a Community return policy for illegal residents, COM(2002)175final.

136) 권한용, 앞의 논문, pp.197-199.

137) Council Decision 96/C 11/01 of 22 December 1995, OJ 11 of 16.01.1996,; Council Decision 96/749/JHA of 16 December 1996, OJ L342 of 31.12.1996.

기본적으로 회원국들의 입장을 존중하고 이들에 대한 권리보호에도 충실하고 있다.

유럽연합의 외국인 근로자 통합정책

유럽연합 내 거주하고 있는 외국인 근로자들이 가족 재결합의 권리나 기본적인 인권보호, 동등한 대우를 받고 있더라도 회원국 사회 내에서 제대로 적응하지 못한다면 법적, 제도적 장치는 무의미한 것이 된다. 실제로 많은 외국인 근로자들이 문화적, 종교적, 언어적 장벽을 넘지 못하고 유럽연합 사회에 동화되지 못해 사회 문제화 되고 있다. 외국인 근로자에 대한 사회적 통합정책은 이주정책과 분리될 수가 없다. 유럽연합 통합정책을 보면, 2004년 유럽연합 이사회는 자유, 안전, 정의를 강화하는 차원에서 헤이그 프로그램을 채택하였고,[138] 2005년 9월 유럽연합 외국인 거주자들의 통합정책의 공동기본원칙을 채택하였다.[139] 동시에 유럽위원회는 유럽연합 내의 제3국 국민의 통합과 관련하여 '통합을 위한 공동 프로그램'을 제안했다.

통합 문제에 있어서 가장 중요한 분야는 고용과 관련된 것이다. 노동시장으로 원활한 진입을 위한 장애를 없애고 좋은 일자리를 제공할 수 있도록 회원국과 협조하는 것이다. 중점적인 역할이 요구되는 것은 기본권 보장과 비차별 그리고 기회의 평등을 증진시키는 것이다. 그리고 교육과 연수 문제도 중요하다. 외국인 근로자 자녀와 2~3세대 젊은이들을 위한 집중적 교육정책과 외국인 거주자들의 사회동화 및 적응을 위한 재정지원책이 필요하다.[140]

---

138) Document 16054/04 du Conseil.

139) Document 14615/04 du Conseil.

140) 권한용, 앞의 논문, pp. 202-203.

(2) 독일

외국인 근로자 노동정책의 특징

독일의 외국인 근로자정책의 변천과정의 역사는 제2차 세계대전 패전 이후 1955년부터 심각한 노동력 부족으로 초청근로자를 모집하면서 시작되었고, 그리스·터키 등 여러 나라의 노동력이 유입되다가 1973년도에 중단되었다. 이후 공식적인 유입이 중단되고 고용 허가에 대한 규제가 엄격하게 적용되었지만, 기존에 독일 내에 잔존하고 있었던 외국인 근로자 가족들의 뒤이은 이민으로 인해 미성년자 수가 늘어나게 되었다.[141]

1970년대 초반 이후 중단되었던 외국인력 유입은 관계법의 개정에 따라 1991년에 다시 재개되는데, 1980년 동유럽 사회주의 국가의 붕괴에 따라 독일과 주변국과의 소득격차, 체제변환을 겪고 있는 주변 국가의 높은 실업률[142] 등으로 폴란드, 헝가리 등 동유럽 국가 출신의 외국인 이민이 급증하여 1987년부터 1992년 사이에 난민 신청자 수가 계속 증가하기 시작했다. 1989년 말부터는 동 유럽 국가들 간의 협약에 따라 이들 국가 출신 근로자들이 유입되기 시작했다. 한편, 유럽연합 회원국 시민들의 경우에는 회원국 간의 이주자유가 보장되어 있어 독일 내 거주 및 취업이 가능하다.

독일은 1970년대 후반부터는 외국인을 서독 사회에 통합시키려는 정책[143]과 귀국 촉진정책을 병행 실시하였다. 1978년의 외국인 근로자법과 노동허가령을 개정하여 일정한 조건을 갖춘 외국인 근로자와 그 가족에 대하여 체류허가를 부여하고, 8년 이상 지속적으로 취업상태를 유지하고 있는 외국인 근로자에 대해서는 무기한 취업이 가능하도록 했다. 독일은 1970년대 후반

---

141) 유길상·이정혜·이규용, 앞의 책, p.74.

142) http://mybox.happycampus.com/kmumber/654946/(검색일: 2009. 10. 20)

143) 독일에 정착한 외국인에 대하여는 외국인 근로자와 그 가족을 사회로 흡수하는 통합 제도를 우선하는 정책을 취하는 이유는 외국인이 독일사회에 정착하고 나면 현실적으로 귀국시키기 어렵고 이들이 독일사회에 통합되지 않는 한 더 큰 사회 문제를 야기 하기 때문이다.

에 닥친 경제 위기와 1980년대 초의 대량 실업 문제, 그리고 1987년 이후 주택난과 1989년 독일의 통일로 인한 동독시민들의 이주 등은 외국인력에 대한 새로운 문제로 부각되기 시작했다.[144]

독일은 단순, 미숙련 노동력의 수입방식으로 채택한 단기교대제로 인한 교체순환 원칙이 실패하고 위에서 언급한 바와 같이 1973년 이후 외국인 근로자 모집을 중지했다. 이후에 「외국인 귀국촉진법」을 제정하는 등 외국인 인력 수입을 규제해 왔지만, 독일 내에 거주하는 외국인 수는 줄어들지 않아 외국인 근로자 귀국 촉진정책 역시 실패로 끝나고 말았다. 제도의 실패로 외국인 근로자들은 양적인 증가세를 보였다. 독일 내 거주하는 외국인 근로자들은 노동자위원회 선거에 참여할 수도 있고 회원으로 선출되기도 한다. 그리고 노동력 송출국가와 쌍무적 협정을 통한 노동력 수입방식을 채택하기도 한다. 독일 정부의 외국인 근로자에 대한 정책의 특징은 독일의 인력부족 산업에 기여하는 외국인 근로자를 사회적, 문화적 경제적으로 통합하려는 정책을 실시하면서도 노동력 유입을 억제하려는 정책과 병행하고 있다.[145] 오늘날 많은 선진 국가들이 공통으로 겪고 있는 문제일 것이다.

미등록 외국인 근로자에 대한 정책과 법적 조치

독일은 유럽연합 초기 회원국으로서 사회통합정책의 기조를 유지함으로써 자연스럽게 '장기체류'하거나 '정착'하는 외국인들이 늘어나게 된 것이다. 결국 외국인 근로자에게 개방을 하자는 정당과 사회단체의 요구와 이들을 필요로 하는 사용자들의 요구를 수용하게 됨에 따라 갈수록 외국인 근로자들의 체류는 장기화될 수밖에 없었고, 국가나 본인의 의지와 관계없이 다양

---

144) 문준조, 앞의 책, p.75.

145) 유도진, 「독일 외국인 고용정책과 사회 문화적 갈등」, 『경희대학교 사회과학 논총』 제11집(1993.12), p.11.

한 이유로 정주화가 만연하게 되었다. 그리고 정부 차원에서 미등록 외국인 근로자를 단속한다고 하지만 결코 완벽하게 '통제'되지는 않으며 사회통합 정책에 있어서도 한계가 있을 수밖에 없다.[146]

현재 독일은 5년 이상 체류했고 특별한 사정으로 본국송환이 어렵다고 판단되면 '한정적 거주권'을 부여한다. 주별로 구성된 위원회가 미등록 체류자의 추방여부를 결정하는데 현재 약 20만 명이 '한정적 거주권'으로 독일에 살고 있다. 다만 2005년 신이민법 발효 이후 '합법적 영주권' 발급은 늘어나지 않고 '한정적 거주권'만 연장되고 있는 상황이다.[147]

독일의 불법노동에 대한 관련 대응 정책을 보면, 먼저 세관에 불법노동 및 불법고용 부서를 신설해 외국인의 체류와 노동허가 위반사항을 외국인청과 노동청이 감시하고 있다. 온라인 조회는 노동허가를 받지 않는 외국인 근로자가 고용되어 해당 고용 자료가 연방노동청의 데이터베이스에 입력될 경우 자료검색 과정에서 불법여부가 판정되어 불법고용을 사전에 예방할 수 있는 제도이다.[148]

그리고 미등록 외국인 근로자가 처벌을 받기는 하지만 주요규제 대상은 사용자다.[149] 독일은 미등록 외국인 근로자에 비해서 상대적으로 사용자에 대한 처벌 수준이 매우 높다. 불법고용으로 인한 미등록 외국인 근로자와 관련한 제재규정은 「취업촉진법」과 「노동자 파견법」에 상세하게 정하고 있다. 먼저 「취업촉진법」에 의해 유효한 노동허가를 가지지 않고 취업하는 것에 대해서는 벌금형이 부과된다. 연방노동청의 허가를 받지 않고 불법으로 외국인을 고용한 사용자에 대해서는 50만 유로까지의 벌금이 가해지고,

146) http://owcc.or.kr/gnu4/bbs/board.php?bo_table=jang&wr_id=114(검색일: 2009. 11. 11).
147) 경향신문, 2009. 10. 26일. 사회 10면.
148) http://jubileekorea.org/bbs1/data/data/독일_외국인 근로자 정책.hwp(검색일: 2009. 11. 18).
149) 고현웅, 앞의 토론문, p.39.

불법 취업한 외국인 근로자에게는 5천 유로까지의 벌금이 부과된다. 외국인 근로자의 고용조건인 임금, 노동시간, 기타 노동조건 등에 관해 연방노동청에 허위로 고지한 사용자에게는 3만 유로까지의 벌금이 부과된다(사회법전 제3편의 취업촉진법 제404조). 그리고 「노동자 파견법」에 의해서는 미등록 외국인 근로자의 중개·알선·파견을 행한 자는 3년 이하의 징역형이 가해지고(동법 제15조), 파견처의 사용자가 5인 이상의 근로자를 30일 이상 고용한 경우에 대해서도 3년 이하의 징역형이 가해진다(동법 제15조 제1항). 이와 같이 제도로는 불법취업에 대한 엄격한 제재 조치가 마련되어 있지만 실제로는 광범위한 합법취업의 길이 열려 있으므로, 현재 당국의 방침은 단속보다는 오히려 합법취업에의 지도를 행하는 것에 역점이 두어져 있다(남구현, 강수돌, 1997).[150]

그리고 독일은 미등록 외국인 근로자라 할지라도 노동현장에 취업하고 있는 근로자 신분이 확실함으로 미등록 외국인 근로자의 고용계약도 유효할 뿐더러 노동법과 사회보험의 적용도 받는다.

외국인 노동 허가제

독일은 유럽연합 회원국 국민이 아닌 외국인이 독일에서 취업을 원할 경우 체류허가와 노동허가를 받아야 했다. 외국인은 체류허가를 받은 후에 노동허가를 취득할 수 있으며 노동허가는 노동시장의 상황과 인적관계를 고려하여 발급되었다. 노동허가를 받지 못한 자가 취업을 하는 경우는 불법취업이 되었지만[151] 지금은 체류허가와 노동허가 절차가 일원화 되어 허

---

150) 설동훈·이정혜·임경택·김윤태·서우석, 「각국의 외국인 근로자 고용관리체계 사례연구」, 노동부(2004), p.41.

151) 노동 허가제는 체류허가제의 운영을 관장하는 외국인과 별개의 조직인 연방고용청이 관장하고 있으나 연방고용청은 1969년 고용촉진법의 제정에 의해 설립되었으며 직업소개, 직업훈련촉진, 실업급여 지급 등을 담당하고 있다.

가신청자는 외국인 관청에 소정의 절차에 따라 신청하면 체류허가 및 노동허가를 동시에 받을 수 있게 되었다.

독일의 노동 허가제는 일반 노동허가와 특별 노동허가로 나누어지며 일반노동허가는 외국인 본인이 신청하면 해당지역의 직업안정소가 노동시장을 고려하여 허가를 한다. 노동허가의 유효기간은 최고 2년이지만 이 기간 동안 계속 고용된 경우에는 3년까지 연장할 수 있다. 특별 노동허가는 이미 고용되어 있는 외국인에게 노동시장 상황과 관계없이 본인의 신청에 의해 허가하는 것이다. 지역이나 직종에 제한을 받지 않고 관할 노동청에 신고한다. 특별 노동허가에는 기한부 특별 노동허가와 무기한 특별 노동허가가 있다. 5년간 독일에서 합법적으로 고용되어 있거나 독일인 배우자를 얻거나 난민 여행증명서를 소지한자나 18세 이전에 입국한 합법적인 부모를 가진 외국인 자녀이거나 특별한 사정이 있는 경우로 5년간 특별 노동허가를 받으며, 8년간 합법적으로 계속고용상태를 유지해온 외국인 근로자에 대해 무기한 특별 노동허가가 발급된다.[152]

독일이 특별 노동허가 제도를 채택한 이유는 사용자들의 끈질긴 요구가 있었기 때문이다. 사용자들은 단기교대제로 인해 숙련 근로자를 귀국시키고 그 자리에 미숙련 근로자로 대체하는 일이 반복됨으로 인해 작업의 비효율과 사업운용의 자율성이 떨어지는 교체순환 원칙에 문제를 제기하였다. 독일 정부는 이러한 사용자들의 주장을 받아들여 특별노동 허가제를 채택하였다. 그 결과 단기교대제는 폐지되었으며 노동 허가제 도입으로 외국인 근로자의 정착이 본격적으로 시작되었다. 이후 독일은 1997년 「취업촉진법」을 개정하여 과거의 일반노동허가와 특별 노동허가를 노동 허가 제도로 일원화했다.[153]

---

152) 문준조, 앞의 책, p.80.
153) 김의성, 앞의 법령 해석, p.91.

외국인 근로자 도입 제도

독일은 1989년부터 외국인력 수입을 재개하여 2004년 독일이 국가 간 쌍무협정과 노동시장 상황을 근거로 하여 계약근로자(Werkvertragsarbeit-nehmer; contract workers; 용역근로자), 워킹홀리데이 취업자(guest workers; 신 초빙근로자), 단기취업 근로자(계절근로자와 전시장 설치 보조 근로자), 국경왕래 근로자(frontier workers), 간병인(nursing and residential care staff/ home carers), 정보통신 분야의 전문가(IT specialists/ green card) 등 기타 프로그램 등을 이용하여 외국인 근로자를 도입하고 있다. 국가 간 협약을 통해 외국 노동력을 도입하는 형태는 초빙근로자, 용역근로자, 간호사 모집 등이며, 국내 노동시장의 수요를 충족시키기 위해서 단기취업 근로자 제도를 도입하고 있다. 또, 국경에 접한 지역을 특정지역으로 지정하여 합법취업을 보장함으로써 국경지역에 거주하는 자가 독일로 건너와 불법 취업하는 것을 방지하기 위한 제도이다. IT분야 전문가는 기업체의 요구와 국가경쟁력 강화를 목표로 별도의 시행령을 근거로 한다.[154] 그 중 가장 다수를 차지하는 유형은 계절 근로자이고, 그 다음이 계약근로자이며, 국경왕래 근로자, 초빙근로자, 간병인 등은 그 수가 매우 적다.[155]

① 계약노동자(용역 근로자)

독일은 1988년 말부터 동유럽 국가들[156]과 터키 등 13개국과 독일기업과 외국 업체가 용역계약(Werkvertrag)을 맺을 수 있도록 하고, 그 외국기업

---

154) 유길상, 이정혜, 이규용, 앞의 책, p.136.

155) 설동훈·이정혜·임경택·김윤태·서우석, 앞의 연구보고서, p16.

156) 보즈니아-헤르체고비나, 불가리아, 루마니아, 크로아티아, 라트비아, 폴란드, 슬로바키아, 슬로베니아, 체코, 헝가리, 마케도니아, 세르비아와 몬테네그로 등 12개국이다.

에 고용된 외국인 근로자들이 독일에서 취업할 수 있도록 하고 있다. 독일은 13개국과 국가 간 계약근로자 도입에 관한 쌍무협정을 체결하였다. 쌍무협정을 체결한 목적은 독일기업과 외국기업 간의 경제적 협력을 지원하고, 외국기업의 국제경쟁력 강화에 도움을 주며, 독일과 협정국간의 경제교류를 촉진하고, 독일기업이 이들 국가의 시장에 진출하는 데 도움이 되도록 하는 데 있다.[157]

국가 간 합의서에는 계약근로자 수의 상한선을 매년 정하여 계약근로자들이 일정 기간 독일에서 취업한 후 자국으로 돌아가도록 정하고 있다. 연방경제노동부는 매년 10월부터 다음해 9월까지의 연평균 계약근로자 수의 상한선을 정한다. 구체적 상한선 설정은 독일 노동시장의 상황 변화를 반영하여 이루어진다. 일종의 쿼터제의 성격을 담고 있다. 원칙적으로 계약근로자는 모든 산업에 배치될 수 있으나, 실제로는 주로 건설업, 정육가공업, 광업에 도입되고 있다. 외국인 계약근로자를 독일에서 고용하는 외국의 용역업체는 해당 고용사무소에 '노동허가' 발급 수수료를 납부하여야 한다. 기본수수료로 신규 용역계약 건마다 200유로, 기간연장, 인원보충, 보수작업 등 매 추가계약마다 100유로를 납부하여야 하고, 그와는 별도로 계약기간 동안의 노동허가 수수료로 용역근로자 1인당 75유로를 매달 납부하여야 한다.[158]

계약근로자에 대한 노동허가서는 해당 지역사무소에서 한 사업장에 종사하는 것을 전제로 개별 계약근로자에게 발급한다. 그러므로 사업장 이동은 허용하지 않는다. 계약근로자의 노동허가의 유효기간은 통상 2년으로 정해져 있지만, 용역계약에 정해진 기간이 2년을 초과할 경우에는 6개월까지 연장할 수 있다. 독일에 처음으로 입국하여 취업한 계약근로자는 3

---

157) 설동훈 · 이정혜 · 임경택 · 김윤태 · 서우석, 앞의 연구보고서, p.16.

158) 유길상 · 이정혜 · 이규용, 앞의 책, p.140.

년까지 유효한 노동허가를 받을 수도 있다. 용역계약 기간이 만료되면, 노동허가는 자동적으로 효력을 상실한다. 계약노동자 중 건설현장소장이나 엔지니어 등 관리자 내지 행정업무 담당자는 최장 4년간 유효한 노동허가를 받을 수 있다. 독일을 떠났던 계약근로자가 독일에서 다시 취업하기 위해서는 최장 2년간의 대기기간이 지난 이후에 노동허가를 받을 수 있다. 독일을 떠나기 전에 독일에서 취업한 기간이 9개월 이내였다면, 대기기간은 3개월이다. 독일에서 취업하는 모든 근로자는 사회보험 가입 대상이지만, 계약근로자는 예외이다. 그들은 사회보장에 관한 국제협약이나 자국의 사회보험체계를 따르도록 되어 있다.[159]

② 워킹홀리데이 취업자(초빙근로자)

독일은 1991년부터 동유럽에 대한 특별 지원 사업의 하나로 13개국과 협정을 체결하여 외국인 근로자들을 초청하고 있다. 18~40세 연령의 젊은이들이 독일에서 12~18개월간 취업하여 언어 실력과 직업능력을 향상시킬 수 있도록 워킹홀리데이 프로그램을 운영하고 있다. 워킹홀리데이 프로그램은 일생에 단 한 차례만 응모할 수 있다. 독일에서 일을 하며 독일 언어와 문화를 익히고 직업능력을 배양하는 이 제도를 '새로운 초빙근로자' 프로그램이라 부르기도 한다.[160] 워킹홀리데이 취업자가 되기 위해서는 지원할 수 있는 조건[161]을 갖추어야 하며, 국가 간 협정에 의하면 워킹홀리데이 프로그램으로 독일에서 일할 수 있는 외국인 근로자의 상한선은 11,050명에 이르지만 단 한 번도 이 수치에 근접한 적이 없다. 외국인 근로자를 받

---

159) 앞의 책, pp.140-141.

160) 설동훈 · 이정혜 · 임경택 · 김윤태 · 서우석, 앞의 연구보고서, p.17.

161) ① 워킹홀리데이 도입 목적에 부합하는 직업 교육을 이수하였거나, 그와 유사한 직업 수행 경험(최하 3년)이 있고, 독일어를 구사할 수 있음을 증명하여야 하고, ② 만 18세 이상 35세 (불가리아 · 루마니아) 또는 40세 미만(나머지 11개국)의 젊은이여야 하며, ③ 워킹홀리데이 취업자로 이미 독일에서 일한 적이 있는 외국인 노동자는 다시 지원할 수 없다.

아들일 사업장이 많지 않은 이유도 있지만 이 프로그램에 지원할 만한 직업적 자질이나 언어능력을 갖춘 외국인 지원자가 적었기 때문이다.[162]

③ 단기 취업제도

취업기간이 정해진 외국인 근로자 단기간 취업 프로그램으로 '계절 근로자'와 '전시장 설치 보조 근로자'가 있다. 독일 연방노동청은 동유럽 특정국가[163]의 노동부와 독일에서의 단기취업에 관한 협정을 맺고 있다.[164] 먼저, 계절 근로자가 취업할 수 있는 업종은 농업 · 임업 · 호텔 · 음식점 · 과일 및 채소가공업 · 목재가공업으로 제한되어 있다. 주 근로시간이 최소한 30시간 이상, 1일 평균 노동시간이 최소 6시간 이상 취업하는 것을 전제로, 연방고용청과 송출국 정부가 합의한 수속에 따라 알선된 근로자에 한해 매년 3개월 이내의 '노동허가'를 부여한다. 다만 과일 · 야채가공업 · 와인 · 호프 · 담배 재배 사업장을 제외하고는 1년에 7개월간 고용할 수 있다. 계절 근로자가 독일에서 취업하기 위해서는 다음 조건[165]을 충족하여야 한다.

계절 근로자는 18세 이상이어야 하고, 특별한 직업수행 능력이나 독일어 언어구사 능력을 필요로 하지 않는다. 계절 근로자는 사회보장보험 의무가입 대상이다. 한편, '전시장 설치 보조 근로자'의 취업 조건은 계절 근로자와 거의 유사하지만, 노동허가 유효기간이 다르다. 전시장 설치 보조 근로자는 1년에 9개월까지 독일에서 취업이 유효하다.[166]

---

162) 유길상 · 이정혜 · 이규용, 앞의 책, p.138.

163) 폴란드, 루마니아, 헝가리, 슬로바키아, 체코, 크로아티아, 슬로베니아 및 불가리아.

164) 유길상 · 이정혜 · 이규상, 앞의 책, p.142.

165) ① 그들의 취업이 국내 노동자의 고용구조와 지역 · 산업분야 관점에서 악영향을 미치지 않고, ② 그들의 일자리가 독일인 노동자나, 취업 기회의 면에서 독일인과 동등하게 취급되는 외국인, 또는 이미 독일에 거주하고 있으면서 노동허가증을 소지하고 있는 외국인 등으로   채워지지 않으며, ③ 독일인보다 불리하지 않은 근로조건으로 채용되어야 한다.

166) 유길상 · 이정혜 · 이규용, 앞의 책, pp.142-143.

④ 국경왕래 노동자

독일 국경에 접한 체코 · 폴란드 · 스위스 근로자는 '노동허가'를 받아 독일의 특정 국경지역에서 하나 혹은 여러 개의 일을 할 수 있다. 국경왕래 근로자의 노동허가는 특정 지역의 사업장과 직종으로 취업범위가 한정되어 있고, 유효기간은 1년이다. 국경왕래 근로자가 독일에서 취업하기 위해서는 매일 자국으로 돌아가거나, 일주일에 최장 이틀간 일하는 직종이어야 하고, 그들의 일자리가 독일인 근로자나 취업 기회의 면에서 독일인과 동등하게 취급되는 외국인, 또는 이미 독일에 거주하고 있으면서 노동허가증을 소지하고 있는 외국인 등으로 채워지지 않고, 자국에서 '완전한 사회보험 급부(給付) 혜택'을 받지 않고 있음을 입증하는 자국 고용사무소의 증명서를 제출하여야 한다는 조건을 충족하여야 한다.[167]

⑤ 간병인

연방노동청은 크로아티아 · 슬로베니아의 노동부와 간병인 도입에 관한 협약을 체결하였다. 독일에서 외국인이 취업할 수 있는 간병인 세부 직종은 일반간병인 · 유아간병인 · 양로간병인으로 한정되는데, 각 분야의 4단계까지의 직업교육을 이수하여야 하며 충분한 독일어 구사능력을 갖추어야 한다.

독일의 사용자는 자신이 개인적으로 알고 있는 지원자를 채용하겠다고 요청할 수 있고, 지역노동사무소는 내국인을 우선 채용하려는 노력을 다하였는지를 점검하고, 사용자는 외국인 간병인 1인당 250유로의 수수료를 지역노동사무소에 납부해야 한다.[168]

간병인의 노동허가 유효기간은 1년이지만 연장할 수 있다. 외국인 간병

---

167) 설동훈 · 이정혜 · 임경택 · 김윤태 · 서우석, 앞의 연구보고서, p.19.
168) 유길상 · 이정혜 · 이규용, 앞의 책, p.141.

인이 '노동허가'를 받고, 1년 이내에 독일 간호사법에 따른 전문 인력으로 서의 자격증을 취득하면 전문직종사자로 인정받게 된다. 1년이 지난 후에도 자격증을 취득하지 못하거나, 향상교육을 시작도 하지 않았으면 노동허가 유효기간은 갱신되지 않는다.[169]

⑥ 정보통신 전문가

독일은 2000년 8월 1일부터 2008년 7월 31일까지 8년간 '정보통신기술 분야의 외국인 고급전문 인력에 대한 노동허가 시행령'(Verordnung über die Arbeitsgenehmigung für hoch qualifizierte ausländische Fachkräfte der Informations- und Kommunikation-technologie: IT-ArGV)을 제정하여, 이른바 그린카드 제도를 통해 외국인 정보통신 전문가가 개별적으로 독일 기업에 취업하는 것을 권장하고 있다. 외국인 정보통신 전문가의 도입 인원수는 우선 10,000명으로 정하였지만, 필요에 따라 20,000명까지 증원할 수 있음을 시행령에 정하고 있다. 외국인 정보통신 전문가가 독일에서 취업하기 위해서는 다음 조건[170]을 충족하여야 한다.

지역노동사무소는 외국인 정보통신 전문가의 노동허가(green card)를 발급하기 전에, 내국인으로 채용할 수 있는 일자리인지 여부를 조사하여야 한다. 노동허가는 고용계약 기간에 한해 발부되지만 최장 5년까지 연장될 수 있다. 외국인 정보통신 전문가는 가족 동반이 가능하며, 독일에 거주한 지 2년 이 경과하면 가족도 노동허가를 받을 수 있다. 하지만 노동허가 유효기간이라 할지라도 일자리를 상실하고 새로운 일자리를 구하지

---

169) 설동훈 · 이정혜 · 임경택 · 김윤태 · 서우석, 앞의 연구보고서, p.20.
170) ① 대학이나 전문대학에서 정보기술 관련 전공을 이수하여 졸업하였거나, 사용자와 근로 계약에 연봉 최하 51,000유로를 합의한 것을 증명하여야 한다. ② 독일 대학에서 정보통신 분야를 전공하는 외국인 유학생 졸업 후에 독일을 정보통신 업체와 계약을 체결하면 된다.

못했을 경우에는 체류허가가 상실된다.[171]

(3) 프랑스

외국인 근로자 고용정책의 특징

프랑스는 1974년 7월 석유위기로 인한 경제 위기와 실업난을 극복하기 위해 유럽연합 출신자 및 계절 근로자를 제외한 신규 외국인 근로자의 수용을 원칙적으로 금지하였다. 이후 외국인 근로자의 정책은 새로운 단계를 맞이하게 된다. 다시 말해 외국인 근로자가 실직했을 경우에는 일정 기간 내에 취업하지 못하면 본국으로 귀국해야 했고, 귀국할 경우 일정한 액수의 귀국 보조비가 주어졌다. 프랑스 역시 독일과 마찬가지로 외국인 근로자 신규유입을 규제하고, 귀국을 종용하면서도 외국인정책에 있어서 가장 중점적으로 다루는 것은 사회통합정책이다. 따라서 프랑스는 이미 오래전부터 장기간 거주하면서 지역적, 사회적 관계를 유지하고 있고, 사실상 귀국이 불가능한 외국인에 대해서는 프랑스어 교육, 직업훈련, 외국인 자녀에 대한 지원, 주택개선 등을 통해 보다 안정된 지위가 부여되고 그들이 프랑스 사회에 안착할 수 있도록 지원하고 있다.[172]

1970년대 중반 이후 프랑스는 외국인에 대한 노동시장 접근규제는 이민정책수립을 위한 중요한 수단의 하나가 되어왔다. 국가의 노동시장의 보호 및 자국에서 거주하는 자국민이나 합법적 지위를 가진 외국인에 대한 우선순위를 부여하기 위해 모든 유럽연합 국가들 중에서 1973년 독일연방공화국과 덴마크에 이어 1974년에 벨기에와 함께 항구적인 고용 허가를 최소한의 수준으로 축소하는 규칙을 만들었다. 프랑스에서 노동을 하고자 할 때는

---

171) 유길상 · 이정혜 · 이규용, 앞의 책, pp.144-145.

172) 이만희, 「외국인 노동자의 불법취업증가에 대한 단속 대책」, 『저스티스』 제24권 제2호, 한국법학원(1991), p.139.

먼저 입국하기 전에 반드시 노동허가서를 받아야만 한다. 노동시장의 조건으로 인해 노동허가를 원천적으로 차단시킬 수 있다는 것이다. 외국인 근로자를 고용하는 거의 모든 나라들이 이러한 기준을 지키고 있으며 이런 측면에서 각 주요 국가 간 관련법상의 유사성이 크다고 볼 수 있다.[173]

미등록 외국인 근로자정책

프랑스에서는 미등록 외국인 근로자를 고용하는 사용자가 회사와 다른 근로자들에게 알리지 않고 미등록 외국인 근로자를 비밀 고용하는 경우가 많이 발생하고 있다. 해당 미등록 외국인 근로자는 사용자로 인한 고용은폐의 피해자로 판단하여 이러한 위법행위에 대하여 개별적이든 연대든 책임을 지우지 않는다.[174]

프랑스법상 사용자가 노동허가증이 없는 미등록 외국인 근로자와 맺은 고용계약은 무효이며 그 계약의 불법성에 대한 모든 결과에 대한 책임은 사용자에게 있다. 노동허가를 받지 않은 미등록 외국인을 고용해 노동을 제공받는 것은 범죄행위로써 민사상 책임과 형사상 처벌을 모두 받는다. 이와 같이 사용자에 대한 가혹하리만큼 강한 법적 제재조치는 외국인 고용에 관해서는 사용자로 하여금 노동허가증이 없는 자를 고용해서는 안 된다는 강력한 메시지다. 그리고 알선인을 통한 미등록 외국인 근로자를 고용했을 때도 처벌을 받는다. 노동허가증이 없는 외국인의 고용을 통제하고 방지하기 위한 일련의 조치들은 꾸준히 보완되고 있는 추세이며 그 제재도 현재는 크게 강화되고 있다. 고용 전의 신고제도는 불법고용 전반을 통제하고 방지하기 위한 법 규정이다. 경찰의 범죄수사 부서의 직원은 당해 영업과 고용행위가

---

173) 문준조, 앞의 책, pp.92-93.

174) Cluade-Valentin Marie, "Measures Taken to Combat the Employment of Undocumented Foreign Workers In France", OECD, "Combating the Illegal Employment of Foreign Workers", OECD Organization for Economic Co-operation and Development(2000), p.108.

비밀고용 및 노동허가증 없는 외국인의 고용의 금지규정을 위반하였는지 확인하기 위하여 긴급한 상황이 아닌 경우에도 영장 없이(경찰권 확대) 영업장 출입을 할 수 있는 권한을 가지게 되었다.[175]

외국인 불법고용의 단속을 위한 집행기관간의 협력증대는 프랑스에서도 지난 수십 년간 꾸준히 진행되어 왔지만 미등록 외국인 근로자들은 줄어들지 않았다. 미등록 외국인 근로자들은 수가 증가함에 따라 자신들의 권리보장을 주장하는 대규모 집회시위를 벌이는 등 관계기관을 압박하고 있다. 사실상 유럽연합은 외국인 근로자에 대해 사회적 통합이라는 공통의 정책기조를 깔고 있기 때문에 2007년 11월에 개정된 「이민법」과 2008년 1월 7일의 「이민법시행령」은 매우 제한적이긴 하지만 '사용자의 고용 계약'과 '일손이 부족한 분야'일 경우 합법화 시켜 주는 길을 열어 놓고 있다.[176]

프랑스는 불법 체류 중인 외국인 근로자들이 일자리를 찾을 경우 합법화하는 법안을 채택하였다. 새 「이민법」안에는 지역별, 업종별 필요성에 따라 각 도의 경시청별로 불법 체류자 고용 허가에 대한 재량권을 부여했다. 그렇다고 이러한 조치가 사용자들에게 불법 체류 외국인을 합법화 시켜 주는 편법 거래를 할 수 있도록 허용하는 것은 아니다.[177] 외국인 인권옹호 협회들은 일단 환영하면서도 경시청장에게 권한을 부여함으로써 2006년 여름의 예외적 구제조치의 경우처럼 대폭 구제해 줄 것처럼 시작했다가 극히 일부만 구제해주는 불공평한 행정조치가 더 이상 발생해서는 안 된다고 강조했다.[178]

---

175) 문준조, 앞의 책, pp.197-198.

176) http://www.euro-focus.kr/news/viewbody.php?board=alaune&page=1&number=2951 &search=section&genre=alaune0509(Aide Medicale d'Etat)(검색일: 2009. 11. 13).

177) 현재 불법 체류 외국인을 고용하는 사용자에게는 3년 이하의 징역형이 선고될 수 있다. 따라서 커다란 위험을 무릅쓰지 않고서는 함부로 고용할 수 없다.

178) http://www.euro-focus.kr/news/viewbody.php?board=alaune&page=1&number=2629& search=section&genre=alaune0509(검색일: 2009. 11. 13).

프랑스는 외국인들을 국경에서 통제하지 않는다. 1985년에 유럽 여러 나라들은 '센겐조약'[179]을 맺어 국경을 없애버렸다. 무비자 협약을 맺은 나라 사람들은 3개월 동안 마음대로 체류할 수 있다. 프랑스는 불법 체류 외국인이 자국 영토에 들어오면 제 발로 경찰의 불법이민자 관리 부서를 찾아오도록 하기위해 미등록 외국인들에게 매달 30~40만 원 정도의 거주수당을 1년 동안 지불하고 있다. 프랑스 정부의 이 같은 정책시행은 미등록 외국인들이 자국 내에서 안착해나갈 수 있도록 도움을 주는 것이 그들로 인해 야기될 수 있는 사회혼란에 의한 사회적 비용보다 훨씬 적게 든다고 판단하고 있기 때문이다. 또한 프랑스는 외국인 이민에 관한 새로운 법을 만들어 '상파피에'(서류가 없는 사람)들에 대한 체류 허가 심사를 통해 14만 명 중 7만 7천여 명은 국내 체류를 양성화했으나 6만 3천여 명에 대해서는 체류 허가를 거부했다. 심사의 기준에도 인권이 적용됐다. 자녀가 있는 사람들과 노약자가 우선됐다.[180]

외국인 근로자 고용정책

① 고급기술직 및 전문직 유치를 위한 정책

프랑스는 1990년대 후반 IT부문의 전문직 인력난에 대응하기 위하여 고도기술 전문직인력 외국인 근로자들의 신청절차를 처리하기 위한 다양한 조

---

179) 센겐조약(Schebgen Border Code)은 가입국 사이에선 종전의 국경(내부국경)에서 출입국 심사(여권 또는 신분증 조사)를 하지 않기로 한 조약. 센겐조약의 가입국은 나름대로 새로운 국경(외부국경)을 정하며, 제3국(조약 비가입국) 국민에 대해선 출입국 심사를 한다. 유럽의 경우 제3국 국민은 센겐조약 가입국을 드나들 때 센겐국가 차원의 출입국 심사를 받으며, 가입국 사이에선 출입국 심사를 받지 않는다. http://www.walkholic.com/index.php/%EC%84%BC%EA%B2%90%EC%A1%B0%EC%95%BD%28%EC%84%BC%EA%B2%90%EA%B5%AD%EA%B2%BD%EB%B2%95%29(검색일: 2009. 11. 24).

180) 이학춘, 앞의 법무부 특강 자료, p.26.

치방안들을 도입하였다.[181]

프랑스의 외국인 이민동화법[182]의 내용을 보면, 유효기간 3년의 체류증 카테고리(competence et talent)를 신설하여, 프랑스 경제발전에 필요한 IT 전문기술 인력을 포함한 고급과학 기술 인력과 예술인 및 특수 분야 종사자에게 적용되는 장기체류허가 제도를 운용하고있다. 그리고 월수입이 5천 유로 이상인 간부사원 및 그 가족들에게는 비자 및 체류증 취득을 위한 창구를 외국인 입국이민청(ANAEM)으로 일원화하여 비자 및 체류증 취득절차를 간소화함으로써 소요기간을 단축시켜 최대한 편의를 제공하고 있다. 또한 동 간부사원의 배우자도 별도의 노동허가 없이 간단한 체류 자격 변경 절차를 통해 노동시장 진입이 허용되도록 했다. 이와 같이 자국에 도움이 되고 꼭 필요한 인력은 적극적으로 유치하여 프랑스 사회로의 융화정책을 펴고 있다.[183]

② 단순 기능인력 취업 허가 제도

임시 근로자(travailleur temporaire)제도는 기존의 일반 체류증 소지자(학생 및 동반 체류 자격)가 프랑스 내에서 노동허가를 신청할 수 있으며 이 허가를 부여받으면 주간 또는 월간 법정 근로시간의 최고 50%까지 파트타임으로 일할 수 있다. 이와 같이 임시노동 허가증을 취득케 하여, 연수, 연구, 예술, 외국 모기업의 프랑스 자회사에 일시적으로 근무할 수 있게 하는 제

---

181) 다양한 조치방안들을 도입하였다.

182) 2006. 5. 17 프랑스 하원을 통과한 외국인 이민동화법은 프랑스 정부의 외국인정책 기본 방향을 보여주고 있는 바, 첫째는 프랑스의 외국이민 수용 능력 및 경제적 필요성을 감안한 선택적 이민허용이고, 둘째는 사회통합 차원에서 그동안 문제가 제기되었던 외국이민자의 프랑스 사회로의 성공적인 동화'이다. 외국인 이민동화법은 이러한 정책의 이행을 위한 새로운 법제도적 장치를 정비한 것으로 평가하고 있다. 국익에 도움이 되고 필요한 인력은 적극적으로 유치하고 프랑스 사회로의 융화정책을 펼치면서, 불법노동력의 유입은 철저히 통제하고 검증 작업을 벌이겠다는 정책 의지 표현이다.

183) http://www.oniva82.com/news/read.php?idxno=1819&rsec=5(검색일: 2009. 11. 11)

도다. 그리고 농업·농산물 가공·산업 관광업·제조업·의약업 등 제한된 업종에 한해 외국인 단순 노무인력의 국내 노동시장 유입을 제한적으로 허용하는 계절 근로자(travailleur saisonnier)제도를 운용하고 있다, 이들은 임시체류허가(CST)를 받을 수 있으며 이 경우 그 계약기간은 보통 6개월에서 8개월 정도이다.[184]

5. 소결

대부분의 국가들은 외국인 근로자 고용정책에 있어서 단순기능 외국인 근로자의 경우는 단기 체류방식을 통해 정주화를 방지하고 있으며, 필요한 전문기술 외국인력에 대해서는 적극적으로 접근해서 장기적으로 국가동력의 인적 자원으로 활용하고자 하는 경향을 보인다. 일본은 전문적, 기술적 분야의 외국인 근로자에 대해서는 일본 경제 활성화와 국제화를 촉진하기 위해 적극적으로 받아들이는 반면 단순기능 외국인 근로자의 수입에 대해서는 일본 경제사회 및 국민생활에 많은 부정적인 영향을 미칠 것을 우려하여 매우 신중한 자세를 견지해 오고 있다.[185]

대만의 경우는 외국인 근로자의 총량은 정해져 있지 않지만 고용부담금 제도를 실시함으로써 외국인 근로자 유입을 억제하고 있다. 그러나 대부분의 국가에서는 외국인 근로자들에 대한 기간을 정한 단기체류 제도는 체류기간을 초과한 후 불법 체류하면서 노동현장에서 지속적으로 노동력을 제공하는 미등록 외국인 근로자들을 양산시키고 있다. 불법이주자들이 증가함에 따라 이들에 대한 합법화 방안이 일부 국가에서 모색되고 있다. 미국은

---

184) 유길상·이정혜·이규용, 앞의 책, p.97.

185) 위의 책, p.210.

오랫동안 일시적 근로자 프로그램에 따라 초청근로자 제도를 운용하면서 불법 장기 체류를 방지하기 위해 외국인 근로자를 주기적으로 교체해 초청 근로자를 상품화시킨다는 비난도 받아 왔다.[186)]

독일 역시 외국인 노동력 수입에 있어서 단기교대정책을 채택하였으나 사용자가 일정한 기간 동안 숙련시켜 놓는 외국인 근로자를 단기교대제로 인해 본국으로 귀국시키고 또다시 미숙련 근로자로 대체하면서 드는 교육 훈련비용 및 여러 가지 부대비용에 대한 부담으로 사용자들의 반대에 부딪 혀 폐지되기에 이르렀다.

유럽이나 북미 국가들은 장기 미등록 체류자의 처리에 어느 정도 유연성 을 보인다. 독일의 경우는 미등록 외국인 근로자에 대한 규제정책과 병행해 서 독일에 정착한 외국인 근로자와 그 가족들을 독일사회로 흡수시키는 통 합정책을 시도하고 있다. 미국은 미등록 체류자에게 강제추방 조치가 취소 될 수 있는 근거를 마련함으로써 추방보다는 배려하려는 경향을 보이고 있 다. 대만의 경우에는 외국인 근로자의 불법 체류 문제에 대해서는 불법 체류 수가 일정규모에 미달하면 적극적인 단속이나 엄격한 처벌을 실시하지 않 으나 만약 그 규모를 초과하면 강력한 단속을 실시한다.[187)] 그리고 미숙련 외국인 근로자를 고용하기 위해서는 기업 구조조정 계획서 제출을 의무화 하여 기업의 구조조정 노력을 기울이고 있다.

우리나라의 경우 「출입국 관리법」에서 불법 체류자로 분류된 외국인 근

---

186) 문준조, 앞의 책, p.49.

187) 불법외국인 근로자 신고하는 자에게는 20~30만 대만달러의 상금을 내걸고 그 재원은 불법 근로자를 채용한 사용주에게서 징수한 범칙금으로 충당한다. 불법으로 외국인 근로자 1명 을 채용한 경우에 최고 6개월 이하의 징역 또는 9만 대만달러의 벌금형에 처하도록 되어 있 다. 고용한 근로자 수가 2명 이상일 경우에는 최고 3년의 징역 또는 최고 30만 대만달러의 벌 금형에 처한다. 또한 외국인 근로자를 불법으로 알선하는 자는 최고 6개월의 징역 또는 15만 대만달러의 벌금형에 처하고 있으며 상업적 목적으로 외국인 근로자를 불법으로 알선한 자는 최고3년 징역 또는 60만 대만달러의 벌금형이고, 상습적으로 외국인 근로자를 불법으로 알선 하는 자는 최고 5년의 징역 또는 15만 대만달러의 벌금형에 처하도록 하고 있다.(취업서비스 법 제58조 및 59조).

로자에 대해서는 발각즉시 보호시설에 옮겨져 소정의 절차를 거쳐 본국으로 강제 퇴거 시키고 있다. 「외국인 근로자의 고용 등에 관한 법률」에서 보면 외국인 근로자에 대한 불합리한 차별은 금지하고 있으나 노동현장에서의 체감은 현저히 낮을 수밖에 없다.

각 나라마다 외국인 근로자정책에 차이가 있겠지만 국가 간 노동인구이동이 자유로워짐에 따라 외국인 근로자들의 유입이 확대 증가되고 있는 상황에서 불법 체류 증가와 범죄문제 및 인권 문제 등에 대한 대처방안들이 심도 있게 모색되어야 할 것이다.

1. 서언

오늘날 국경을 뛰어넘는 세계경제의 글로벌화로 인해 좀 더 나은 삶을 위하여 타국에 이주함으로써 야기된 외국인 근로자들의 문제는 한 국가의 미래에 영향을 미치는 심각한 문제로 자리 잡고 있다.

우리나라에 있어서도 외국인 근로자 문제가 지금처럼 복잡하고 심각한 적은 없었다. 경기의 호황, 불황에 상관없이 일부 업종에 있어서 노동인력 부족 문제는 외국인 근로자 고용을 불가피하게 만든다. 전문적 지식을 가지지 않은 단순기능 외국인 근로자의 입국은 우리나라의 외국인 근로자정책이 고용 허가제로 일원화된 후 외국인 근로자의 수용 문제를 다루고 있는 「출입국 관리법」에 의해 허용되었다.

대부분의 인력 수입 국가에 있어서 외국인 노동력에 대한 최대의 수요는 자국의 근로자가 회피하는 직종의 일을 보충해줄 외국인 근로자에 대한 수요이다. 우리나라에서도 불법 체류로 인한 미등록 외국인 근로자는 우리사회가 필요로 하는 단순기능 노동인력에 대한 수요가 지속적으로 증가 하는 한 발생하지 않을 수 없다. 정부는 이들이 우리 경제를 움직이는 톱니바퀴 중 하나로서 중소 하청업체에서 중요한 역할을 하고 있는 사실을 인지하고 고용 허가제를 통해 단순기능 인력을 수급할 수 있도록 했다.

모든 인간에 대한 불합리한 차별의 철폐는 「헌법」 및 「노동관계법」 등의 국내법뿐만 아니라 「국제인권법」에 의해서도 보장되고 있는 근본이념이라고 본다면 내·외국인 근로자 여부와 입국 및 체제의 법적 질서와는 관계없이 모든 인간의 기본적 인권을 존중하고 보호해야 한다는 것은 다시 말할 필요가 없다.[1]

이와 같은 법적 지위를 가진 외국인 근로자의 권리 문제는 과거에 비해서 나아지긴 했지만 아직까지도 해결해야 할 부분이 많이 남아있다. 국가인권위원회에서 나온 외국인 근로자 권리실태 조사결과를 보더라도 외국인 근로자에 대한 권리침해가 심각한 수준에 머물고 있음을 알 수 있다. 등록, 미등록을 떠나서 외국인 근로자라는 이유만으로 여권압수, 임금체불, 산업재해 등의 권리침해 사례가 빈번히 발생하고 있는 것이다.

2007년 1월 1일부터 종전의 산업연수생 제도와 고용 허가 제도를 병행 실시해 오던 것을 원칙적으로 고용 허가제로 일원화해서 제한적이긴 하지만 외국인 근로자의 신분보장이 확보되었다. 그러나 노동현장에서의 폭행, 폭언, 불평등 구조 등 권리침해 사례는 끊이지 않고 있다.

이 장은 이런 인식을 바탕으로 외국인 근로자들에 대한 국제법상의 보호규범을 알아보고 우리나라에 있어서 외국인 근로자들에 대한 국내법상의 법적 지위를 검토해보고자 한다. 또한, 각 기관의 인권보고서와 언론보도, 상담사례, 면접조사를 통해 나타난 외국인 근로자의 권리침해 사례를 각 해당 법률상 범주 내에서 구분 정리해보고 노동현장과 일상생활 차원에서 점검, 분석해서 외국인 근로자에 대한 권리침해 사건이 계속적으로 발생하고 있는 원인을 살펴보기로 한다.

---

1) 유형석,「외국인 근로자의 법적 지위에 관한 연구」, 건국대 박사논문(2000), pp.2-4.

2. 국제법상 외국인 근로자 보호규범

국제관계 속에서 외국인의 법적 지위에 대한 문제를 국제법의 일부로 정착시키는 데 이론적 계기를 마련한 사람은 바텔(E. de Vattel, 1714~1767)이라는 스위스 법학자였다. 그는 '외국인을 부당하게 처우하는 자는 그를 보호해야 할 국가를 간접적으로 침해하는 것이다'라는 논리를 펴 현재의 외교적 보호 제도와 국가 책임 제도가 성립하는 이론적 기초를 제공하였다.[2]

그 이후로 국제법상 외국인이 독립된 주체로서 논의되기 시작한 것은 20세기 이후부터다. 현대 국제법은 '국가의 무력행사를 금지하고 민족의 자결권을 승인하는 것과 함께 인권을 국제적으로 보장한다'는 원칙을 가지고 있다. 이에 따라 외국인 근로자의 인권보장도 국제적 관심사항이 되어 고용국가에 있어서 외국인 근로자에 대한 보호 대책의 강구가 요구되었다. 외국인 근로자의 국제법상 보호와 관련하여 오래전부터 국제연합 및 국제노동기구 등은 헌장, 협약, 권고 등을 통하여 통일적인 근로기준을 마련하고 각 회원국뿐만 아니라 세계 각국으로 하여금 이를 국내법으로 수용, 준수토록 하는 데 지속적인 관심을 기울여오고 있다.[3]

국제 노동기준으로서의 국제협약은 우리나라가 비준해야만 국내법과 동일한 효력이 인정되지만, 아직 비준하지 않은 협약일지라도 입법 방향이나 법률의 해석적용에 있어 중요한 판단기준으로서의 효력이 인정된다고 볼 수 있다. 따라서 외국인 근로자의 지위나 인권 문제를 판단함에 있어서 국제 노동기준은 중요한 자료가 될 것이다.[4] 본장에서는 국제연합(UN)과 그 전

2) 정인섭, 「외국인의 국제법상 지위에 관한 연구」, 서울대학교 박사학위 논문(1992), pp.8-13.
3) 하경효 · 김영문, 「외국인 근로자의 법적 지위 헌법적 국제법적 노동법적 사회보장법적 지위를 중심으로」, 외국인 고용에 따른 사회 · 경제적 영양평가와 규율방안(서울 고려대학교 노동문제 연구소(1998), pp.39-40.
4) 김선수, 「한국에서의 외국인 노동자 인권문제」, 『법조춘추』(1995. 1), p.81.

문기관인 국제노동기구(ILO)의 외국인 근로자 보호를 위한 국제적 기준 그리고 유럽연합을 중심으로 살펴보고자 한다.

1) 국제연합의 외국인 근로자 보호기준

그동안 외국인 근로자 문제는 주로 국내법이나 국내정책의 문제로만 다루어지다가 외국인 근로자 인권 문제가 제기되면서 국제적 수준의 인권보장이라는 시대적 요구에 따라 이들에 대한 인권 문제가 현 국제법상 해결해 나가야 할 중요한 과제가 되고 있다.[5]

1945년 국제연합헌장의 전문을 보면 '기본적 인권과 인간의 존엄과 가치, 남녀 및 대소 각국의 평등권에 대한 신념'을 명시하고 있고, 제1조 3항에서는 '경제적 · 사회적 · 문화적 또는 인도적 성격의 국제 문제를 해결하고 또한 인종 · 성별 · 언어 · 종교에 따른 차별 없이 모든 사람은 인권과 기본적 자유를 존중하도록 조장 · 장려함에 있어서 국제협력을 달성할 것'이 국제연합의 기본 목적 중 하나라고 선언하였다.[6]

이와 같은 목적을 추구하기 위해서 1948년 12월 10일 국제연합 제3회 총회에서 「세계인권선언」[7]을 채택하였다. 전문을 보면 [인류가족 모두의 존엄성과 양도할 수 없는 권리를 인정하는 것이 세계의 자유, 정의, 평화의 기초다. 인권을 무시하고 경멸하는 만행이 과연 어떤 결과를 초래했던가를 기억해보라. 인류의 양심을 분노케 했던 야만적인 일들이 일어나지 않았던가? 그러므로 오늘날 보통 사람들이 바라는 지고지순의 염원은 '이제 제발 모든

---

5) 유형석, 앞의 논문, p.49.

6) 국제연맹규약에는 노동조건 식민지 및 위임통치 지역 주민의 대우, 여성 및 아동의 매매금지 등 특정한 인권 문제에 대한 언급은 있었으나 UN헌장과 같은 일반규정은 갖고 있지 못하였다. 연맹규약 제22조 1항, 제23조등 참조.

7) 세계인권선언 제2.3조는 일할 권리, 직업선택의 자유 및 적정하고 유리한 노동조건과 실질에 대하여 보호받을 권리(제1항), 동등한 가치의 노동에 대한 동등한 보수를 향유할 권리(제2항) 및 노동조합 결성 및 가입권(제4항)을 규정하고 있다.

인간이 언론의 자유, 신념의 자유, 공포와 결핍으로부터의 자유를 누릴 수 있는 세상이 왔으면 좋겠다'는 것이리라. 유엔헌장은 이미 기본적 인권, 인간의 존엄과 가치, 남녀의 동등한 권리에 대한 신념을 재확인했고, 보다 폭넓은 자유 속에서 사회진보를 촉진하고 생활수준을 향상시키자고 다짐했었다. 그런데 이러한 약속을 제대로 실천하려면 도대체 인권이 무엇이고 자유가 무엇인지에 대해 모든 사람이 이해할 수 있도록 하는 것이 가장 중요하지 않겠는가? 유엔총회는 이제 모든 개인과 조직이 이 선언을 항상 마음속 깊이 간직하면서, 지속적인 국내적 국제적 조치를 통해 회원국 국민들의 보편적 자유와 권리신장을 위해 노력하도록, 모든 인류가 '다 함께 달성해야 할 하나의 공통기준'으로서 '세계인권선언'을 선포한다.」[8]

「세계인권선언」은 「국제인권법」의 '대헌장'이라고 할 수 있으며, 국제 문서 가운데는 「식민지 독립선언」(1960년)과 함께 가장 빈번하게 인용되고 있는 문서이다. 「세계인권선언」은 국제협약이 아닌 관계로 국가에 대해 법적 구속력은 없지만, '모든 사람과 모든 국가가 도달하여야 할 공통된 목표(전문)'로서 높은 도덕적 권위를 가지고 많은 협약과 각국의 국내법에 지대한 영향을 미치고 있다.[9]

「세계인권선언」 제1조에는 '모든 사람은 태어날 때부터 자유롭고, 평등하다'라고 규정하고 있다. 분명히 자국민만이 아닌 그 적용되는 대상을 '모든 사람'으로 하고 있어 '외국인'도 당연히 포함된다고 할 수 있다. 또한 권리와 자유의 향유에 관한 대우를 광범위하게 규정한 제2조는 모든 사람은 '인종 · 피부색 · 성별 · 언어 · 종교 · 정치적 또는 다른 의견 · 민족적 · 사회적 출신 · 재산 · 출생 혹은 기타, 다른 지위'에 따른 차별을 받음이 없이 선언상의 모든 권리와 자유를 향유한다고 규정하고, 국적에 관한 언급은 없지만 인

---

8) 국가인권위원회 http://udhr60.humanrights.go.kr/02_sub/body01.jsp
9) 이을형, 「인권의 국제적 보호」, 『법학논총』 제5집 (숭실대학교 법학연구소, 1989), p.178.

종, 피부색 등에 모든 의미가 포함되어 있다고 보면 된다. 1948년 「세계인권선언」에 이어서 그 내용을 구체화한 협약이 「국제인권규약」이다.

　그 내용을 보면 1966년 12월 16일 제21차 국제연합 총회에서 채택된 인권의 국제적 보호를 정한 국제조약으로서 「인권규약」은 두 부분으로 구성되어 있는데, A규약은 「경제적·사회적·문화적 권리에 관한 국제규약」으로서 소유가 없는 사람들을 위한 「사회권」에 관련된다. 이 안은 '노동할 권리', '생존을 위한 권리', '평등을 위한 권리', '파업을 위한 권리' 그리고 '실직 당하지 않을 권리' 등을 명시하고 있다. 현재 115개 국가에 의해서 비준되었다. B규약은 「시민적·정치적 권리에 관한 국제규약」으로서 주로 소유가 있는 사람들을 위한 「자유권」에 관련되며 이미 113개 국가에 의해서 비준되었다. 이 B안을 주도한 국가들이 미국·영국·프랑스인데 역사적으로 이들 북서 국가 그룹이 「인간의 자유권」을 강조해온데 반해, 주로 저개발 국가들이 포함되어 있는 동남 국가 그룹은 '인간의 사회적 권리'를 주장하는 경향이 강했다. 그러나 오늘날 B안이 '법률적 상식'으로 통할 정도로 모든 국가의 헌법 정신에 그 규정이 반영된 것과는 반대로 A안이 여전히 답보 상태여서, 인권 개선을 위한 큰 문제점으로 지적된다. 물론 B안 가운데서도, 우리나라의 「국가보안법」은 아직 완전한 실현을 보지 못하고 있다고 주장되고 있다.

　「세계인권규약」은 '경제적·사회적·문화적 권리'와 더불어 분명히 '시민적·정치적 권리'를 명시하고 있다. 여기서 '시민적 권리'는 마틴 루터 킹 목사가 60년대에 미국 사회에서 주도했던 '흑인 민권운동'을 예로 들 수 있을 것이다. 킹 목사는 미국 시민 사회 내에서 2등 시민으로 분류되어 차별 받던 흑인 계층의 민권 향상(평등권)을 위해 목숨을 바쳤다.

　1948년의 「세계인권선언」과 달리 1966년 「인권규약」의 A안과 B안은 '조약'으로 분류되므로 국내법과 동일한 강제력을 갖는다. 특별히 자유권 규약인 B안은 어느 나라, 어떤 정치 환경을 막론하고 즉각적으로 시행되어야 할 개인의 권리를 규정하고, '선택의정서' 형식으로 강제력 조항까지 첨가시켰다. 그런데 막상 B안에 동의했던 113개국 가운데 불과 67개 국가만이 '선택의정서'를 추가로 비준했다. 이 강제규정에 따르면, 만일 '선택의정서'를 비준한 국가에 거주하는 개인이 자기가 살고 있는 국가에서 권리를 침해당하고 있음에도 불구하고 그 국가에서 해결할 수 없다고 판단할 경우, 이 조약에 의해서 그 또는 그녀는 '국제인권이사회: 자유권규약위원회'에 즉각 제소할 수 있다. 우리나라는 1990년 4월, 위의 A안과 B안뿐만 아니라 「고문방지협약」, 「아동권리협약」, 「여성차별 철폐협약」, 「인종차별 철폐협약」 등 6대 「국제인권규약」에도 가입을 마쳤으나 아직 「고문방지협약 선택의정서」에는 선뜻 가입을 완료하지 못한 상태이다.[10]

1966년 국제연합 총회에서 채택된 「인종차별 철폐협약」은 외국인 근로자도 적용대상에 포함한 중요한 협약이다. 이 협약은 전문에서 국제노동기구의 고용과 직업에 있어서 차별폐지 협약 및 권고에 유의할 것을 호소한 후 '모든 형태의 인종차별을 폐지하고 금지할 것 및 인종 · 피부색 · 국민적 또는 인종적 출신이 구별 없이 모든 사람에게 법 앞의 평등의 향유를 확보할 것을 체약국은 약속한다'고 하고 있다. 나아가 이 협약은 경제 · 사회 · 문화적 권리, 특히 노동의 권리 · 직업선택의 자유 · 정당하고 양호한 노동조건 · 실업에 대한 보장 · 동일노동에 대한 동일보수 · 정당하고 양호한 임금 · 노동조합을 조직 또는 가입할 권리 · 주택의 권리 · 공중위생 · 의료 · 사회보장 · 사회원조에의 권리 · 교육 및 훈련의 권리 등을 예시적 권리로 들고 있다.[11]

1966년 12월 16일에 채택되어 1979년 3월 23일 발효, 1990년 7월 10일에

---

10) http://www.dabai.com/bbs/zboard.php?id=donginbaek&page=1&sn1=&divpage=1&sn=off&ss=on&sc=on&select_arrange=vote&desc=asc&no=25(검색일: 2009. 11. 04). 사이트에서 정리한 내용.

11) 이을형, 앞의 논문, p.319.

국내에서 발효된(조약 제1007호) 「시민적 · 정치적 권리에 관한 국제규약」(B규약)도 '합법적으로 어떠한 국가의 영역 내에 있는 모든 사람은 그 영역 내에서 이전의 자유 및 거주의 자유에 관한 권리를 가진다'(제1항). 그리고 각 회원국은 '인종 · 성별 · 언어 · 종교에 대한 차별 없이 모든 사람을 위한 인권 및 기본적 자유의 보편적 존엄과 준수'라는 목적을 달성하기 위한 행동을 취할 것을 약속하였고,(제55조, 제56조) 1985년 제40회 총회에서 '체재국의 국민이 아닌 개인의 인권에 관한 선언'(외국인의 인권선언)을 하였다.

이와 같은 과정을 거친 후 1990년 12월 18일 국제연합 총회에서 채택된 「모든 외국인 근로자 및 그 가족 구성원의 권리보호에 관한 국제협약」은 외국인 근로자의 지위에 대해서 매우 포괄적인 내용을 담고 있으며, 보호의 강도가 높다. 전체적으로 보면 전문과 제1부부터 제9부까지 93개조로 구성되어 있다. 제1부(제1-6)는 조약이 적용되는 외국인 근로자의 범위와 용어의 정의를, 제2부(제7조)는 권리향유에서의 비차별의 원칙을, 제3부(제8-35조)는 증명서를 소지하지 않았거나 불법 체류 상태에 있는 근로자를 포함한 모든 외국인 근로자와 그 가족이 향유하는 인권을, 제4부(제36-56조)는 증명서를 소지하였거나 적법상태에 있는 외국인 근로자와 그 가족에게만 인정되는 기타의 권리를, 제5부(제57-63조)는 국경 근로자, 계절 근로자 등 특별한 범주에 속하는 외국인 근로자와 그 가족의 권리를, 제6부(제64-71조)는 근로자와 그 가족의 국제적 이주에 관해 건전하고 형평에 맞고 인도적이며 적법한 상태를 촉진하기 위해 필요한 조치를, 제7부(제72-78조)는 조약의 적용과 이행을 확보하기 위해 필요한 사항, 즉 시행조치를, 제8부(제79-84조)는 다른 조약과의 관계 및 권리구제에 관한 일반조항을, 제9부(제85-93조)는 조약의 효력발생, 가입, 해석과 적용을 둘러싼 분쟁의 해결 등을 각각 규정하고 있다. (우리나라는 이 협약에 대해서 아직 비준을 하지 않았다) 여기에서 외국인 근로자라 함은 정주를 목적으로 하는 자뿐만 아니라, 고용 및 취업을 위해 일시적으로 체재하는 외국인, 일반적으로 외국인 근로자라고 분류되는 모든 이들이 포함된다. 외국인 근로자 권리조약이라고 할 수 있다. 이 조약은 외국인 근로자의 권리를 보장하는 새로운 장을 열었다는 평가를 받고 있다. 현존하는 법적 구속력이 있는 협정, 국제인권에 대한 연구, 전문가회의의 결론과 권고, 그리고 오랫동안 국제연합기구 내에서 있었던 외국인 근로자 문제에 대한 여러 가지 토론과 결의에 의해 힘입은 포괄적인 국제조약이다.[12]

「모든 외국인 근로자 및 그 가족 구성원의 권리보호에 관한 국제협약」의 제26조는 미등록 외국인 근로자를 포함한 외국인 근로자에 대해 노동조합 및 기타 단체의 회의 및 활동에 참가하는 권리를 보장하고 있다. 하지만 노동조합 결성권에 관한 것은 적법한 상태에 있는 외국인 근로자에게 보장된 제4부 제40조항에 속하기 때문에 합법 체류자만이 노동조합 결성권이 있는 것으로 규정하고 있다.[13]

그리고 「모든 외국인 근로자 및 그 가족 구성원의 권리보호에 관한 국제협약」의 범주에 포함된 근로자는 불법취업으로 인한 미등록 근로자까지 포

---

12) 인권고등판무관(United Nations High Commissioner for Human Rights: UNHCHR), The Rights of Migrant Worker, Fact Sheet No24. 유엔인권기구인 인권고등판무관 제도는 1993년 비엔나 세계인권회의에서 유엔 인권보장제도의 전반적인 개선과 효율성 증진 방안으로 '인권고등판무관 제도'가 제안되었다. 이에 따라 제48차 유엔총회는 비엔나세계인권대회가 채택한 '비엔나선언 및 행동계획'(VDPA)을 승인하는 결의와 함께 '모든 인권의 증진과 보호를 위한 고등판무관'에 관한 결의(Resolution 48/141, 1993)를 통해 인권고등판무관 제도를 신설했다. 인권고등판무관의 임무는 △모든 인권의 증진과 보호 △인권증진과 보호를 위한 국제협력의 강화 △인권센터의 전반적인 감독의 수행 △발전의 권리를 포함한 모든 시민 · 정치 · 경제 · 사회 및 문화적 권리의 보호증진 △인권실현에 장애가 되는 요소들의 제거 · 예방 △인권기구와 조약감시기구 지원 등을 들 수 있다. 즉, 인권 침해가 문제될 때 초기단계에서 유엔의 통합적인 의사결정을 유도하여 효율성을 극대화하는 역할을 수행하는 것이다. 한편, 인권고등판무관은 인권위원회와 경제사회이사회에 자신의 임무에 대한 연차보고를 할 의무도 갖는다. http://www.sarangbang.or.kr/kr/info/UN/un3.html(검색일: 2010. 1. 20). http://www.unhchr.ch/html/menu6/2fs24.htm 자료. 협약원문http://www.unhchr.ch/html/menu3/b/m_mwctoc.htm(2010. 01. 11).

13) 설동훈, 「한국의 이주노동자와 인권」, 『사회권 포럼 자료집』 I , (국가인권위원회, 2007) p.132.

함되며, 모든 외국인 근로자와 그 가족 구성원을 적용대상으로 하고 있는 점에 커다란 특징이 있다. 또한 「모든 외국인 근로자 및 그 가족 구성원의 권리보호에 관한 국제협약」은 '성별·인종·피부색·언어·종교 또는 신념·정치적 의견 또는 기타 의견·국민적, 종족적 또는 사회적 출신·국적·연령·경제적 지위·재산·혼인상의 지위·출생 기타의 지위에 의한 어떠한 종류의 차별도 없이 이 협약에 있어서 인정되는 권리를 존중하고 확보하는 일(제1조 1항 및 제7조)'이라고 규정하여 국적에 의한 차별금지를 명백히 하고 있다.[14]

2) 국제노동기구의 외국인 근로자 보호기준

국제노동기구는 오래전부터 외국인 근로자 권리 보호에 관해 많은 관심과 연구를 기울여 국제 노동기준인 협약[15]과 권고를 채택하여 회원국들이 외국인 근로자의 보호를 위한 협약을 비준하고 이행하도록 노력해오고 있다.

국제노동기구(ILO)는 「베르사이유 평화조약」 제13편 노동(제387-제427조)에 따라 설치되어 운영되어 왔다. 「베르사이유 평화조약」 제427조는 '각 국에서 법률에 의해 정립된 노동조건에 관한 기준은 그 국내에 합법적으로 거주하는 모든 근로자의 공평한 경제적 대우를 적절하게 고려하여야 한다'고 규정하고 있고, 1919년 제1회 총회에서 국제노동기구는 외국인 근로자와 내국인의 균등대우 평등을 촉진하는 것을 하나의 목적으로 채택했다.[16]

이를 위한 협약과 권고로는 1919년에 「외국인 근로자 상호 간 대우에 대한 권고」(제25호), 1925년에 「근로자 재해보상에 대하여 내외국인 근로자의 균

---

14) 유형석, 앞의 논문, pp.49-54.

15) 협약 (Convention): 양자조약의 경우 특정분야 또는 기술적인 사항에 관한 입법적 성격의 합의에 많이 사용되며 예컨대, '조약협약'의 경우와 같이 특정분야를 정의하고 상술하는 데 사용됨. (체결주체는 주로 국가임.) 국제기구의 주관하에 개최된 국제회의에서 체결되는 조약의 경우에도 흔히 사용됨.

16) http://mybox.happycampus.com/krnumber/654946/(검색일: 2009. 10. 20).

등대우에 대한 협약」(제19호),[17]1935년에 「고용목적의 이주에 관한 권고와 협약」(제61호 · 제66호: 외국인 근로자협약)을 채택했다.

국제연합 전문기구로 재출발한 국제노동기구는 1939년에 「고용목적의 이주에 관한 권고와 협약」을 개정하여 1949년에 제66호 「외국인 근로자협약」을 개정한 제97호 협약(1949)이 채택되었다. 그 내용을 보면 외국인 근로자들에 대하여 출입국에 관한 정책, 법률 및 규칙, 고용과 노동조건 그리고 생활에 관한 정확한 정보의 제공을 주된 목적으로 하고, 보수, 사회보장, 또는 노동조합 활동 등 모든 노동조건에 대한 자국민과 평등한 대우 및 본국으로의 송금보장을 또 하나의 목적으로 하고 있다. 이 협약을 구체화하여 일시적, 영구적인 이주에 관하여 송출국과 수입국 사이의 모범적인 협정을 권고한 「외국인 근로자에 관한 권고」(제86호)를 채택하였다.[18]

또 국제노동기구(ILO)는 1955년에 「노동인력 송출 국가의 외국인 근로자 보호조약」(제100호)를 채택하고, 1958년에는 「고용 및 직업상 차별대우 금지에 관한 협약」(제111호)을 채택하였고 1962년에는 「사회보장에 있어서 내외국인 근로자 균등 대우에 관한 협약」(제118호)을 채택하였다.

또한 국제노동기구(ILO)는 1975년에 제97호 협약과 제111호 협약을 보완하여 외국인 근로자가 설령 위법 · 불법 하게 고용되었다가 하더라도 그 근로자의 인권을 보호하고 고용의 기회 및 대우의 균등을 도모하기 위한 '외국인 근로자 보충 협약'인 「불법 이주 및 외국인 근로자의 기회 및 대우균등 증진에 관한 협약」(제143호 협약) 및 동 권고(제151호)를, 1982년에 외국인 근로자의 「사회보장에서의 권리유지에 관한 협약」(제157호)과 권고(제167호)를 채택

---

17) 제19호 협약은 "각 가맹국은 이 협약을 비준한 다른 가맹국의 국민으로서 그 영역 안에서 발생한 산업재해로 인하여 일신상의 상해를 입은 자 또는 그의 부양가족에 대하여 자국민에게 부여하는 것과 동일한 근로자 보상에 관한 대우를 해야 한다"고 규정하고 있다.
18) 문준조, 「주요국가의 외국인 이주노동자의 지위와 규제에 관한 연구」, 한국법제연구원연구보고(2007. 1), p.26.

하였다.[19]

1975년에 채택한 「불법이주 및 외국인 근로자의 기회 및 대우균등 증진에 관한 협약 및 권고」 중 제151호 권고에서는 직업소개, 직업훈련의 기회보장, 고용보장, 임금, 노동조건, 사회보장, 노동조합에 관한 권리, 주거와 같은 생활 조건들을 규정하고 있고 출신국의 문화를 보전하고 외국인 근로자들에게 그들의 언어로 권리를 교육하고 고용된 국가의 언어를 교육시킬 것 등을 규정하고 있다. 불법 체류로 인한 미등록 외국인 근로자에 대해서도 상기 협약의 규정 외에 노동조합원의 자격과 노동권의 행사를 추가하고 있다(제8조3항).[20] 즉 그동안은 합법적인 체류를 하고 있는 근로자가 취업한 경우에 대해서만 규정해왔지만 미등록 외국인 근로자에게도 노동조합에 대한 권리전반이 보장되는 것으로 그 내용이 강화되었다.[21]

우리나라는 1982년에는 「외국인 근로자의 사회보장에서의 권리유지에 관한 협약」(제157호)과 권고(제167호)를 채택하였고 1998년에는 인종·피부색·성별·종교·정치적 견해·출신국 또는 사회적 출신에 따른 고용 및 직업에서의 기회 또는 대우에 대한 각국의 차별시정 노력에 대한 규정을 내용으로 하는 「차별대우 금지 협약」(제111호 협약, 1958)을 비준했다.

이 중에서 1949년 제97호 협약과 제86호 권고, 그리고 1975년 제143호 협약과 제151호 권고가 외국인 근로자에 대한 국제 노동기준의 기본이며 외국인 근로자의 권리보호를 직접적인 목적으로 한 것이다. 이것은 '자국 이외의 나라에서 고용된 근로자의 이익의 보호'가 국제노동기구의 주된 임무라고 밝히고 있다. 국제노동기구 헌장 전문내용과 관련해서 외국인 근로자의 권리보호 수준이 훨씬 높아졌다고 볼 수 있다.

---

19) 유형석, 앞의 논문, pp.46-47.

20) 문준조, 앞의 책, p.29.

21) 최홍엽, 「외국인 근로자 고용과 관련한 쟁점」, 『사회권 포럼 자료집』 I (2007), pp.143-144.

3) 유럽연합의 외국인 근로자 보호기준

유럽연합의 전신인 유럽공동체(EC)는 1992년 영국을 제외한 유럽공동체 근로자의 기본적 사회권 헌장을 채택하였는데 제19조에서 외국인 근로자 및 그 가족의 보호와 원조를 받을 권리를 규정하고 있다. 이 헌장의 내용을 보면 근로자 권리를 포괄적으로 정하고 있으며 특히 노동력의 자유로운 유동과 관련한 이주근로자의 보호를 규정하고 있다는 특징이 있다.[22] 유럽공동체는 1993년 11월 1일 마스트리히트 조약이 발효됨에 따라 1994년 1월 1일부터 유럽연합으로 공식명칭이 바뀌었다.

1977년 유럽이사회는 「외국인 근로자의 법적 지위에 관한 유럽 협약」을 채택하였는데, 이 협약은 「유럽 인권협약」, 「유럽 사회헌장」과 함께 유럽공동체에 의한 외국인 근로자 인권보장에 대한 인식의 전환점이 된 중요한 협약이다. 이 협약은 외국인 근로자와 그 가족의 생활과 노동조건에 대해 내국인 근로자와 평등한 대우에 대한 법적 지위를 정하는 것을 목적으로 하고 있다. 위 협약전문의 구체적 내용으로는 외국인 근로자의 주거(제13조), 교육과 직업훈련(제14조), 근로조건(제16조), 사회보장과 의료부조(제19조), 산업재해와 직업병에 대한 보상(제20조) 등을 내국인과 균등하게 대우할 것을 의무로 규정하고 있다. 또, 외국인 근로자를 고용하기 위해서 필요한 기본적인 사항인 모집과 건강진단 및 직업선정, 출입국의 관리 그리고 근로계약(제2-제5조)에 대해서 상세히 규정하고 있다. 주목할 만한 것은 근로자가 고용이 인정되고 필요한 증명을 얻으면 입국의 권리가 보장된다고 하는 규정이다.[23]

또 외국인 근로자가 고용을 목적으로 고용 국에 입국하여 체재하기 위해 필요한 정보의 제공(제6조), 여행(제7조), 노동허가(제8조), 체류허가(제9조)를 규정하고 있고, 가족과의 재결합(제12조), 모국어의 교육(제15조), 귀국

---

22) 유형석, 앞의 논문, pp.54-56.
23) 위의 논문, pp.54-55.

에 필요한 사항 보장(제30조) 등을 상세하게 규정하고 있으며, 통역을 포함한 재판받을 권리(제26조), 단체를 결성할 권리(제28조), 신념에 따라 예배할 권리(제10조 3항) 등도 규정하고 있다. 이 협약의 실시기관으로서 협의위원회를 설치하고 협약규정의 적용과 실시에 대해 각료위원회에 의견과 권고를 제시하고 보고서를 제출하는 기능을 가진다(제33조).[24]

유럽위원회가 2000년 6월에 ECOTEC사(社)에 의뢰한 '유급고용과 자영업활동을 위한 제3국 국민의 입국허가에 관한 비교연구' 보고서를 보면 모든 회원국에 적용 가능한 공통된 규칙과 원칙이 마련되어 있지 않기 때문에 제3국 근로자를 유럽연합에 노동허가를 얻고자 할 때 회원국 사용자는 각각 다른 국내 행정규칙과 절차에 어려움을 겪을 수밖에 없다는 결론이 나왔다.[25] 이에 따라 유럽위원회는 2001년 7월, 고용을 목적으로 회원국에 입국하는 제3국 국민들의 권리인 '유급고용 및 자영업활동을 목적으로 한 제3국 국민들의 입국 및 거주 조건에 관한 지침안'을 제안했다.[26]

이 지침안은 각 회원국별로 다르게 적용되는 거주 및 노동허가에 대하여 공동허가 기준에 따라 단일한 회원국 국내적 절차를 제공할 목적이었지만 각 회원국들의 입장차이로 인하여 효과적인 공동정책으로 채택되지 못하였다.[27]

그러나 유럽연합 차원의 경제적 이민에 관한 정책의 개선은 지속되었고, 2003년 이사회 지침 2003/109는 장기체류를 하고 있는 제3국 국민들을 위한 단일한 지위(a single status)를 부여했다.[28] 이 지침에 의해 부여된 지위는

24) 김선수, 앞의 논문, pp.84-85.

25) ECOTEC, Admission of Third Country Nationals for Paid Employment or Self-Employed Activity, 257p. 보고서 원문은 다음 사이트에서 확인할 수 있다. http://ec.europa.eu/justice_home/doc_centre/immigration/studies/docs/ecotec_en.pdf(검색일: 2009. 12. 29).

26) COM(2001) 386 final, OJ C 332 E of 27. 11. 2001.(문준조, 앞의 책, p.33에서 재인용).

27) http://europa.eu/scadplus/leg/en/cha/c00017.htm(검색일: 2009. 11. 24).

28) 권한용, 「EU의 제3국 이주노동자에 대한 법, 정책적 논의」, 『노동법 논총』 제16집(2009), p.192.

모든 회원국에서 항구적으로 또는 자동적으로 갱신되는 거주권뿐만 아니라 유급 및 무급 고용에 대한 접근권에 대한 보장과 함께 노동시간과 휴가기간, 건강 및 안전기준, 보수 및 해임과 관련하여 회원국 간 상이한 법률을 접근시키고 유럽연합 차원의 동등한 대우를 보장하기 위하여 만들었다.[29]

또한 유럽연합 이사회는 2003년 9월 22일 가족 재결합 권리에 관한 지침 (2003/86/EC)을 통해서 최소 1년 이상 어느 회원국에서든지 거주허가를 받게되면 가족 재결합을 요청할 수 있는 권리를 부여하고 이들에 대한 가족 구성원들의 노동권도 함께 보장받게 된다.[30]

3. 국내법상 법적 지위

1) 헌법상 지위

우리나라 「헌법」 제11조 제1항인 '모든 국민은 법 앞에 평등하다. 누구든지 성별, 종교, 또는 사회적 신분에 의하여 정치적 · 사회적 · 경제적 · 문화적 생활의 모든 영역에 있어서 차별을 받지 아니 한다'라는 평등조항에서 모든 국민은 대한민국 국적을 가진 자만이 아니라 외국인에게도 원칙적으로 평등의 원칙이 적용되어 외국인도 평등권의 주체가 되는 것으로 보아야 한다고 해석할 수 있다.[31]

「헌법」 제10조는 '모든 국민은 인간으로서 존엄과 가치를 가지며, 행복을

---

29) 문준조, 앞의 책, pp.34-35.

30) 권한용, 앞의 논문, pp.192-193.

31) 권영성, 『헌법학 원론』(경기도: 법문사, 2009), p.395. 프랑스의 인권선언 등 18세기의 인권선언은 모든 인간을 평등권의 주체로 선언하였으나 19세기 권리장전에서는 오히려 자국민만을 평등권의 주체로 규정하였다. 20세기가 되자 세계인권선언에서 만인은 법 앞에 평등하다고 하여 모든 인간을 평등권의 주체로 규정하고 있다.

추구할 권리를 가진다. 국가는 개인이 가진 인권을 확인하고 이를 보장할 의무를 가진다'라고 규정하고 있다. 이는 인간의 존엄과 가치의 존중에 기초하여 노동인격의 완성을 추구해야 할 기본적 가치이념을 제시하고 있다. 또한 근로자의 인간으로서의 존엄성 보장을 의미하는 노동인격의 실현은 노동의 소외 현상과 노동의 상품성을 극복하기 위해서는 반드시 실현되어야 할 이념이다.[32]

또한 모든 기본권 보장의 목적이 되는 헌법적 기본원리를 규범화한 것으로 보아야 한다. 인간으로서 존엄과 가치는 인간 일반에게 고유한 가치로 간주하는 인격성 내지 인격주체성을 의미하기 때문이다. 「헌법」 제6조 2항에서 '외국인은 국제법과 조약이 정하는 바에 의하여 그 지위가 보장된다'라고 규정함으로써 외국인의 법적 지위를 보장하고 있다.[33] 즉 우리나라가 비준, 공포한 조약과 일반적으로 승인된 국제법규에 외국인의 지위를 규정하고 있을 경우 이는 국내법과 동일하게 적용되어야 한다.

이와 같이 외국인에게는 일정한 범위 내에서 기본권이 보장되지만, 헌법상 개별유보조항에 의한 제한 또는 「헌법」 제37조 제2항의 일반유보 조항에 의하여 국가 안전보장, 질서유지 또는 공공복리를 위한 제한이 가해질 수 있고, 외국인의 경우 그 제한의 정도에 있어서 내국인과 차이가 있을 수 있거나 같은 외국인 사이에서도 서로 차이가 있을 수도 있다. 그러나 그 차이의 설정이 '인간으로서의 기본권'을 보장하는 「헌법」의 기본정신에 위배되어서는 안 된다.[34]

헌법재판소는 '외국인도 국민과 유사한 지위에 있으므로 원칙적으로 기본

32) 민경식, 「헌법과 노동인격의 실현」, 『법학 논문집』 20, 중앙대학교(1995), p.79.
33) 문준조, 앞의 책, p.38.
34) 설동훈, 「외국인 관련 인권정책기본 수립을 위한 연구」, 전북대학교(2004), pp.12-13.

권 주체성이 인정된다고 판시하고 있으며,[35] 인간의 존엄과 가치, 행복 추구권은 대체로 인간의 권리로서 외국인도 주체가 될 수 있다고 보아야 한다. 평등권도 인간의 권리로서 참정권 등에 대한 성질상의 제한 및 상호주의에 다른 제한이 있을 뿐이다'라고 판시 하였다.[36] 학계에서도 그 기본권이 한 국가의 국민으로서가 아닌 인간으로서의 권리의 성질을 가지고 있는 경우에는 외국인에게도 인정될 수 있다고 말하고 있다.[37]

따라서 「헌법」의 내용과 취지에 비추어볼 때 등록이든 미등록이든 국내에 취업하고 있는 모든 외국인 근로자들에게 사회적 기본권을 인정하는 것은 당연한 일일 뿐만 아니라 인간으로서의 권리인 노동인격의 실현은 내외국인을 막론하고 지켜져야 할 것이다. 근로자가 누리는 기본권은 비록 그가 외국인이라 할지라도 우리나라에서 근로자로 생활하고 있다면 보장되는 것이 타당하다고 할 것이다. 더불어 헌법상 외국인의 사회적 기본권 주체성의 인정 여부를 떠나서 인권은 어떠한 경우에도 침해될 수 없는 초자연적, 불가침적 가치라는 인류사회 공통의 신념을 실현하기 위해서도 외국인 근로자의 기본적인 인권보호는 보장되어야 한다.[38]

2) 노동법상 지위

(1) 근로기준법상 외국인 근로자의 근로자성

「근로기준법」 제2조(정의) 제1항 1호는 '근로자란 직업의 종류와 관계없이 임금을 목적으로 사업이나 사업장에 근로를 제공하는 자'라고 규정하고 있고, 「노동조합 및 노동관계 조정법」 제2조(정의) 제1항은 '이 법에서 근로

---

35) 헌법재판소 1994.12.29, 93헌마 120. 판례집6-2, pp.477-482.
36) 헌법재판소, 2001.11.29,99헌마 494, 판례집13-2, pp.714-738.
37) 권영성, 앞의 책, p.288.
38) 김수연, 「외국인 근로자의 법적 지위와 제도 개선에 관한 연구」(2004), pp.41-42.

자라 함은 직업의 종류를 불문하고 임금, 급료 기타 이에 준하는 수입에 의하여 생활하는 자'라고 규정하고 있으며 「최저임금법」, 「산업안전보건법」, 「산업재해 보상보험법」 등에서는 근로기준법상의 근로자 정의규정을 준용하고 있다.[39] 일본의 경우 「노동기준법」을 포함한 노동법제에 있어서 '근로자의 정의는 경제적 종속성이 있는 취로자, 즉 노무를 제공하고 그 대가로서 보수를 받는 자'라고 한다.[40]

「근로기준법」 제6조(균등한 처우)는 '사용자는 근로자에 대하여 남녀의 성(性)을 이유로 차별적 대우를 하지 못하고, 국적·신앙 또는 사회적 신분을 이유로 근로조건에 대한 차별적 처우를 하지 못한다'[41]라고 규정하고 있다. 따라서 외국인 근로자라는 이유로 노동계약, 부당해고 등 차별 대우를 받지 않으며, 사용자가 근로자의 국적과 신앙 등을 이유로 해서 임금, 노동시간과 다른 노동조건에 관해 차별적 취급을 하는 것을 금지해서도 안 된다. 국적 등을 이유로 해서 노동조건을 차별적으로 취급해서는 안 되며 이는 국내에서 노동이 있으면 국적이나 체류자격상의 등록, 미등록에 관계없이 모든 근로자에 대해 당연히 동등한 노동조건이 적용되어야 한다.[42]

차별대우가 있을 경우에는 「근로기준법」 제114조 1항의 벌칙조항에 의해 500만 원 이하의 벌금에 처해진다[개정 2007. 7. 27, 2008. 3. 28, 2009. 5. 21/ 시행일 2009. 8. 22].[43]

---

39) 문준조, 앞의 논문, pp.42-43.

40) 根本 到,ドイツ法からみた三者間 關係における使用者責任, 季刊 勞動法219号 勞動開發研究會(2007), p.165.

41) http://www.lawnb.com/lawinfo/contents_view.asp?cid=C614E1ADB6794D509E704CF39 716DABB(검색일: 2009. 11. 14).

42) 유형석, 앞의 논문, p.132.

43) http://www.lawnb.com/lawinfo/contents_view.asp?cid=C614E1ADB6794D509E704 CF39 716DABB(검색일: 2009. 11. 14).

우리나라 대법원 판결[44]을 보면 '외국인 근로자가 근로기준법상 근로자에 해당하는지는 실질적으로 근로자가 사업 또는 사업장에 임금을 목적으로 사용자와의 종속적 계약을 통해 근로를 제공하였는지 여부에 따라 판단하여야 한다. 그리고 그러한 종속적 계약 관계가 있는지 여부를 판단함에는 업무의 내용이 사용자에 의해 정해지고 취업규칙 또는 복무(인사)규정 등의 적용을 받으며 업무수행 과정에서도 사용자로부터 구체적 개별적인 지휘, 감독을 받는지 여부, 사용자에 의하여 근무시간과 근무 장소가 지정되고 이에 구속을 받는지 여부, 근로자 스스로가 제3자를 고용하여 업무를 대행케 하는 등 업무의 대체성 유무, 비품·원자재·작업도구 등의 소유관계, 보수의 성격이 근로자체에 대한 대상적 성격이 있는지 여부와 기본급이나 고정급이 정해져 있는지 여부 및 근로소득세의 원천징수 여부 등 보수에 관한 항, 근로제공 관계의 계속성과 사용자에의 전속성의 유무와 정도, 사회보장제도에 관한 법령 등 다른 법령에 의하여 근로자의 지위를 인정받는지 여부, 양 당사자의 사회·경제적 조건 등을 종합적으로 고려하여 판단하여야 한다'라고 판시하고 있다.

등록 외국인 근로자 지위

「외국인 근로자의 고용 등에 관한 법률」이 제정 공포됨에 따라 고용 허가 제도가 시행되었다. 「외국인 근로자의 고용 등에 관한 법률」 제1조 (목적)에서 '이 법은 외국인 근로자를 체계적으로 도입·관리함으로써 원활한 인력수급 및 국민경제의 균형 있는 발전을 도모함을 목적으로 한다'라고 하는 규정에 의해 외국인 단순기능 인력에 대한 합법화가 이루어졌다.

이런 고용 허가 제도가 도입된 배경에는 과거 산업연수생 제도의 편법 운용으로 인해 송출비리, 불법 체류, 인권 침해 등의 문제점이 불거지면서

---

44) 대법원 2005. 11. 10.선고 2005다50034 판결.

외국인력 제도 개선에 대한 요구가 분출되었고, 그 결과 외국인 근로자의 취업허가가 받아들여지게 된 것이다.

우리나라의 단순기능 외국인력 제도는 크게 '외국인 고용 허가 제도'와 '외국 국적 동포 방문취업 제도'로 이원화되어 있다. 전자는 외국인력정책의 일환으로, 후자는 재외동포정책의 한 부분으로 이해할 수 있다. 고용 허가제는 국내 노동시장의 인력부족에 대응해 단순기능 외국인력을 합법화해 받아들이는 제도이고, 방문취업 제도는 저개발국 출신 외국 국적 동포에게 국내 취업 문호를 부여하기 위하여 만들어낸 제도이다. 즉, 고용 허가 제도는 '노동시장 보충성의 원칙'과 '차별금지의 원칙'에 의거하여 외국인 근로자를 근로기준법상 근로자로 받아들이는 제도이고, 방문취업 제도는 재외동포를 국민과 동등한 대우를 해주려는 우리 정부의 동포포용정책의 일환이다.

방문취업 제도는 국내에 체류 중인 외국 국적 동포 이주근로자 대다수가 '서류미비 이주근로자'로 일하고 있어 그 결과 정부가 불법 체류자 단속을 할 경우 그들이 적발되어 강제 퇴거당하는 현실을 해결하기 위하여 도입한 제도이다. 또한 이미 중국 조선족과 구소련 고려인 이주근로자가 우리나라에서 일하고 있는 현실을 인정하여 그들이 합법적 체류자격을 갖고 일할 수 있도록 정책적으로 배려한 것이다. 2009년도에 정부는 세계적인 경제 불황으로 우리나라 경제상황이 좋지 않아 일시적으로 입국문호를 좁혔다. 고용상황과 방문취업제의 인센티브 감소 등을 고려해 우리 정부가 6만 명 수준이던 방문취업 제도를 통한 도입인원 규모를 올해는 28% 수준인 1만 7천 명으로 한시적으로 축소해 운영해오고 있다. 다시 한국 경제가 회복되면 방문취업 제도는 이전수준으로 회복할 것이다.[45]

---

45) http://kr.blog.yahoo.com/savinayoo/16541(검색일: 2009. 11. 24).

또한, 고용 허가제에서는 외국인 근로자에게 '사업장 이동의 제약'이 가해지고 있는 반면, 방문취업 제도에서는 재외동포 이주근로자에게 사실상 '사업장 이동의 자유'를 부여하고 있다. 방문취업제의 적용을 받는 '외국 국적 동포 이주근로자'와 고용 허가제를 통한 '외국인 이주근로자'는 활동범위에 대한 차별이 이루어지고 있다. 물론 대부분의 나라는 외국인을 받아들이되, 그들의 활동범위를 '사증제도'나 '체류허가・취업허가제도' 등을 통해 달리 정하고 있다. 독일・일본 등 '혈통에 의한 민족' 개념을 중요시하고 있는 나라의 정부는 재외동포에 대해서 국민과 동등한 활동을 보장하는 체류자격을 부여하고 있다.

우리나라는 「외국인 근로자의 고용 등에 관한 법률」 제22조(차별금지)에서 '사용자는 외국인 근로자라는 이유로 부당한 차별적 처우를 하여서는 아니 된다'라는 차별금지 조항을 두고 있다. 모든 외국인 근로자에 대해서 어떠한 경우라도 차별대우를 해서는 안 된다는 법적 지위를 규정하고 있다.

미등록 외국인 근로자의 근로자 인정

미등록 외국인 근로자란 체류국의 법령이 요구하는 조건을 충족시키지 못한 상태에서 체류하면서 근로하고 있는 외국인 근로자를 말한다. 즉 원래의 입국목적과는 달리, 취업을 하고 「출입국 관리법」을 위반한 외국인 근로자를 말한다. 여기서 불법 체류 노동이라고 하는 경우는 「출입국 관리법」의 벌칙규정에 저촉되는 경우로서 법률적으로는 「출입국 관리법」을 위반한 행정사범이다. 그러므로 일반적인 범죄와는 다른 의미를 지니고 있다. 다시 말해서 불법 체류 외국인 근로자들의 불법의 의미는 국가가 세운 행정의 방침, 목적에 반한 것에 불과하며 반사회적, 반도덕적이 아니기 때문에 앞서 표현했듯이 미등록 외국인 근로자라 함이 옳다.

따라서 출입국 관리법상의 고용제한규정을 위반하여 노동계약을 체결하였다고 해서 그것만으로 노동계약이 무효라고 할 수 없다. 해당 외국인이 불법입국자, 불법상륙자, 불법 체류자든 일단 사용자와 노동관계가 성립된 경우에는 「근로기준법」 제2조 1호(근로자의 정의) 및 제6조(균등한 처우)에 의하여 내국인 근로자와 동등한 대우를 받는다고 할 것이다. 다시 말하면 국가의 입국허가 여부의 결과로 직업선택의 자유를 가지지 못하는 외국인도 근로자로서 인정을 받는 이상 당연히 노동법상의 제 권리를 향유할 수 있어야 한다. 미등록 외국인 근로자도 취업상태에서 노동을 제공하는 이상 임금, 산업재해 보험청구 등을 보장되어야 함은 노동법제상 당연하다고 본다.[46)

우리나라 대법원(대법원 1995. 9. 15.선고 94누 12067)은 '외국인 제한규정이 이와 같은 입법 목적을 지닌 것이라고 하더라도 이는 취업 자격이 없는 외국인의 고용이라는 사실적 행위자체를 금지하고자 하는 것뿐이지, 취업자격 없는 외국인이 사실상 제공한 노동에 따른 권리나 이미 형성된 노동관계에 있어서 근로자로서 신분에 따른 노동관계법상의 제반 권리 등의 법률효과까지 금지하려는 규정으로는 보기 어렵다. 따라서 취업자격이 없는 외국인이 출입국 관리법상의 고용제한 규정을 위반하여 노동계약을 체결하였다 하더라도 그것만으로 노동계약이 당연히 무효라고는 할 수 없다'고 판결을 내렸다.[47)

법원 판례가 인정하듯, 불법 체류자가 국내에서 '근로자'로 취업한 경우 그 근로행위 자체는 인정된다. 다시 말해서 미등록 외국인 근로자도 노동관계법상 근로자로서 동등한 처우를 받을 법적권리가 보장되어야 한다는 것이다.

---

46) 유형석, 앞의 논문, pp.140-143.
47) 이동재, 「한국내 외국인 근로자와 관련된 법적 문제」, 대한법률구조공단 공익 법무관 (2004), p.59.

(2) 노동조합 및 노동관계 조정법에 있어서의 지위

외국인 근로자들에게 사회적 기본권 부여에 대한 논란이 있어 왔지만 「노동조합 및 노동관계 조정법」 제9조(차별대우의 금지)는 '노동조합의 조합원은 어떠한 경우에도 인종, 종교, 성별, 연령, 신체적 조건, 고용형태, 정당 또는 신분에 의하여 차별대우를 받지 아니한다' [개정 2008. 3. 28/ 본조 제목 개정 2008. 3. 28][48]라고 규정하고 있어 노동3권이 인종, 종교를 초월해서 인간이라면 누구라도 누릴 수 있는 권리이다. 노동조합 및 노동관계 조정법상 차별대우 조항에 국적이 표기되어 있지 않다고 해서 제외되어 있는 것으로 보지 않으며, 인종, 종교 등의 차별예시를 광의로 해석해본다면 그 속에 국적이 포함된다고 할 수 있다.[49]

1965년 국제연합은 「인종차별 철폐협약」에서는 '외국인 근로자도 노동조합을 조직 또는 가입할 권리가 있다'라고 규정하고 있고, 국제노동기구가 1975년에 채택한 「불법 이주 및 외국인 근로자의 기회 및 대우균등 증진에 관한 협약 및 권고」의 제151호 권고에 등록, 미등록을 포함한 외국인 근로자들의 노동조합에 관한 권리보장을 명시하였고, 또 1990년 국제연합(UN)은 「외국인 근로자와 그 가족의 권리보호에 관한 국제협약」 제26조는 '미등록 외국인 근로자를 포함한 모든 외국인 근로자에 대해 노동조합 및 기타 단체의 회의 및 활동에 참가하는 권리를 보장하고 있다'고 규정하고 있다.

강제 퇴거도 국가 안전상 부득이한 이유에 의해 인정되지 않는 한 권한 있는 기관에 재심사를 받을 수 있는 기회를 주듯이, 아무리 미등록 외국인 근로자라 하더라도 근로계약을 통해 임금과 그 외의 급료를 받고 근로현장에

---

48) http://www.kipu.or.kr/bbs/zboard.php?id=law&page=1&sn1=&divpage=1&sn=off&ss=on&sc=on&select_arrange=headnum&desc=asc&no=1(검색일: 2009. 11. 14).

49) 최홍엽, 「외국인 근로자의 노동법상 지위에 관한 연구」, 서울대학교 박사학위 논문(1997), pp.48-49.

서 노동력을 제공하고 있다면, 당연히 근로자로서 결성권의 권리가 주어짐이 마땅하다.

결론적으로 노동3권은 근로자라면 누구에게나 인정되어야 하는 권리이므로 국적에 따라서 차별되어서는 안 될 것이다. 따라서 외국인 근로자가 그들의 권리를 보호하고 노동조건을 유지, 향상시키기 위해서는 그들 스스로 노동단체인 노동조합을 결성하거나 조합에 가입할 수 있어야 하고, 이를 또한 보장해야 한다.[50]

3) 출입국 관리법상 지위

(1) 출입국관리 제도의 유형

출입국관리 제도는 각 국가의 형성배경, 지리적 환경 및 정치적, 경제적 여건 등에 따라 각자 다른 유형을 갖고 있다.[51] 그 유형의 방법에는 출입국 관리 방법과 체류관리 방법이 있다.

출입국관리 방법을 도입하고 있는 국가에서는 외국인이 미리 '취업이 가능한 사증'[52]을 발급 받아야만 외국인의 입국이 허가된다. 외국인 구직자들의 입국을 쉽게 규제할 수 있기 때문에 고용 허가 중심 제도에 맞는 통제 방법이다. 체류관리 방법은 국경이 육지로 연결되어 있는 나라에서 많이 도입되어 있다. 이런 지리적 배경을 가진 나라에서는 입국사증 발급을 통해 출입국을 통제하는 것이 사실상 어렵기 때문에 체류관리를 엄격히 하고 취업을

---

50) 유형석, 앞의 논문, pp.145-146.

51) 최수근, 「입국 심사제도에 관한 연구」, 『법무연구』 제12호(1985), p.210.

52) 우리나라에서의 사증의 개념은 '외국인의 입국허가 신청에 대한 영사의 추천행위'를 의미하는 것으로 입국 허가와는 다른 개념이다. 따라서 외국인이 대한민국 사증을 받았다 하더라도 입국 심사관이 그 외국인의 입국을 거부할 수 있다. 대한민국 사증에는 1회에 한하여 입국할 수 있는 '단수 사증'과 사증유효기간 내에는 횟수에 관계없이 입국할 수 있는 '복수사증'이 있다. 그리고 사증의 특수한 형태로서 '단체 사증' 과 '외국인 입국허가서'가 있으며 사증 발급을 위한 한 형태로서 '사증발급 인정서'가 있다.

원하는 외국인은 노동허가를 받도록 하고 있다.[53]

현실적으로는 한 가지 방법만을 배타적으로 운용하는 나라는 없다. 어떤 쪽으로 중점을 두느냐에 따라 출입국관리 중심형과 체류관리 중심형으로 구분할 수 있다. 출입국관리 중심형은 미국을 비롯하여 캐나다, 호주, 필리핀, 일본, 태국, 한국 등이 채택하고 있으며 체류관리 중심형은 프랑스, 독일, 스웨덴, 네덜란드 등 국경이 육지로 연결되어 있는 유럽 국가들이 채택하고 있다.[54]

(2) 입국허가 및 거부

외국인의 입국이란 본국 국민이 아닌 자가 유효한 여권과 사증을 소지하고 그 나라의 대외에 개방된, 혹은 지정된 개항지를 통하여 그 나라 영토에 들어오는 것을 말한다.[55]

입국 여부에 관한 각 국가의 자유 재량권은 오늘날에도 존중되고 있기 때문에 외국인은 타국으로의 입국의 자유나 권리를 보유하고 있지 않다. 외국인이 우리나라로 입국하기 위해서는 유효한 여권[56]을 갖고 우리나라 정부의 허가를 받아야 한다. 따라서 입국을 원하는 외국인은 예외 없이 출입국 관리 공무원에 의한 입국 심사를 받도록 하여 하자가 없는 경우에만 입국을 허용

---

53) 김수연, 앞의 논문, pp.42-43.

54) 하갑래, 「외국인 근로자 활용제도에 관한 입법론적 연구」, 동국대 박사학위 논문(2002), p.10.

55) 김원숙, 『출입국 관리정책론』(도서출판 한민족, 2008), p.202.

56) '소지자의 신분을 확인하고 외교적 보호권의 소재를 결정하는 기능을 가지며 외국에 대하여 소지인의 여행에 대한 신분보장과 편의제공을 요청하는 국가에서 발급하는 공식문서'라고 할 수 있다. 여권의 종류에는 일반여권, 외교, 관용, 여행증명서 등이 있다. 우리나라의 경우 외교통상부에서 여권을 제작 및 발급하며 지방자치단체의 여권과에서도 권한을 위임받아 발급하고 있다. 여권의 발급, 갱신, 분실 등에 관한 사항은 외교통상부 여권과(Tel: 02-720-3780) 혹은 지방자치단체 여권과에 문의하면 된다.

하고 있다.[57)

　우리나라「출입국 관리법」제11조(입국의 금지 등) 제1항에서 규정하고 있는 대상과 범위는 첫째, 전염병 환자·마약류 중독자 기타 공중 위생상 위해를 미칠 염려가 있다고 인정되는 자, 둘째, 총포·도검·화약류 등 단속법에서 정하는 총포·도검·화약류 등을 위법하게 가지고 입국하려는 자, 셋째, 대한민국의 이익이나 공공의 안전을 해하는 행동을 할 염려가 있다고 인정할만한 상당한 이유가 있는 자, 넷째, 경제질서 또는 사회질서를 해하거나 선량한 풍속을 해하는 행동을 할 염려가 있다고 인정할 만한 상당한 이유가 있는 자, 다섯째, 사리분별 능력이 없고 국내에서 체류활동을 보조할 자가 없는 정신장애인, 국내체류 비용을 부담할 능력이 없는 자, 그 밖에 구호를 요하는 자, 여섯째, 강제 퇴거 명령을 받고 출국한 후 5년이 경과되지 아니한 자, 일곱째, 1910년 8월 29일부터 1945년 8월 15일까지 일본 정부, 일본 정부와 동맹관계에 있던 정부, 일본 정부의 우월한 힘이 미치던 정부의 지시 또는 연계 하에 인종, 민족, 종교, 국적, 정치적 견해 등을 이유로 사람을 학살·학대하는 일에 관여한 자, 여덟째, 기타 제1호 내지 제7호의 1에 준하는 자로서 법무부장관이 그 입국이 부적당하다고 인정하는 자 등이다.「출입국 관리법」제11조 제2항에서는 '법무부장관은 입국하고자 하는 외국인의 본국이 제1항 각 호 외의 사유로 국민의 입국을 거부할 때에는 그와 동일한 사유로 그 외국인의 입국을 거부할 수 있다'라고 규정하여 국제법상의 상호주의 원칙을 채택하고 있다.[58)

　「출입국 관리법」제7조(외국인의 입국)의 대상은 첫째, 재입국허가를 받은 자 또는 재입국허가가 면제된 자로서 그 허가 또는 면제받은 기간이 만료되기 전에 입국하는 자, 둘째, 대한민국과 사증면제 협정을 체결한 국가의

---

57) 출입국 관리법 제12조(입국 심사) 및 제13조 조건부 입국허가.
58) 김원숙, 앞의 책, p.207.

국민으로서 그 협정에 의하여 면제대상이 되는 자, 셋째, 국제친선·관광 또는 대한민국의 이익 등을 위하여 입국하는 자로서 대통령령이 정하는 바에 따라 따로 입국허가를 받은 자, 넷째, 난민여행증명서를 발급받고 출국하여 그 유효기간이 만료되기 전에 입국하는 자이다.

그리고「출입국 관리법」제7조(외국인의 입국) 제3항과 제4항에서는 법무부장관은 공공질서의 유지 또는 국가이익에 필요하다고 인정할 때에는 「출입국 관리법」제7조(외국인의 입국) 제2항 제2호 대한민국과 사증면제 협정을 체결한 국가의 국민으로서 그 협정에 의하여 면제대상이 되는 자에 대하여 사증면제 협정의 적용을 일시 정지할 수 있으며, 대한민국과 수교하지 아니한 국가나 법무부장관이 외교통상부장관과 협의하여 지정한 국가의 국민은 「출입국 관리법」제7조(외국인의 입국) 제1항의 외국인이 입국하고자 할 때에는 유효한 여권과 법무부장관이 발급한 사증을 가지고 있어야 한다라는 규정에도 불구하고 대통령령이 정하는 바에 따라 재외공관의 장이나 사무소장 또는 출장소장이 발급한 외국인 입국허가서를 가지고 입국할 수 있다.

이런 현행 법무부「출입국 관리법」은 차별적인 요건이 포함되어 있으며 무엇보다도 불확정한 개념을 사용하여 '명확성의 원칙'에 반하고 출입국관리기관에 지나치게 광범위한 재량판단의 여지를 부여하여 자의적인 법해석에 의한 불공정한 법집행이 유발한다고 보고, 입국금지 조치를 취할 수 있는 대상을 더 구체적으로 정하고 명확하게 함으로써 차별적인 요소와 모호한 규정을 없애야 할 것이다.[59]

그리고 외국인 입국구제 절차에 있어서 국가인권위원회는 2004년 7월 15일 '외국인이 국내 입국을 불허당할 경우 이에 대해 이의 신청권을 가질 수 있어야 한다'며 법무부에 입국 심사 제도 개선방안을 마련할 것을 권고

---

59) http://blog.daum.net/phil228/16506521(검색일: 2009. 11. 02).

하였다. 현행「출입국 관리법 및 시행령」은 출국금지 결정 등에 대한 이의 신청 규정은 있으나 입국불허에 대해 외국인이 반박할 수 있는 합리적인 절차 및 규정이 없고, 재심사 역시 출입국관리 업무편람 등에 내규수준에 머물러 공정성을 기하기 어렵다. 이의신청은 외국인의 공정한 심사를 받을 권리를 보장하는 것이므로 이 규정을 신설할 경우 입국 심사 절차에 투명성이 생길 수 있다.[60]

한편「출입국 관리법」을 위반해서 강제 퇴거된 외국인 부인에 대한 행복권 침해 사건에서 국가가 가정을 보호할 의무, 인도주의 등의 이유로 입국금지 해제를 권고한 사례도 있다.[61] 현재 입국금지 처분에 대한 해소 방법은 사법심사보다는 법무부장관에 대한 청원, 탄원 또는 국가인권위원회 등의 진정 등을 통하여 법무부장관이 직접 입국금지를 해제하거나, 국가인권위원회의 권고를 존중하여 입국금지를 해제하는 방법이 가능한 것으로 보인다.[62]

(3) 체류와 출국

외국인의 체류는 통상적으로 한 나라의 국경을 합법적으로 들어온 외국인이 그 나라 법률이 정한 기한에 의거 국경 내에서 체류나 영주하는 것을 말하고, 체류자격이라 함은 외국인의 입국목적, 체류상의 활동내용 등에 따라 그들의 신분 또는 지위를 유형화, 정형화한 것으로 외국인 체류관리의 유형별 관리기준이 된다.[63]

---

60) 설동훈,「한국사회의 외국인 노동자에 대한 사회학적 연구」, 서울대학교 박사학위 논문 (1996), p.15.

61) 국가인권위원회 결정, 02진인 1428, 2003. 05. 23, 국가인권위원회 권고는 강제적 효력은 없으나, 법무부는 국가인권위원회의 결정을 존중하여 실제 입국금지를 해지하였다.

62) 김원숙, 앞의 책, p.221.

63) 위의 책, pp.222-223.

「출입국 관리법」 제17조(외국인의 체류 및 활동범위) 제1항은 '외국인은 그 체류자격과 체류기간의 범위 내에서 대한민국에 체류할 수 있다'이다. 따라서 체류자격은 외국인에게 국내에서의 활동목적과 행동범위를 고지해주는 기능을 수행한다. 「출입국 관리법」 제22조(활동범위의 제한)는 '법무부장관은 공공의 안녕질서 또는 대한민국의 중요한 이익을 위하여 필요하다고 인정될 때에는 대한민국에 체류하는 외국인에 대하여 거소 또는 활동의 범위를 제한하거나 기타 필요한 준수사항을 정할 수 있다'[64]라고 규정하고 있다.

외국인에 대한 활동범위에 대한 제한은 인권의 국제적 보호차원에서 외국인도 내국인에 대한 처우와 같은, 또는 그에 준하는 수준의 처우를 받으면서 체류하는 것이 바람직하겠지만 현재의 국제법 질서에서는 각국의 국익보호를 위하여 외국인들의 활동범위를 제한할 수밖에 없는 현실적인 문제가 있다.[65]

그리고 「출입국 관리법」 제17조 제2항, 제3항에서 '대한민국에 체류하는 외국인은 이 법 또는 다른 법률이 정하는 경우를 제외하고는 정치활동을 하여서는 아니 된다', '법무부장관은 대한민국에 체류하는 외국인이 정치활동을 한 때에는 그 외국인에 대하여 서면으로 그 활동의 중지 기타 필요한 명령을 할 수 있다'라고 규정하고 있다. 이들 조항은 우리나라도 가입하고 있는 유럽연합의 「시민·정치적 권리에 관한 규약」(B규약)에 어긋나는 규정으로써 외국인 근로자들에 대한 정치활동 일반을 제한하는 것은 기본권 침해에 해당된다고 볼 수 있다.[66]

그리고 「출입국 관리법」 제10조(체류자격) 제2항은 '1회에 부여할 수 있는 체류자격별 체류기간의 상한은 법무부령으로 정한다'[67]이고, 「출입국 관리법」

---

64) http://www.lawnb.com/law/law_list.asp.출입국 관리법(2009. 12. 29).

65) 김원숙, 앞의 책, p.224

66) 위의 책, p.226.

67) http://www.lawnb.com/law/law_list.asp(검색일: 2009. 11. 26).

제18조(외국인 고용의 제한)는 '외국인 근로자가 우리나라에서 취업을 하고
자 할 경우에는 대통령령이 정하는 바에 따라 취업활동을 할 수 있는 체류자
격을 받아야 취업할 수 있고,[68] 지정된 근무 장소에서만 근무하여야 한다'[69]
고 규정하고 있다. 또한 「출입국 관리법」 제21조(근무처의 변경추가)는 '그
체류자격의 범위 내에서 근무 장소를 변경하거나 추가하고자 할 때에도 미
리 법무부장관의 허가를 받아야 하고, 누구든지 근무처의 변경, 추가허가를
받지 않은 외국인을 고용하거나 고용을 알선하여서는 안 되지만, 법률에 의
하여 고용을 알선하는 때에는 그러하지 아니하다'라고 규정하고 있다.

외국인은 부여된 체류자격에 관련된 활동만을 할 수 있으며 또한 외국인이
「출입국 관리법」 제10조(체류자격) 제2항의 규정에 의한 체류자격에 따른 체
류기간의 상한의 범위 내에서 외국인이 허가받은 체류기간을 초과하여 계속
체류하고자 할 때는 「출입국 관리법」 제25조(체류기간 연장허가)에 외국인이
체류기간을 초과하여 계속 체류하고자 할 때에는 대통령령이 정하는 바에 따
라 그 기간의 만료 전에 법무부장관의 체류기간 연장허가를 받아야 한다. 이
와 같이 출입국 관리법상 외국인 근로자에 대한 취업 업종에 대한 선택을 차
단하고, 사업장 이동의 제한을 두는 엄격한 취업규제는 미등록 외국인 근로자
를 양산시키는 결과를 초래하고 있으며, 이들의 신분상 불안정은 보다 심각한

---

(68) 취업활동을 할 수 있는 체류자격은 단기취업(C-4), 교수(E-1), 회화지도(E-2), 연구(E-3), 기
술지도(E-4), 취재(E-5), 예술흥행(E-6), 특정 활동(E-7), 연수취업(E-8), 비전문 취업(E-9), 내항
선원(E-10), 거주(F-2), 재외동포(F-4), 영주(F-5), 관광취업(H-1) 등이다.

(69) 제18조(외국인 고용의 제한)
① 외국인이 대한민국에서 취업하고자 할 때에는 대통령령이 정하는 바에 따라 취업활동을
할 수 있는 체류자격을 받아야 한다.
② 제1항의 규정에 의한 체류자격을 가진 외국인은 지정된 근무처 외에서 근무하여서는 아니
된다.
③ 누구든지 제1항의 규정에 의한 체류자격을 가지지 아니한 자를 고용하여서는 아니 된다.
④ 누구든지 제1항의 규정에 의한 체류자격을 가지지 아니한 자의 고용을 알선 또는 권유하여
서는 아니 된다.
⑤ 누구든지 제1항의 규정에 의한 체류자격을 가지지 아니한 자의 고용을 알선할 목적으로 그
를 자기 지배하에 두는 행위를 하여서는 아니 된다.

권리침해의 사례로 나타나고 있다.

　외국인의 출국이란 한 나라의 국경 내에 거주하고 있는 국민이 아닌 외국인이 체류하고 있는 나라의 법률규정에 따라 그 나라의 영역 밖으로 퇴거하거나 출국하는 것을 말한다. 「출입국 관리법」에서는 외국인 출국에 관련해서 출국금지에 대한 규정도 있지만, 여기서는 외국인 근로자들의 강제출국[70] 문제에 관해 서술하기로 한다. 강제 출국 제도에는 강제 퇴거, 출국명령·출국권고가 있다. 강제 퇴거는 「출입국 관리법」 제18조(외국인의 고용제한)[71]에 관한 규정을 위반한 외국인은 「출입국 관리법」 제46조(강제 퇴거 대상자)[72] 규정에

---

70) 강제출국이란 국가가 불법입국, 불법 체류 혹은 입국 후 그 나라의 안정이나 이익 혹은 공공질서에 해를 끼친 자를 그 나라에서 거주 혹은 일시 체류를 중지시키고 강제적인 수단을 동원하여 그 당사자로 하여금 국경을 떠나게 하는 것을 말한다.

71) ① 외국인이 대한민국에서 취업하고자 할 때에는 대통령령이 정하는 바에 따라 취업활동을 할 수 있는 체류자격을 받아야 한다.
　② 제1항의 규정에 의한 체류자격을 가진 외국인은 지정된 근무처 외에서 근무하여서는 아니된다.
　③ 누구든지 제1항의 규정에 의한 체류자격을 가지지 아니한 자를 고용하여서는 아니 된다.
　④ 누구든지 제1항의 규정에 의한 체류자격을 가지지 아니한 자의 고용을 알선 또는 권유하여서는 아니 된다.
　⑤ 누구든지 제1항의 규정에 의한 체류자격을 가지지 아니한 자의 고용을 알선할 목적으로 그를 자기 지배하에 두는 행위를 하여서는 아니 된다.

72) ① 사무소장·출장소장 또는 외국인 보호소장은 이 장에 규정된 절차에 따라 다음 각 호의 1에 해당하는 외국인을 대한민국 밖으로 강제 퇴거 시킬 수 있다. [개정 1993. 12. 10, 1996. 12. 12, 2001. 12. 29, 2005. 3. 24/ 시행일 2005. 9. 25].
　1. 제7조의 규정에 위반한 자
　1의2. 제7조의2의 규정에 위반한 외국인 또는 동조에 규정된 허위초청 등의 행위에 의하여 입국한 외국인
　2. 제11조 제1항 각호의 1에 해당하는 사유가 입국 후에 발견되거나 발생한 자
　3. 제12조 제1항·제2항 또는 제12조의2의 규정에 위반한 자
　4. 제13조 제2항의 규정에 의하여 사무소장 또는 출장소장이 붙인 조건에 위반한 자
　5. 제14조 제1항, 제15조 제1항·제16조 제1항 또는 제16조의2 제1항의 규정에 의한 허가를 받지 아니하고 상륙한 자
　6. 제14조 제3항, 제15조 제2항·제16조 제2항 또는 제16조의2 제2항의 규정에 의하여 사무소장·출장소장 또는 출입국 관리 공무원이 붙인 조건에 위반한 자
　7. 제17조 제1항·제2항, 제18조, 제20조, 제21조, 제23조, 제24조 또는 제25조의 규정에 위반한 자
　8. 제22조의 규정에 의하여 법무부장관이 정한 거소 또는 활동범위의 제한 기타 준수사항을 위반한 자
　9. 제28조의 규정에 위반하여 출국하려고 한 자
　10. 제31조의 규정에 위반한 자

의해 강제 퇴거 되고, 「출입국 관리법」 제94조(벌칙) 제5호의 조항에 의거 3년 이하의 징역이나 금고 또는 2천만 원 이하의 벌금에 처하게 된다. 이와 같이 강제 퇴거는 법을 위반한 외국인에게 취해지는 가장 엄한 처벌이다.[73] 그러나 경미한 범죄를 저지른 외국인에 대한 무조건적 퇴거명령은 부당하며, 「출입국 관리법」 제60조(이의신청)[74] 각 항은 이에 대한 이의신청 등 당사자의 구제권리가 주어진다.

위 「출입국 관리법」 제68조(출국명령)[75]은 강제 퇴거의 대상이나 자신의

---

11. 금고 이상의 형의 선고를 받고 석방된 자
12. 그 밖에 제1호 내지 제11호에 준하는 자로서 법무부령이 정하는 자
② 제10조 제1항의 규정에 의한 체류자격 중 대한민국에 영주할 수 있는 체류자격을 가진 자는 제1항의 규정에 불구하고 대한민국 밖으로 강제 퇴거 되지 아니한다. 다만, 다음 각 호의 1에 해당하는 자는 그러하지 아니하다. [신설 2002. 12. 5]
  1. 형법 제2편 제1장 내란의 죄 또는 제2장 외환의 죄를 범한 자
  2. 5년 이상의 징역 또는 금고의 형을 선고받고 석방된 자중 법무부령이 정하는 자
  3. 제12조의2 제1항 또는 제2항의 규정을 위반하거나 이를 교사 또는 방조한 자

73) 김원숙, 앞의 책, p.243.

74) ① 용의자가 강제 퇴거 명령에 대하여 이의신청을 하고자 할 때에는 강제 퇴거 명령서를 받은 날부터 7일 이내에 사무소장 · 출장소장 또는 외국인 보호소장을 거쳐 법무부장관에게 이의신청서를 제출하여야 한다.
② 사무소장 · 출장소장 또는 외국인 보호소장은 제1항의 규정에 의한 이의신청서를 접수한 때에는 심사결정서 및 조사기록을 첨부하여 법무부장관에게 제출하여야 한다.
③ 법무부장관은 제1항 및 제2항의 규정에 의한 이의신청서등을 접수한 때에는 이의신청이 이유있는지의 여부를 심사결정하여 그 뜻을 사무소장 · 출장소장 또는 외국인 보호소장에게 통지하여야 한다.
④ 사무소장 · 출장소장 또는 외국인 보호소장은 법무부장관으로부터 이의신청이 이유있다는 결정의 통지를 받은 때에는 지체없이 용의자에게 그 뜻을 알리고, 용의자가 보호되어 있는 때에는 즉시 그 보호를 해제하여야 한다.
⑤ 사무소장 · 출장소장 또는 외국인 보호소장은 법무부장관으로부터 이의신청이 이유없다는 결정의 통지를 받은 때에는 지체없이 용의자에게 그 뜻을 알려야 한다.

75) ① 사무소장 · 출장소장 또는 외국인 보호소장은 다음 각호의 1에 해당하는 외국인에 대하여는 출국명령을 할 수 있다. [개정 93 · 12 · 10, 96 · 12 · 12, 2001. 12. 29, 2002. 12. 05/ 시행일 2003. 03. 06].
  1. 제46조 제1항 각호의 1에 해당한다고 인정되나 자기비용으로 자진하여 출국하고자 하는 자
  2. 제67조의 규정에 의한 출국권고를 받고도 이를 이행하지 아니한 자
  3. 제89조의 규정에 의하여 각종 허가가 취소된 자
  3의2. 제100조 제1항 내지 제3항의 규정에 의한 과태료 처분 후 출국조치하는 것이 타당하다고 인정되는 자
  4. 제102조 제1항의 규정에 의한 통고처분 후 출국조치하는 것이 타당하다고 인정되는 자
② 사무소장 · 출장소장 또는 외국인 보호소장은 제1항의 규정에 의하여 출국명령을 할 때에는 출국명령서를 발부하여야 한다.

비용으로 자발적으로 출국하는 것을 의미하며 「출입국 관리법」 제67조(출국권고)[76]는 위반 정도가 비교적 가벼운 외국인에게 자발적으로 출국할 것을 권고하는 행위로써 위법 외국인에 대한 처벌 중 가장 경미한 처벌이다. 최근 외국인 취업이 늘어가고 그에 따라 미등록 외국인 근로자 수도 증가하고 있는데, 이들에 대해서 「출입국 관리법」을 너무 기계적으로만 적용하여서는 안 될 것이다. 단속과 강제 퇴거 위주의 강력한 조치만이 능사가 아니며 개별사항을 구체적으로 검토해서 출국권고 등 유연한 법운용이 필요하다고 하겠다.[77]

4) 사회보장 기본법상 지위

(1) 외국인 근로자 사회보장

「사회보장 기본법」 제1조(목적)는 '사회보장에 관한 국민의 권리와 국가 및 지방자치단체의 책임을 정하고 사회보장 제도에 관한 기본적인 사항을 규정함으로써 국민의 복지증진에 기여함을 목적으로 한다'라고 규정하고 있다. 「사회보장 기본법」 제3조(정의)에서는 첫째, '사회보장'이란 질병·

---

③ 제2항의 규정에 의한 출국명령서를 발부할 때에는 법무부령이 정하는 바에 따라 출국기한을 정하고 주거의 제한 기타 필요한 조건을 붙일 수 있다.
④ 사무소장·출장소장 또는 외국인 보호소장은 출국명령을 받고도 지정한 기한까지 출국하지 아니하거나 제3항의 규정에 의하여 붙인 조건에 위반한 자에 대하여는 지체없이 강제 퇴거 명령서를 발부하여야 한다.

76) ① 사무소장 또는 출장소장은 대한민국에 체류하는 외국인이 다음 각 호의 1에 해당하는 경우에는 그 외국인에게 자진하여 출국할 것을 권고할 수 있다.
  1. 제17조 및 제20조의 규정을 위반한 자로서 그 위반정도가 가벼운 경우
  2. 기타 이 법 또는 이 법에 의한 명령을 위반한 자로서 법무부장관이 그 출국을 권고할 필요가 있다고 인정하는 경우
② 사무소장 또는 출장소장은 제1항의 규정에 의하여 출국권고를 할 때에는 출국권고서를 발
③ 제2항의 규정에 의한 출국권고서를 발부하는 경우 그날부터 5일의 범위 내에서 출국기한을정할 수 있다. 정리하자면 출국권고는 출입국 관리법의 위반 정도가 가벼운 외국인에게 출국을 권고하는 제도이다. 그 대상은 체류자격외 활동자 또는 체류기간의 위반자로서 그 위반정도가 경미한 자 및 출입국 관리법 또는 출입국 관리법에 의한 명령을 위반한자로서 출국을 권고할 필요가 있다고 인정한 자이다.

77) 유형석, 앞의 논문, pp.103-131.

장애 · 노령 · 실업 · 사망 등의 사회적 위험으로부터 모든 국민을 보호하고 빈곤을 해소하며 국민 생활의 질을 향상시키기 위하여 제공되는 사회보험, 공공부조, 사회복지 서비스 및 관련 복지제도를 말한다. 둘째, '사회보험'이란 국민에게 발생하는 사회적 위험을 보험의 방식으로 대처함으로써 국민의 건강과 소득을 보장하는 제도를 말한다. 셋째, '공공부조'(公共扶助)란 국가와 지방자치단체의 책임 하에 생활유지능력이 없거나 생활이 어려운 국민의 최저생활을 보장하고 자립을 지원하는 제도를 말한다. 넷째, '사회복지 서비스'란 국가 · 지방자치단체 및 민간 부문의 도움이 필요한 모든 국민에게 상담, 재활, 직업의 소개 및 지도, 사회복지 시설의 이용 등을 제공하여 정상적인 사회생활이 가능하도록 지원하는 제도를 말한다. 다섯째, '관련 복지제도'란 보건 · 주거 · 교육 · 고용 등의 분야에서 인간다운 생활이 보장될 수 있도록 지원하는 각종 복지 제도를 말한다라고 규정하고 있다.[78]

위 기술한 「사회보장 기본법」의 목적과 정의에 부합하기 위한 사회 실행 체계로써 사회보장 제도가 마련되었다. 사회보장 제도는 한 사회 구성원인 개인의 노후 문제, 교육 문제, 의료 문제 등을 기본적으로 보장해주는 것을 말한다. 즉, 어떠한 사람이든지 부상 · 질병 · 출산 · 실업 · 노쇠 등의 원인에 의해 생활이 곤궁에 처하게 될 경우에 공공의 재원으로 그 최저생활을 보장하여 주는 제도이다. 여기에는 국가 또는 공공단체가 대체로 생활 빈곤자에게 생활비의 일부 또는 전부를 부조하는 사회부조와, 본인 또는 이를 대신하는 자가 보험료를 적립하고 여기에 국가가 보조를 해주어 연금 또는 일시금을 받을 수 있는 사회보험 제도가 있다.[79]

외국인에 대한 사회보장 권리에 대한 내용을 살펴보면, 모든 사람은 인권

---

78) http://www.lawnb.com/law/law_list.asp(검색일: 2009. 11. 26), 사회보장 기본법 법률 제9767호 법제명 변경 및 일부개정, 2008. 06. 09('사회보장 기본법'에서 변경).

79) http://kr.ks.yahoo.com/service/ques_reply/ques_view.html?dnum=HAC&qnum=4307403(검색일: 2009. 12. 29).

과 기본적 자유를 누려야 한다는 「유엔헌장」이나 인간은 태어나면서부터 동등한 존엄과 권리를 가진다는 「세계 인권선언」, 그리고 우리 정부가 비준한(1990. 07. 10 발효) 국제연합의 「국제인권규약」 중 「경제적·사회적 및 문화적 권리에 관한 국제규약」(A규약) 제9조(사회보장)에서 '당사국은 모든 사람이 사회보험을 포함한 사회보장에 대한 권리를 가지는 것을 인정한다'라고 규정하고 있고, 국제연합 「인종차별 철폐협약」에서도 사회보장, 사회원조에 대한 권리를 규정하고 있다.

우리 정부가 가입한 국제법상의 보호규범기구인 국제노동기구도 1949년 「외국인 근로자 협약」에서 사회보장에 대한 자국민과 평등한 대우를 규정하였고, 1962년 「사회보장 최저기준에 관한 조약」과 「사회보장에 있어서 내외국인 평등대우에 관한 조약」을 통과시켰는데, 이것은 사회보장에서의 대우평등조약을 채택한 이후 지속적으로 '건강보험·산재보험 그리고 국민연금과 같은 각종 사회보장에서 외국인 근로자도 내국인과 동등하게 대우할 것'을 권고하는 내용이다.[80]

1975년 「불법이주 및 외국인 근로자의 기회 및 대우균등 증진에 관한 권고」 제151호에서도 사회보장에 대한 권리를 규정하고 있다. 우리나라도 1982년 「외국인 근로자의 사회보장에서의 권리유지에 관한 협약과 권고」를 채택하였다. 그래서 국제법상 보호규범에 의한 기본원칙에 따라 사회보장제의 가장 중요한 부분인 사회보험 중에서 4대 보험[81]의 가입여부는 내국인과 외국인에 대한 차별이 없어야 한다.[82] 즉 외국인도 마찬가지로 국제법상 기본원칙에 따라 동등한 대우를 받아야 함이 마땅하다는 것이다. 이와 같이

---

80) http://rome.textcube.com/647(검색일: 2009. 11. 02).

81) 국민연금 건강보험, 고용보험, 산재보험.

82) 국제노동기구는 1962년 사회보장에서의 대우평등조약을 채택한 이후 지속적으로 '건강보험·산재보험, 그리고 국민연금과 같은 각종 사회보장에서 외국인 근로자도 내국인과 동등하게 대우할 것'을 권고하고 있다. 사회보장 제도가 외국인 근로자의 권리를 보다 두텁게 보호하는 장치이기 때문이다.

사회보험을 포함한 사회보장을 열거하고 있어 외국인에게도 사회보장을 해주도록 명시되어 있다.[83]

그러나 「사회보장 기본법」 제8조(외국인에 대한 적용)는 '국내에 거주하는 외국인에게 사회보장 제도를 적용할 때에는 상호주의 원칙에 따르되 관계 법령에서 정하는 바에 따른다'라고 규정하고 있다. 하지만 이 원칙은 사회보장 체계가 완비되어 있는 선진국 출신의 전문 인력 근로자의 경우에나 적용의 의미가 있을 뿐 사회보장 체계가 미비한 개발도상 국가 출신이 대부분인 단순, 미숙련 근로자들에게는 적용될 여지가 없다. 국제교류가 급증하고 내외국인 평등대우가 확산되고 있는 21세기 현대 사회에서 상호주의에 대한 지나친 의존은 시대에 뒤떨어진 전근대적인 태도이며 바람직하지도 못하다.[84]

따라서 국적 여부나 상호주의 원칙에 관계없이 외국인 근로자도 인간으로서 생존권 및 쾌적한 생활권의 주체이며 평등보장의 대상이라는 인식하에 이들에 대한 「사회보장 기본법」이 긴밀한 보호를 해주어야 한다.[85] 앞으로 외국인 근로자에 대한 「사회보장 기본법」 체계의 완성도를 높여 나가야 외국인 근로자들의 삶의 질을 보장해나갈 수 있다.

(2) 외국인 근로자 사회보장 기본법제하에서의 지위

오늘날 사회보장 기본법제의 현황은 다양하게 나타나고 있다. 얼마 전까지만 하더라도 사회보장에 관한 대부분의 법제는 국민만이 그 적용대상이었지만 사회가 발전하고 외국인들의 이주가 늘어남으로써 국제연합의 「국제인권규약」이 외국인 근로자들에 대한 권리협약을 준수해야 하는 선진 의

---

83) http://ijunodong.prok.org/bbs/zboard.php?id=data_01&page=1&sn1=&divpage=1&sn=off& ss=on&sc=on&select_arrange=headnum&desc=asc&no=284(검색일: 2009. 11. 18).

84) 문준식, 앞의 논문, p.46.

85) 민경식, 「현대국가에 있어서의 사회보장권의 보호」, 한국 공법학회(1992), p.58.

무감을 갖게 됨으로써 「사회보험법」의 영역마다 전향적이고 발전된 양상들이 전개되고 있다 이에 대해 본 장에서는 4대 사회보험 중 「산업재해 보상보험법」, 「국민건강보험법」, 「국민연금법」, 「고용 허가제에 의한 4대 보험」의 내용을 알아보기로 한다.

첫째, 「산업재해 보상보험법」 제1조(목적)는 '산업재해 보상보험 사업을 시행하여 근로자의 업무상의 재해를 신속하고 공정하게 보상하며, 재해 근로자의 재활 및 사회복귀를 촉진하기 위하여 이에 필요한 보험시설을 설치 · 운영하고, 재해예방과 그 밖에 근로자의 복지증진을 위한 사업을 시행하여 근로자보호에 이바지하는 것을 목적으로 한다[86]라고 규정하고 있다. 다시 말해 근로자의 업무상의 부상 · 질병 · 신체장애 또는 사망에 대하여 재해보상을 행하며, 아울러 근로자의 복지에 필요한 서비스를 행함으로써 근로자의 보호를 도모하는 것을 목적으로 하는 제도이다.[87]

「산업재해 보상보험법」 제1조(목적)와 제4조(보험료),[88] 제5조(정의)[89] 등과 「근로기준법」 제78조(요양보상)[90]의 규정을 종합하여 보면 「산업재해 보

---

86) http://www.safety.or.kr/Data/content.asp?gotopage=1&board_id=case&idx=277&areaCode=(검색일: 2009. 01. 13).

87) 유형석, 앞의 논문, p.151.

88) (보험료) 이 법에 따른 보험사업에 드는 비용에 충당하기 위하여 징수하는 보험료나 그 밖의 징수금에 대하여는 「고용보험 및 산업재해 보상보험의 보험료징수 등에 관한 법률」(이하 '보험료징수법'이라 한다)에서 정하는 바에 따른다.

89) (정의) 이 법에서 사용하는 용어의 뜻은 다음과 같다.
1. '업무상의 재해'란 업무상의 사유에 따른 근로자의 부상 · 질병 · 신체장해 또는 사망을 말한다. 이 경우 업무상의 재해의 인정 기준에 관하여는 노동부령으로 정한다.
2. '근로자' · '임금' · '평균임금' · '통상임금'이란 각각 「근로기준법」에 따른 '근로자' · '임금' · '평균임금' · '통상임금'을 말한다. 다만, 「근로기준법」에 따라 '임금' 또는 '평균임금'을 결정하기 어렵다고 인정되면 노동부장관이 정하여 고시하는 금액을 해당 '임금' 또는 '평균임금'으로 한다.
3. '유족'이란 사망한 자의 배우자(사실상 혼인 관계에 있는 자를 포함한다) · 자녀 · 부모 · 손자녀 · 조부모 또는 형제자매를 말한다.

90) (요양보상)
① 근로자가 업무상 부상 또는 질병에 걸리면 사용자는 그 비용으로 필요한 요양을 행하거나 필요한 요양비를 부담하여야 한다.
② 제1항에 따른 업무상 질병과 요양의 범위 및 요양보상의 시기는 대통령령으로 정한다. [개

상보험법」 제40조(요양급여)에서 요양급여는 근로자가 「산업재해 보상보험법」 제6조(적용범위)의 적용대상이 되는 사업 또는 사업장에 노동을 제공하다가 업무상 부상 또는 질병에 걸린 경우에 보험급여를 받을 자의 청구에 의해 지급하도록 규정하고 있다. 또한 「산업재해 보상보험법」 제5조(정의) 2항에서 '근로자라 함은 「근로기준법」에 따른 근로자를 말한다'고 규정하고 있으므로 외국인 근로자에게 그 적용을 배제하는 특별한 규정은 없다. 「산업재해보상보험법」 제1조(목적)는 '산업재해 보상보험 사업을 시행하여 근로자의 업무상의 재해를 신속하고 공정하게 보상하며, 재해근로자의 재활 및 사회복귀를 촉진하기 위하여 이에 필요한 보험시설을 설치·운영하고, 재해예방과 그 밖에 근로자의 복지증진을 위한 사업을 시행하여 근로자 보호에 이바지하는 것을 목적으로 한다'라고 규정하고 있다. 즉 노동관계에 있어서 약자인 근로자에 대한 보호뿐만 아니라 사용자 등이 부담해야 할 배상의 책임을 분산·경감시키려는 것이므로 피해자가 외국인이라 하더라도 근로기준법상의 근로자임이 분명한 이상 내국인 근로자와 마찬가지로 「산업재해 보상보험법」 제40조(요양급여)의 규정에 따라 요양급여를 지급 받을 수 있다. 따라서 외국인 근로자도 근로기준법상 근로자라면 미등록 외국인 근로자인지 여부를 묻지 않고 모두 「산업재해 보상보험법」의 적용대상이 되고 있다.[91]

둘째, 「국민건강보험법」 제1조(목적)는 '국민의 질병·부상에 대한 예방·진단·치료·재활과 출산·사망 및 건강증진에 대하여 보험급여를 실시함으로써 국민보건을 향상시키고 사회보장을 증진을 목적으로 한다'라고 명시하고 있다.

「국민건강보험법」은 보험제도의 통합운영에 따라 종전의 「의료보험법」

<hr />

정 2008. 3. 21/ 시행일 2008. 7. 1].

91) 김수연, 앞의 논문, p.59.

과 「국민의료보험법」을 대체하여 제정하였다. 국민건강보험 사업은 보건복지가족부장관이 관장하는 것으로 국민건강보험에 관한 주요사항을 심의하기 위하여 「국민건강보험법」 제14조(건강보험정책심의위원회)에 '보건복지가족부장관 소속하에 건강보험정책심의위원회를 둔다'고 명시하고 있고, 「국민건강보험법」 제5조(적용대상 등)는 '건강보험은 유공자 등의 의료보호대상자를 제외한 대한민국에 거주하는 모든 국민을 지역가입자와 직장가입자로 하고 그 가족 등을 피부양자로 하여 적용되며, 피부양자의 자격의 인정기준, 취득, 상실시기 기타 필요한 사항은 보건복지가족부령으로 정한다'라고 규정하고 있다.

국민건강보험의 보험자는 국민건강보험공단이다. 「국민건강보험법」에서 국민건강보험공단은 가입자 및 피부양자의 자격관리, 보험료의 부과·징수, 보험급여의 관리, 가입자 및 피부양자의 건강의 유지·증진을 위하여 필요한 예방사업, 의료시설의 운영, 건강보험에 관한 교육훈련 및 홍보 등의 업무를 수행한다. 「국민건강보험법」 제39조(요양급여) 가입자 및 피부양자의 질병·부상·출산 등에 대하여 진찰·검사, 약제·치료 재료의 지급, 처치·수술 기타의 치료, 예방·재활, 입원, 간호, 이송을 위한 요양급여가 실시된다.

그리고 「국민건강보험법」 제45조(부가급여)는 공단은 이 법에 규정한 요양급여 외에 대통령령이 정하는 바에 의하여 장제비·상병수당 기타의 급여가 실시할 수 있으며, 「국민건강보험법」 제48조(급여의 제한)는 고의 또는 중대한 과실 등 일정한 사유가 발생 했을 경우 급여가 제한 또는 정지된다. 국민건강보험료의 경우 「국민건강보험법」 제63조(보수월액)에 따라, 직장가입자가 지급받는 보수를 기준으로 하여 산정하되, 대통령령이 정하는 기준에 따라 상·하한선을 정하며, 「국민건강보험법」 제64조(보험료부과점수)는 지역가입자는 소득·재산·생활수준·경제활동 참가율 등을 참작하

여 정하되 대통령령이 정하는 기준에 따라 상·하한선을 정할 수 있다고 규정하고 있다.[92]

그리고 국민건강보험료는 「국민건강보험법」 제73조(보험료 등의 징수 순위)에 따라 국세 및 지방세를 제외한 기타의 채권에 우선하여 징수된다. 「국민건강보험법」 제55조(설립)는 '요양급여의 비용과 적정성을 심사·평가하기 위하여 건강보험 심사평가원을 설립한다'라고 명시되어 있다. 「국민건강보험법」 제76조(이의신청), 「국민건강보험법」 제77조(심판청구), 「국민건강보험법」 제77조의 2(건강보험분쟁조정위원회) 그리고 「국민건강보험법」 제78조(행정소송)조항을 보면, '국민건강보험공단이나 건강보험 심사평가원의 처분에 이의가 있는 자는 당해 기관에 이의신청을 할 수 있고, 이의신청에 대한 결정에 불복이 있는 자는 보건복지가족부장관 소속하의 건강보험분쟁조정위원회에 심사청구를 할 수 있다. 처분이나 이의신청 또는 심사청구에 대하여는 행정소송을 제기할 수 있다'고 규정하고 있다.[93]

또한 「외국인 근로자의 고용 등에 관한 법률」 제14조(건강보험)는 '사용자 및 그에 고용된 외국인 근로자에 대하여 「국민건강보험법」을 적용함에 있어서는 이를 각각 「외국인 근로자의 고용 등에 관한 법률」 제3조(적용범위 등)[94]의 규정에 의한 사용자 및 「외국인 근로자의 고용 등에 관한 법률」 제6조(내국인 구인노력) 제1항[95]의 규정에 의한 직장가입자로 본다'고 규정하

---

92) http://www.lawnb.com/law/law_list.asp(검색일:2009. 11. 26).

93) http://kr.dictionary.search.yahoo.com/search/dictionaryp?p=%EA%B5%AD%EB%AF%BC %EA%B1%B4%EA%B0%95%EB%B3%B4%ED%97%98%EB%B2%95&subtype=enc&field=id&pk=11199660(검색일: 2009. 11. 14).

94) ① 이 법은 외국인 근로자 및 외국인 근로자를 고용하고 있거나 고용하고자 하는 사업 또는 사업장에 적용한다. 다만, 선원법의 적용을 받는 선박에 승무하는 선원 중 대한민국 국적을 가지지 아니한 선원 및 그 선원을 고용하고 있거나 고용하고자 하는 선박의 소유자에 대하여는 적용하지 아니한다.
② 외국인 근로자의 입국·체류 및 출국 등에 있어 이 법에서 규정하지 아니한 사항에 대하여는 출입국 관리법이 정하는 바에 의한다.

95) 외국인 근로자를 고용하고자 하는 자는 직업안정법 제4조 제1호의 규정에 의한 직업안정

면서 내국인과 동등하게 국민건강보험에 가입할 수 있다고 적시하고 있다. 「국민건강보험법」 제93조(외국인 등에 대한 특례) 2항은 국내에 체류하고 있는 재외국민 또는 외국인으로서 대통령령이 정하는 사람은 「국민건강보험법」 제5조(적용대상 등)[96]의 규정에 불구하고 이 법의 적용을 받는 가입자 또는 피부양자가 된다. 즉 '외국인도 본인의 희망에 의하여 피보험자로 될 수 있다'라고 적시하여 외국인도 그 신청에 따라 사업장 가입자로 될 수 있도록 하였다.[97]

셋째, 「국민연금법」 제1조(목적)는 '이 법은 국민의 노령, 장애 또는 사망에 대하여 연금급여를 실시함으로써 국민의 생활안정과 복지증진에 이바지하는 것을 목적으로 한다'고 명시하고 있다. 이 법은 국민을 대상으로 한 연금보험을 규정한 법으로서, 연금보험은 사회보험의 일종이다. 사회보험은 현대사회에 있어서 양극화로 인한 빈곤의 심화, 각종 재해로부터의 위험, 노후의 생활 등을 대비하여 사보험 원리가 적용된 사회보장의 한 형태이다. 그러므로 사회보험으로서 연금보험은 국가에 의해 일정한 자격을 가진 사람을 대상을 강제적으로 적용되는 성격을 갖는다. 특히 연금보험은 사회생활을 영위하는 과정에서 고령, 질병이나 사망 시라도 개인과 가족의 안전망으로 작동해서 인간다운 삶을 유지하게 하는 데 그 목적을 두고 있다.[98]

「국민연금법」 제6조(가입 대상)는 '국내에 거주하는 국민으로서 18세 이상 60세 미만인 자는 국민연금 가입대상이 된다. 다만 「공무원연금법」, 「군

기관(이하 '직업안정기관'이라 한다)에 우선 내국인 구인신청을 하여야 한다.

96) 국민건강보험법 적용대상을 국내에 거주하는 국민으로 규정하고 있다.

97) 독일의 경우는 내국인이 아닌 경우라도 독일 영역에 사실상 체재하는 자는 체류자격의 유무와 종류에 관계없이 생활, 의료, 임부, 간호부조가 지급되지 않으면 안 된다고 연방 부조법 제120조에 규정하고 있고, 영국은 통상거주자일 경우 국적의 유무에 관계없이 National Health Service에서 무료로 의료 서비스를 보장받고 있다. 통상거주자가 아니더라도 긴급을 요하는 경우는 환자의 부담 없이 무료로 치료를 받을 수 있다. 프랑스의 경우는 거주하는 모든 자에게 적용된다. 여기에서 거주의 의미는 최소한의 계속성이 있는 체재이면 충분하다.

98) http://kr.blog.yahoo.com/enockeo/525(검색일: 2009. 11. 03).

인연금법」및 「사립학교 교직원 연금법」을 적용받는 공무원, 군인 및 사립학교교직원, 그 밖에 대통령령으로 정하는 자는 제외한다'라고 규정하고 있다. 한편 외국인은 국민연금 제정 당시부터 한 동안 임의적용대상자였다가 1995년 8월 4일 법 개정을 통해서 외국인도 「국민연금법」제126조(외국인에 대한 적용)에 의해 「국민연금법」적용을 받는 사업장의 외국인 근로자는 당연히 사업장 가입자 또는 지역 가입자가 된다. 다만 이 법에 따라 국민연금에 상응하는 연금에 관하여 그 외국인의 본국 법이 대한민국 국민에게 적용되지 아니하면 그러하지 아니하다고 규정하고 있다.

그러나 외국인 근로자는 단기 취업활동을 함으로 이들에게 10년 이상 가입해 60세까지 적립해야 하는 국민연금 가입 의무화와 반환일시금[99] 문제 등에 대해 문제제기를 하고 있는 실정이다. 당연적용 제외자는 임의가입으로 가입이 가능하다. 하지만 여기서도 상호주의 원칙이 적용되므로 선진국가의 외국전문 인력에 대해서만 의미를 갖는다.[100]

넷째, 「고용 허가제 4대 보험」은 외국인 근로자와 이들을 고용한 사용자가 「외국인 근로자의 고용 등에 관한 법률」에 의거 가입해야 하는 보험으로써 출국 만기 보험·보증보험·귀국비용보험·상해보험을 말한다. 고용허가제 전용보험은 4대 사회보험인 고용보험·산업재해 보상보험·건강보험·국민연금과는 별도로 운영하고 있다. 사용자가 가입해야 할 보험은 상시근로자 5인 이상 사업장에서 근로기준법상 퇴직금을 대신하여 가입하는 출국 만기 보험(신탁)과 사용자의 외국인 근로자에 대한 체불임금을 보증하기 위한 보증보험이 있다. 외국인 근로자가 가입해야할 보험은 외국인

---

99) 우리나라는 저소득 국가의 근로자에 대하여 국민연금 보험료만 부과하고, 반환일시금은 지급하지 않는 문제점을 해결하기 위하여 '2007년 5월 법령개정을 통해 체류자격이 E-8(연수취업), E-9(비전문 취업), H-2(방문취업)인 외국인 근로자(고용 허가제를 통한 입국의 경우)에 대하여 인도주의 차원에서 반환일시금을 지급하고 있다. 이에 따라 국민연금 외국인가입자('09. 1월 현재 142,689명)의 약 84%(119,315명)가 반환일시금 수급 대상이다.

100) 유형석, 앞의 논문, p.155.

근로자의 출국 시 귀국경비를 충당하기 위한 귀국비용보험(신탁)과 외국인 근로자의 업무상재해 이외의 상해 또는 질병사고를 보상하는 상해보험이 있다.[101]

좀 더 구체적으로 살펴본다면 외국인 근로자의 고용관리 차원에서 「외국인 근로자의 고용 등에 관한법률」 제13조(출국 만기 보험신탁)는 외국인 근로자를 고용하는 사업 또는 사업장의 사용자는 외국인 근로자의 출국 등에 따른 퇴직금 지급을 위하여 외국인 근로자를 피보험자 또는 수익자로 하는 보험 또는 신탁에 가입하여야 한다. 이 경우 보험료 또는 신탁금은 매월 납부 또는 위탁하여야 한다. 「외국인 근로자의 고용 등에 관한 법률」 제15조(귀국비용보험신탁)는 외국인 근로자는 귀국 시 필요한 비용에 충당하기 위하여 보험 또는 신탁에 가입하여야 하고, 보험 또는 신탁의 가입방법 · 내용 · 관리 및 지급 등에 관하여 필요한 사항은 대통령령으로 정한다. 그리고 외국인 근로자의 보호에 관한 「외국인 근로자의 고용 등에 관한 법률」 제23조(보증보험 등의 가입)는 사업의 규모 및 산업별 특성 등을 고려하여 대통령령이 정하는 사업 또는 사업장의 사용자는 그가 고용하는 외국인 근로자에 대하여 임금체불에 대비한 보증보험에 가입하여야 하고, 산업별 특성 등을 고려하여 대통령령이 정하는 사업 또는 사업장에서 취업하는 외국인 근로자는 질병 · 사망 등에 대비한 상해보험에 가입하여야 한다. 그리고 보증보험, 상해보험의 가입방법 · 내용 · 관리 및 지급 등에 관하여 필요한 사항은 대통령령으로 정한다라고 규정하고 있다.[102]

「외국인 근로자의 고용 등에 관한 법률」 제13조 제1항 전단의 규정을 위반하여 출국 만기 보험에 가입하지 아니한 자와 「외국인 근로자의 고용 등

101) http://www.eps.go.kr/wem/kh/arc/kh0502010b01.jsp 외국인고용보험안내서(삼성화재).hwp(검색일: 2009. 11. 26).

102) http://www.lawnb.com/law/law_list.asp(검색일: 2009. 11. 26).

에 관한 법률」 제23조의 규정에 의한 보증보험 또는 상해보험에 가입하지 아니한 자는 「외국인 근로자의 고용 등에 관한 법률」 제30조(벌칙) 조항에 의해 500만 원 이하의 벌금에 처한다.

4. 외국인 근로자 권리침해 실태

2002년 국가인권위원회에서 국내거주 외국인 근로자를 대상으로 인권 실태조사 결과를 보면,[103] 조사에 의한 외국인 근로자들 대다수가 장시간 노동, 낮은 임금수준, 빠른 작업속도, 열악한 작업환경, 임금체불, 산업재해, 직업병, 여권압류 등이 심각한 문제라고 답변해 노동관련 인권상황이 심각한 상황임을 알 수 있었다. 특히 외국인 근로자의 절반 이상이 장시간 노동이 가장 힘든 일이라고 답변했다.

2000년도에 이미 구타, 강제구금, 임금체불, 여권압류 등 사용자에 의한 외국인 근로자 학대를 방지하기 위한 목적으로 법무부에서 '외국인 근로자 인권보호를 위한 위원회'를 설치 발표했지만 그다지 큰 효과가 나타나지 않았다.

2003년 8월 16일 공포된 「외국인 근로자의 고용 등에 관한 법률」의 제정 동기는 과다한 송출비용을 근절하고, 외국인 근로자들의 불법 체류를 줄이며, 권리침해를 예방하면서 외국인 근로자 문제를 해결하자는 것이었다. 「외국인 근로자의 고용 등에 관한 법률」은 국내 등록 외국인 근로자와 미등록 외국인 근로자 모두 노동조합 가입권, 최저임금 보장, 그리고 보증보험 등의 가입 등 내국인 근로자들과 동등한 법적권리를 부여 받을 수 있다고 명

---

103) 국가인권위원회에서는 외국인 노동자 대책협의회, 전북대학교 사회과학연구소등과 함께 2002년 외국인 근로자 1,078명을 대상으로 인권상황실태를 조사하였다.

시하고 있다.[104] 또한 임금이 체불되었거나 산업재해를 당했을 경우 사용자를 상대로 소송을 제기할 경우에는 체류기간을 연장 할 수 있다. 이처럼 제도적 보완이 되었음에도 불구하고 아직까지 외국인 근로자에 대한 편견의 요소는 많이 남아 있다. 2008년도 국가인권위원회 부산지역 사무소에서 외국인 근로자 인권실태조사 결과[105]를 보더라도 외국인 인권 문제에 있어서는 별로 나아진 것이 없어 보인다. 그리고 국제신문 2009년 10월 22일자 기사를 보면 '인권단체인 국제 엠네스티는 한국의 외국인 근로자들이 사용자의 구타에 시달리고 임금을 받지 못하는 등 심각한 인권침해를 겪는 것으로 나타났다'고 보도하고 있다. 등록 외국인 근로자 인권실태가 이런데, 하물며 미등록 외국인 근로자의 권리보장은 그림에 떡일 수밖에 없다. 더욱이 관계기관이나 주변에 권리침해에 대한 이의를 제기하는 순간 불법체류자로 단속된다.[106]

그리고 산업재해로 인해 노동력이 상실되면 당장 생존에 문제가 생긴다. 산업재해는 사전예방이 가장 중요하다. 산업재해를 예방하기 위해서는 충분한 사전교육과 의사소통이 중요한 요소라고 조사되고 있다. 언어 문제는 소통의 문제이기 때문에 우리가 지원해야 할 또 하나의 중요한 영역이다. 본 장에서는 국가인권위원회에서 조사한 자료와 언론보도 자료, 그리고 면접조사를 통한 사례를 바탕으로 각 법상 테두리 안에서 등록 · 미등록 외국인 근로자의 권리침해 사례를 구분해서 살펴보기로 한다.

---

104) Sean Hayes, Columnist, New Work System Benefits Migrants, The Korea Herald, Aug. 15. (2003)

105) 이번 외국인 근로자 인권실태 파악의 궁극적인 목적은 고용 허가제로 입국한 부산지역 내 외국인 근로자들에 대한 인권상황을 파악한 것으로, 미등록 외국인 근로자들의 인권실태는 이번 설문조사에서 확인된 등록 외국인 근로자들보다 더 열악하고 심각할 것으로 추정된다. 조경재,「부산지역 이주노동자 인권실태 설문조사 결과」, 이주노동자 인권보호 및 증진을 위한 심포지엄(2008).

106) 법무부 출입국 관리 사무소에서는 "보호격리 조치 전에 임금체불이나 기타 부당한 대우 등에 대해서 미등록 외국인 근로자라 할지라도 불이익을 받지 않도록 조치를 한다"라고는 하나 '선보고 후조치' 원칙에 따른 피해 당사자가 받는 심리적 중압감은 이루 말할 수 없다.

1) 등록 외국인 근로자에 대한 권리침해

고용 허가 제도 시행 이후에 취업을 위해 입국한 등록 외국인 근로자들의 권리침해 사례가 아직까지 회자되고 있는 것이 현실이다. 외국인 근로자는 이미 우리사회에 깊숙이 들어와 사회일원으로서 자리매김하고 있다. 외국인 근로자를 더 이상 우리 사회의 경계인으로 남아있게 해서는 안 된다. 그들은 오늘날 우리사회의 한 구성원으로서 사회발전에 일익을 담당하는 주체로서 그 역할을 수행해오고 있다.

그럼에도 불구하고 노동현장에서의 체감 온도는 그렇게 녹록지 않아 보인다. 법적 · 제도적 장치들이 하나씩 마련되곤 있지만 노동현장에서 외국인 근로자에 대한 인식은 예전에 비해 많이 달라지지 않은 것으로 나타나고 있다.

(1) 노동관계법상 문제

노동관계법령은 「근로기준법」, 「최저임금법」, 「임금채권보장법」, 「노동조합 및 노동관계 조정법」 등이다. 이렇게 외국인 근로자들의 노동기본권을 보장하는 법들이 존재함에도 불구하고 현실적인 적용 부분에 있어서 많은 문제들이 발생하고 있다. 외국인 근로자들은 대부분 내국인이 기피하는 3D 업종의 중소 · 영세기업에 종사하고 있다. 보통 9시간에서 10시간 이상 장시간 노동에 종사하고 있고, 외국인 근로자 임금정책 자체가 최저임금 수준에서 결정되기 때문에 임금은 아주 열악하며, 근무형태는 2교대제가 많다. 2008년 7월부터 20인 이상 기업체에서 시행해야하는 주 5일 근무제를 지키지 않는 업체가 다수로 확인되었다. 주 6일 노동과 임금 및 수당에서 내국인과 차별을 받고 있지만 저임금상태에서 초과근무수당이 주어짐으로, 더 많은 임금을 받기 위해 휴일 근로와 야간 근로를 선호하고 있는 실정이다.

이와 같이 외국인 근로자에 대한 차별과 저임금 구조 속에 있는 영세업체의 경우 도산이나 폐업을 하는 곳이 많고, 외국인 근로자들의 이직률이 높다 보니 그들을 묶어두기 위해서 일정금액을 압류하는 사례도 있으며, 수당이나 임금체불[107]은 다반사이다.

　오늘날 외국인력에 관한 법 제정과 제도개선, 그리고 사용자들의 의식전환으로 체류자격에 관계없이 대부분의 외국인 근로자는 노동부 지침에 의하여 임금체불을 비롯한 기본적 노동조건에 대한 보호를 받고 있는 편이다. 하지만 아직까지 임금체불을 경험하고 사는 외국인 근로자들이 있으며, 장기간에 걸쳐 지속적으로 체불이 발생하는 곳도 있다. 이의 구체적인 사례는 각주와 같다.[108]

　각주 108은 「근로기준법」 제43조(임금지급)를 위반한 사례이다. 이 경우 「근로기준법」 제109조(벌칙)조항에 의거 3년 이하의 징역 또는 2천만 원 이하의 벌금에 처해진다. 벌칙조항에도 불구하고 외국인 근로자에 대한 임금체불은 끊이질 않고 있다. 이러한 임금체불을 근절시키기 위해서는 우리나라 행정 관련기관에서 사전에 사용자에 대해서는 철저한 교육 강화와 임금체불 발생 시 사회적 안전망이나 관계기관에서 체불된 임금을 확보해낼 수 있도록 지원을 확대하고 사용자에 대해서는 처벌조항을 더욱 강화해야 할 것이다.

---

107) 근로자의 임금(기본급·수당·퇴직금 등)은 근로기준법상의 기준에 따라 산정하여 매월 정기지급일(퇴사 시에는 14일 이내)에 전액을 직접 근로자에게 지급해야 하며, 이를 위반한 것이 임금체불이다.

108) (관련사례)
① 중국인 후○○(여, 36세)은 꼭 필요한 것은 돈이며, 미래의 꿈. 희망은 '시급 5,000원 받는 것' 이라고 한다. 그녀는 2009년 7월과 8월 임금을 아직까지 받지 못하고 있다고 하면서 '한국 사장 나빠요'라고 증언 한다.
② 베트남 ○○(남, 25세)은 야간근로를 하는데도 수당이 없다고 한다.
③ 중국인 림○○(남, 37세)은 자동차 부품 공장에서 일하고 있으며 2009년 7월분 임금을 받지 못한 상태다.
④ 베트남 반○○(남, 27세)는 2005년 2월에 입국해서 광0(주)회사에서 기계관련 업무를 하면서 내국인보다 훨씬 작업을 많이 했음에도 불구하고 월급이 똑같다며 불만을 털어 놓았다.
⑤ 대졸 출신인 태국인 기○○(여, 35세)는 현재 사출공장에 다니면서 열심히 작업했는데 근로수당을 제대로 받지 못하고 있을 뿐만 아니라, 최저임금도 받지 못하고 있는 실정이다.〈부록 5〉.

또한 「근로기준법」 제8조(폭행의 금지)를 위반한 사례[109]로서 '사용자는 사고의 발생이나 그 밖의 어떠한 이유로도 근로자에게 폭행을 하지 못한다' 라는 규정에 저촉되며, 「근로기준법」 제107조(벌칙)에 의거 5년 이하의 징역 또는 3천만 원 이하의 벌금에 처한다. 이러한 법이 있어도 외국인 근로자들이 사용자를 대상으로 고발하기란 쉽지 않다. 가장 중요한 것은 사전예방이다. 그러기 위해서는 관계기관에서 고용되는 시점부터 실질적인 근로감독이 이루어지도록 해야 할 것이다.

그리고 「최저임금법」 제1조(목적)는 '이 법은 근로자에 대하여 임금의 최저수준을 보장하여 근로자의 생활안정과 노동력의 질적 향상을 꾀함으로써 국민경제의 건전한 발전에 이바지하는 것을 목적으로 한다'라고 규정하고 있다. 그런데 국내 근로자일 경우 최저임금을 기준으로 매년 물가상승률과 근속연수에 따라 단체교섭을 통해서 임금계약이 이루어지는데 반해, 외국인 근로자는 그렇지가 못하다. 2009년도 시급 4,000원, 내년에 시급 4,110원으로 산정되어 근속연수에 관계없이 「최저임금법」에 따라 지급되고 있기 때문에 상대적 불이익을 당할 수밖에 없으며, 외국인 근로자를 고용하고 있는 사용자들 역시 외국인 근로자들에게 최저임금 수준에서 임금을 지불하면 된다는 인식을 가지고 있다.[110]

---

109) (관련사례)
2008년 6월 19일 인천 외국인 노동자 센터와 중국동포의 집 등에 따르면, 고용 허가제로 입국해 사출업체인 A사에 근무하고 있는 베트남인 뚱 씨(23)는 친구의 소개로 인천 외국인 노동센터를 찾아 고통을 호소했다. 지난 4월 중순께 작업 지시를 제대로 알아듣지 못했다는 이유로 사업자에게 폭행과 폭언을 당하는 등 잦은 폭력에 시달리고 있으며, 정상 근무 외에도 야간과 휴일근무까지 밤낮을 가리지 않고 일했는데도 기본급 80만원만 지급돼 사정을 물었지만 돌아온 것은 역시 사용자의 주먹 세례뿐이었다. http://knowbible.com/blog/?p=73(검색일: 2009. 11. 27).

110) (관련사례)
① 베트남인 루○ 씨(남, 25세)와 카○ 씨(남, 25세)는 시급이 4,000원 지급되는데 많은 불만을 가지고 있다. 내국인 근로자들의 임금과 5년 이상 근무해 왔는데도 최저임금 수준의 대우를 받는다는 것은 부당하다고 보고 시급 4,500원 이상을 희망하고 있다〈부록 3〉. (한국 외국인 선교회 부산지부 상담자료).
② 중국인 린○○ 씨(남, 37세)는 자동차 부품 공장에 근무하면서 임금체불도 당하고 있고, 6년이 되었는데 아직까지 시급 5,000원도 되지 않는다면서 미래의 꿈 조항에 시급 5,000원이라

근로자들을 보호하기위한 목적으로 제정된 「최저임금법」이 정작 외국인 근로자들에게는 불이익을 주는 족쇄로 작용하고 있다. 향후 단순기능 외국인력에 대한 저임금정책에 관한 깊이 있는 성찰이 필요하다.

(2) 사회보장 기본법상 문제

사회보장관계법령에는 「국민연금법」, 「국민건강보험법」, 「고용보험법」, 「산업재해 보상보험법」 등이 있으며, 이러한 법들이 외국인 근로자들의 사회적 기본권을 보장받게 하고 있다. 명시된 법 규정과 노동현장에서의 적용 정도에는 많은 괴리감이 있는 것이 사실이다.

외국인 근로자가 취업한 기업은 보통 열악한 작업환경을 가지고 있는 경우가 대부분이라 산업재해에 쉽게 노출되어 있다. 장기적으로는 모든 업체가 산재예방시설을 갖추고 작업환경을 개선토록 해야 하지만 워낙 영세한 업체가 많아 실현여부는 불투명 할 수밖에 없다. 특히 작업 중 위험요소를 피할 수 있게 하기 위해 철저한 안전교육과 언어교육이 선행되어야 할 것이다.

외국인 근로자가 산업재해를 당했을 경우 산재혜택을 볼 수 있지만 기업들이 산업재해 보상보험률이 인상될 것을 우려해 보상신청을 꺼려 산재보험으로 처리하지 않고 현금으로 처리하는 경우가 있다. 그리고 영세한 사업장이나 동포들이 취업하는 서비스업에서는 대부분 이러한 보험에 가입하지 않아 혜택을 누릴 기회마저 주어지지 않고 있는 실정이다.

고용 허가제로 일원화 되어온 이후 외국인 근로자들은 고용보험(임의가입), 산재보상보험, 국민건강보험, 국민연금(상호주의) 등 4대 보험뿐만 아니라 노동3권 등 내국인과 동등한 대우를 받는다.

고 적고 있다〈부록 5〉.

그러나 고용 허가제 전용보험 중에서 사용자가 의무 가입해야 하는 '출국 만기 보험'과 '보증보험'[111]이 있음에도 정작 외국인 근로자 본인들이 제대로 인식조차 못하고 있는 실정인데 이는 사용자들이 제대로 고지하지 않기 때문이다.[112]

고용 허가제로 입국했다가 밀린 임금과 퇴직금을 받으려고 회사를 상대로 소송이라는 방법을 선택하는 경우에서 알 수 있듯이, 그 근저에는 외국인 근로자 자신이 사용자가 '체불임금 보증보험'에 가입한 사실을 몰랐거나 회사가 '체불임금 보증보험'에 의무 가입해야 하는데도 가입하지 않았기 때문이다.

외국인 근로자의 임금체불 문제해결을 위해 고용 허가제 사업장들에 의무적으로 가입하도록 한 '보증보험'의 가입률이 해마다 떨어져 2008년에는 60% 가량에 그치고 있으며, 외국인 근로자들의 노동권 보호 제도가 부실해지고 있다는 지적이 나온다. '보증보험'은 외국인 근로자들에게 임금을 체불하는 경우가 잦아, 2005년 외국인 근로자 고용 허가제가 시행되면서 퇴직금 문제 해결을 위한 '출국 만기 보험'과 함께 사용자로 하여금 의무 가입하도록 했다. 이는 외국인 근로자가 가입해야 할 상해 · 귀국 비용에 대비하는 '상해

---

111) '출국 만기 보험'은 상시근로자 5인 이상 사업장에서 퇴직금을 대신하여 근로계약 시작 일부터 15일 이내에 가입해야 하는 보험이며 '보증보험'은 외국인 근로자에 대한 임금체불에 대비하여 사용자가 근로계약 시작 일로부터 15일 이내에 가입해야 하는 보험이다.

112) (관련사례)
① 2007년 체불임금 소송에서 이기고도 3개월 임금분인 240여만 원을 받지 못하던 몽골인 바○○ 씨(32세, 가명)는 2008년에 가서야 회사가 체불임금 보증보험에 가입한 것을 알고 보험 지급을 신청해서 겨우 회사로부터 밀린 임금을 받을 수 있었다는 것이다.
② 2006년 고용 허가제로 입국했던 몽골인 바○ 씨(35세, 가명)는 밀린 임금과 퇴직금 100만여 원을 받으려고 회사를 상대로 소송을 준비하고 있다. 회사가 '체불임금 보증보험'에 의무 가입해야 하는데도, 가입하지 않았기 때문이다. http://kr.news.yahoo.com/service/news/shellview.htm?linkid=450&articleid=2008082422235955323&newssetid=5(검색일: 2009. 12. 29).

보험과 귀국비용보험'[113])과 함께 '고용 허가제 전용보험'[114])으로 불린다.

한국산업 인력공단이 조사한 '외국인 근로자 전용보험 가입 현황'을 보면, 2009년 7월 '보증보험' 가입률은 62.8%임을 알 수 있다. 2005년에는 가입률이 92%였으나, 적용 사업장이 늘며 해마다 가입률은 떨어지고 있는 것이 노동부가 2008년 상반기에 2,900여 곳을 점검한 결과 1,730곳이 관련 규정을 어긴 것으로 확인돼 시정지시를 받을 정도이다.[115]

'외국인 이주노동자 인권을 위한 모임'에서 김00 활동가는, '보증보험에 아예 들지 않거나, 가입하고도 임금 지급을 미루는 업체들이 많다'며, '고용 허가 사업장에서조차 체불 임금 문제는 여전히 심각하다'고 말했다.[116] 의무가입을 어기고 예사로 임금체불을 일삼는 사용자에 대한 보다 강력한 처벌규정이 만들어져야 할 필요성이 엿보인다.

그리고 외국인 근로자들은 기후와 음식문화가 다른 나라에서 열악한 작업환경에 장시간 노출되어 오는 각종 질병[117])과, 의사소통의 어려움으로 노

---

113) '상해보험'은 외국인 근로자가 업무상 재해 이외의 상해 또는 질병사고 등에 대비하여 근로계약 시작 일로부터 15일 이내에 가입해야 하는 보험이며 '귀국비용보험'은 귀국경비에 대비 근로계약 시작일로부터 80일 이내에 가입해야 하는 보험이다.

114) '고용 허가제 4대 보험'이란 외국인 근로자와 이들을 고용한 사용자가 「외국인 근로자의 고용 등에 관한법률」에 의거, 가입해야 하는 4가지 보험(출국 만기 보험, 보증보험, 귀국비용보험, 상해보험)을 말하고, 고용 허가제 보험은 4대사회보험(고용보험 · 산업재해 보상보험 · 건강보험 · 국민연금)과 별도로 운영한다. http://www.eps.go.kr/wem/kh/arc/kh0502010b01.jsp(검색일: 2009. 11. 16).

115) http://blog.paran.com/jinbocorea/29400308(검색일: 2009. 12. 01).

116) (관련사례)
[뉴 시스] 2009년 09월 24일자 "포항해경, 외국인 근로자 '보증보험' 미가입 19명 수사 중"이라는 기사가 있다. 이러한 사실은 일부 사용자들이 고용 허가제로 입국한 외국인 근로자들을 제조업체나 양식장 등지에 고용하면서, '보증보험' 가입 시 체불임금 지급에 대한 보증보험회사의 구상권을 회피하기 위해, 이들 보험에 가입하지 않은 것으로 측측하게 하기에 충분하다. 동 기사에 의하면 실제 사용자가 임금을 체불할 경우 '보증보험' 미가입 등의 이유로 제도적 권리를 보호받지 못한 외국인 근로자들이 직장을 무단이탈해 불법체류자로 전락하거나 외국인 범죄 증가의 주요원인으로 작용하고 있다고 보도하고 있다.

117) 2009년 9월 현재 외국인 근로자는 55만여 명(고용 허가제 기준)이며, 취약한 작업환경에 노출되는 경우가 많아 매년 100여 명이 업무상 질병에 걸리고 있다. '2006년 TCE 중독사망,' 2008년 DMF 중독(3명) 등과 같이 직업병도 계속해서 발생하고 있다. 외국인 업무상 질병 사례를 보면 2005년 노말헥산(8명 중독, 다발성 신경장애), 2006년 TCE(1명 사망, 스티븐슨 증후

동현장과 일상생활에서 많은 고통을 겪고 있다.[118)

오늘날 우리 사회 외국인 근로자는 인간으로서 누려야 할 최소한의 권리, 아플 경우 치료받을 수 있는 권리가 실질적으로 보장되지 못하고 있다. 등록 외국인 근로자일 경우 기본적으로 국민건강보험 제도의 혜택을 받을 수 있지만 국민건강보험 혜택을 받지 못하는 경우도 있다. 이들 대부분은 가정부·간병인 등 가사사용인으로 종사하고 있기 때문에 외국인 근로자 자신들이 가입해야 할 상해보험에 대한 정보나 필요성에 대해 관심을 두지 않아 손해를 보는 경우도 있고, 상해보험에 가입했을 경우에는 사망·부상 시에 대해 보상받을 수 있을 뿐, 임신·출산, 또는 다른 질병에 대해서 본인 부담이 높다는 이유로 의료 서비스를 받기 힘든 상황이다.[119)

특히 직업병으로 인해 고통 받는 외국인 근로자들의 경우 병원을 이용하는 과정에서 종합병원의 복잡한 의료 체계와 의사소통의 문제로 제대로 된 의료 서비스를 받지 못하고 있다. 병원을 이용하는 데 있어서도 언어 문제로 많은 어려움을 겪고 있는 실정이다.

(3) 행정법규상 문제

사용자가 1991년 산업연수생 제도가 도입된 이래로 외국인 근로자들의 작업장 이탈방지를 위해서 정당한 사유 없이 외국인 근로자들의 여권을 압

군 및 급성간염), DMF(1명 사망, 급성간염), 2008년 DMF(3명, 급성독성간염) 등을 들 수 있다. http://www.kcci.or.kr/EconNews/EconInfo/CRE04102R.asp?m_DataID=56748&m_data=al l_data&m_query=&m_queryText=&m_page=1(검색일: 2009. 12. 01).

118) (관련사례)
① 베트남인 반OO(남, 26세)은 기숙사에서 생활하면서 선반 일을 하고 있다. 언어소통에 문제가 있어 괴로울 정도라고 한다. 특히 위험한 선반 일을 하고 있기 때문에 항상 위험에 노출되어 작업을 하고 있는 상황이다.
② 베트남인 원OO(여, 42세)는 기혼자이며 미래의 꿈이 한국어를 잘했으면 하는 것이란다. 언어 문제로 많은 스트레스를 받고 있다. 〈부록5〉.

119) http://www.jubileekorea.org/bbs1/view.php?id=jmo02&page=1&sn1=&divpage=1&sn=off&ss=on&sc=on&select_arrange=headnum&desc=asc&no=79(검색일: 2009. 11. 27).

류해 오는 것이 관행처럼 되어왔다. 그 동안 외국인력정책의 변화에 따라 관계기관에서, 수차례 사용자의 여권 압류 문제를 지적해 왔음에도 불구하고, 아직도 많은 사용자들이 외국인 근로자들의 여권을 압류하고 있는 것으로 나타나고 있다.[120]

이것은 유럽연합 「이주근로자 권리협약」 제21조(증명서, 여권의 보호)에 의하면, 법률에 기하여 정당한 권한을 가지는 공무원에 의하는 경우를 제외하고는 신분증명서 또는 국가의 영역으로의 입국이나 체류·거주를 인정하는 증명서 또는 노동허가서를 압수·훼손하는 것은 위법이라고 규정하고 있다.[121]

그리고 「출입국관리법」 제33조의2(외국인 등록증 등의 채무이행 확보 수단제공 등의 금지)도 '누구든지 외국인의 여권 또는 외국인 등록증을 취업에 따른 계약 또는 채무이행의 확보수단으로 제공 받거나 그 제공을 강요하는 행위를 하여서는 아니 된다'고 규정하고 있다. 「출입국관리법」 제27조(여권 등의 휴대 및 제시)에서는 '대한민국에 체류하는 외국인은 항상 여권, 선원 신분 증명서, 외국인 입국 허가서, 외국인 등록증 또는 상륙 허가서를 지니고 있어야 한다. 다만 17세 미만인 외국인의 경우는 그러하지 아니하며, 출입국 관리 공무원 또는 권한 있는 공무원이 그 직무를 수행함에 있어, 여권 등의 제시를 요구할 때는 이에 응하여야 한다'고 규정하고 있다. 이들 규정에 의하면 외국인 근로자는 항상 필요한 신분증을 소지하여야 하고, 관련 공무원 외 그 누구에게도 여권을 포함한 신분증을 제시할 의무가 없으며 누구

---

120) (관련사례)
① 베트남인 OO 씨(23세)는 사용자에게 외국인 등록증과 여권까지 빼앗겨 외출조차 제대로 하지 못하고 있다(2008년 6월 19일 인천 외국인 노동자 센터와 중국동포의 집).
② 중국동포인 김OO 씨(53세)는 2007년부터 2009년까지 가정부로 일하면서 여권을 압수당했다. 주인집에서는 보관한다는 명목으로 가져갔지만 사람을 믿지 못한다는 증거다. 중국에서는 '믿지 못하면 일을 시키지 마라'라는 속담이 있다. 타 문화에 대한 지식이 전혀 없는 상태에서 불신만 가중시키는 결과만 초래한 사례이다(2009년 티엔티엔 중국어 학원).
121) 설동훈 외 3명, 「외국인 관련 국가 인권정책 수립을 위한 연구」, 한국조사연구학회(2004), p.43.

도 신분증 제공을 강요해서도 안 된다는 것이다.

「출입국 관리법」 제33조 2의 규정을 위반했을 경우 「출입국 관리법」 제94조(벌칙) '3년 이하의 징역이나 금고, 또는 2천만 원 이하의 벌금에 처한다'는 조항에 의해 사용자를 처벌할 수 있다. 외국인 근로자들에 대한 권리침해가 더 이상 발생하지 않도록 사용자에 대해서 관련법규 안내 및 지속적인 계도가 요구된다.[122]

(4) 형사법상 문제

외국인 근로자들은 우리나라 사람들이 기피하는 3D 업종에 종사하는 경우가 많다. 열악한 노동환경도 문제지만 미숙련공에다 언어소통이 제대로 이루어지지 않아 처음에는 대부분 작업장 청소나 마무리 작업 등의 단순 잡일을 한다. 이 때문에 함께 일 하는 우리나라 일부 관리자와 근로자들은 그들을 함부로 대하는 경향을 보이고 있다.

외국인 근로자가 작업현장에서 언어 문제로 머뭇거린다든지 지시에 응하지 않을 경우 폭언은 다반사이며, 경우에 따라서는 폭행도 서슴지 않는 것으로 조사되고 있다. 특히 인종차별적 대우로 외국인 근로자들이 많은 상처를 받는다고 한다.[123]

김00 '김해 외국인 근로자 지원센터' 상담부장은 '지금도 노동현장에서 외국인 근로자에 대한 폭행은 일상적으로 일어나고 있다'고 하면서 사용자의 외국인 근로자에 대한 인식의 변화를 주문하고 있다.

---

122) 국가인권위원회 부산지역사무소, 이주근로자 인권보호 및 증진을 위한 심포지엄(2008), p.30.
123) (관련사례)
베트남에서 건너와 인천 서구 A공업회사에서 근무하고 있는 웬00 씨(34세)는 지난 3월 작업지시에 따르지 않는다는 이유로 현장소장에게 몽둥이로 구타를 당해 왼팔이 부러져 전치 8주의 진단을 받았다. 하지만 현장소장은 형사상 책임은 물론, 치료비 지급마저 거부하고 있는 것으로 알려지고 있다. http://www.seoul.co.kr/news/newsView.php?id=20070531009007.(검색일: 2009. 09. 10).

외국인 근로자에 대해 내국인에 의해 아무렇지도 않게 자행되는 폭력 역시 형사처벌을 받는 범죄행위란 사실을 인지해야 할 것이다. 그러나 피해자인 외국인 근로자가 형사고소나 민사상 손해배상청구를 하는 경우는 거의 없다.[124] 다만 요즘 들어서는 외국인 근로자를 위한 각종 지원센터들이 생겨나 외국인 근로자 인권보호 및 지원강화 프로그램들로 인해 외국인 근로자들을 지원하고 있지만 아직까지 보호의 손길이 미치지 못하는 곳이 많다.

2) 미등록 외국인 근로자에 대한 권리침해

우리나라는 미등록 외국인 근로자 문제를 해소하기 위해서 산업연수생 제도를 도입했지만 연수생들의 사업장 이탈과 체류기간 초과로 인해 오히려 불법 체류자들이 더 늘어나게 되자 그 제도를 폐지하기에 이른다. 1991년 산업연수 제도를 실시할 당시, 그 배경에는 국내 기업의 부족한 노동인력 문제를 해소하려는 동기가 있었고, 고용 허가 제도를 모색할 수밖에 없었던 배경에도 산업연수 제도의 편법운용으로 인한 인권 침해와 미등록 외국인 근로자 문제가 있었다.

그러므로 우리나라 정부는 미등록 외국인 근로자 문제 해결을 고용 허가 제도에 있어서 아주 중요한 과제로 설정하였다. 정부는 외국인 근로자 권리 침해를 대폭 줄이고, 또 고용 허가 제도의 성공적 정착을 위하여 기존 미등록 외국인 근로자의 자발적 귀환을 유도하는 한편, 그렇지 않은 미등록 외국인 근로자는 적발하여 강제 추방하는 정책을 실시하고 있다. 정부는 자발적 귀국자에게는 불법 체류 범칙금 면제, 재입국시 불이익 철폐, 고용 허가제 대상국 외국인의 경우 재취업을 약속하였고, 그래도 남아 있는 불법 체류자에 대해서는 엄중 단속하겠다고 발표하였다.[125]

---

124) 민경식, 앞의 논문, p.10.

125) 설동훈 · 박경태 · 이란주 · 고유미, 「외국인 관련 국가인권정책기본계획 수립을 위한 연

미등록 외국인 근로자는 노동법상 근로자의 지위는 보장되지만, 출입국 관리법상으로는 불법 체류자 신분이기 때문에 외국인이라는 존재의 한계가 있다. 그리고 미등록 외국인 근로자의 불법 체류라는 취약한 신분이 발각될까봐 아무리 근로자의 신분이 인정되고 내국인 근로자들과 동등한 법적 지위를 가진다고 하더라도 현실적으로는 권리의 주장 내지 향유에 있어서 분명한 한계가 있다. 즉 미등록 외국인 근로자에 대한 노동법상의 내국인 근로자와 동등한 대우는 보장되고 있지만, 출국관리법상 불법 체류자인 까닭에 보장된 권리를 누린다는 것이 현실적으로 어렵다.

나아가 미등록 외국인 근로자들은 고용 허가제에 의해 합법적 절차에 따라 유입된 등록 외국인 근로자들에 비해 상대적으로 매우 열악한 주변 환경과 노동조건에 고통을 겪고 있는 것으로 나타났다.

(1) 노동관계법상 문제

외국인 근로자들은 내국인 근로자들이 꺼려하는 이른바 위험률이 높고, 노동환경이 불결하고 지저분하며, 일이 힘든 3D 업종에 종사하고 있다. 그럼에도 불구하고 내국인 근로자에 비해 비교적 낮은 임금을 받고 있다. 특히 미등록 외국인 근로자에 대한 노동현장에서의 대우는 열악하기 짝이 없다.

임금을 받아도 불법 체류 신분이기 때문에 본인 이름으로 통장을 만들 수 없어, 지인의 이름으로 했다가 사기를 당하기도 하고, 현금을 가방속이나 집에 두는 불편이 있는 등 금융혜택을 전혀 받지 못하고 있는 실정이다.

「외국인 근로자의 고용 등에 관한 법률」이 공포된 이후에 합법이든 불법이든 외국인 근로자에 대한 대우는 근로계약을 한 근로자 신분이라면 국내 근로자와 같이 동등한 처우를 받게 되었다. 하지만 노동현장에서는 아직까

구」, 한국조사연구학회(2004. 12. 24), p.40.

지도 차별이 이루어지고 있다.

특히 고용 허가 없이 일하는 미등록 외국인 근로자들은 체불임금을 받기가 훨씬 어렵다. 다른 한편 노동부는 '미등록 외국인 근로자의 출입국 사실을 통보하기에 앞서, 체불임금 지급 등 권리구제 조치를 먼저 해야 한다'는 업무지침도 폐기하였다.[126]

위 지침의 폐기로 일부 사용자들은 미등록 외국인 근로자가 임금을 요구하면, 출입국 관리소에 신고해 추방시키겠다고 협박하는 등 불법 체류자라는 신분적 약점을 악용해 그들의 권리를 더욱 심하게 침해하고 있다.[127]

각주 127 사례에서 보듯이 미등록 외국인 근로자는 불법 체류자라는 신분상 문제로 사회생활 자체가 자유스럽지 못하다. 그렇지 않아도 신분상 불이익을 당하지 않을까 스트레스를 받아가며 살아가는 미등록 외국인 근로자를 대상으로 임금체불을 일삼는 행위에 대해서는 「근로기준법」의 처벌조항의 수위를 높게 잡아 사용자의 처벌을 강화하고, 사용자가 의무 가입해야 하는 체불임금 보증보험 가입여부를 철저히 확인해서 체불임금으로 인한 권리침

---

126) http://www.inkwon.or.kr/maybbs/form.php?db=inkwon&code=news&n=527&mod=modify & page=52(검색일: 2009. 12. 31).

127) (관련사례)
① 국민고충 처리위원회가 지난 2007년 4월과 5월 서울 가리봉동 '외국인 노동자의 집', 인천 도화동 '외국인 노동자 센터'에서 실시한 현장 순회상담에서 이란인 압둘000은 불법 체류자 신분이어서 수개월 동안 임금을 체불한 사용자를 고발조차 못하고 있다. "임금 체불 문제가 해결될 때까지 강제 출국되지 않는다"는 설명에도 신분을 밝히기를 꺼리고, 황급히 자리를 떴다. http://www.seoul.co.kr/news/newsView.php?id=20070531009007. 서울신문, 2007. 5. 31. 9면. (검색일: 2009. 11. 19).
② 중국인 왕OO(남, 36세) 역시 불법 체류자 신분으로 조선소 기계제조업에 종사하면서 현재 월 130만 원을 받고 있으며 한 달에 200만 원 받았으면 하는 것이 꿈이란다. 2009년 1월 4월 9월 임금 360만 원을 받지 못하고 있다. 이와 같이 미등록 외국인에 대한 임금과 퇴직금 그리고 수당 미지급 사례가 많이 발생하고 있다〈부록 5〉.
③ 방글라데시 출신 불법 체류자인 알OO(가명, 35세)씨는 지난 2008년 8월 초 경기도 성남의 한 외국인 노동자 지원센터를 통해 노동부 지청에 '체불임금 640만 원을 받게 해달라'는 진정을 냈다. 그러나 노동부 관계자는 대리접수가 아닌 직접 출석을 요구했다. '알OO씨가 미등록 외국인 근로자이기 때문에 출입국 관리사무소에 통보해야 한다'는 것. 결국 알OO씨는 강제출국 당할 것이 두려워 구제신청서를 내지도 못하고 발만 구르고 있다. http://www.inkwon.or.kr/maybbs/form.php?db=inkwon&code=news&n=527&mod=modify&page=52(검색일: 2009. 12. 31).

해가 발생하지 않도록 해야 한다. 아직도 노동현장 곳곳에서는 미등록 외국인 근로자들에 대한 권리침해가 발생하고 있어, 관련부처와 외국인을 고용하는 사용자, 그리고 국내 근로자들의 의식 전환이 시급한 과제이다.

그리고 우리나라 「노동조합 및 노동관계 조정법」과 국제연합(UN), 그리고 국제노동기구 협약 및 권고를 통해 미등록을 포함한 외국인 근로자들도 내국인과 차별 없이 노동조합에 대한 권리보장을 규정해놓고 있다. 이와 같은 법 규정에 따라 외국인 근로자들은 2004년 4월 24일 '서울·경기·인천 이주노동자 노동조합' 창립총회를 갖고 외국인 근로자 노동조합을 결성했다. 노조결성과 설립신고 과정에서 미등록 외국인 근로자가 조합원으로 포함되었다는 표면적인 이유로 중소기업계의 반대[128]와 노동부의 노동조합 설

---

128) http://migrant.nodong.net/zb/zboard.php?id=report&page=1&sn1=&divpage=1&sn=off& ss=on&sc=on&select_arrange=hit&desc=desc&no=1482(검색일: 2009. 12. 10)뉴스클리핑.
[연합뉴스 보도자료 2005-04-27 08:05] [중소기업 협동조합 중앙회] 「외국인 근로자 노동조합 결성」에 따른 중소기업계 입장-불법 체류 외국인 근로자의 노조결성 반대한다. -중소기업 협동조합 중앙회(회장 김용구)는 지난 24일 외국인 근로자 노동조합 결성과 관련해 불법 체류 외국인 근로자의 노조결성을 반대하는 입장을 다음과 같이 밝힌다.
-다음-
지난 24일 '서울·경기·인천 이주 노동자 노동조합'이 창립총회를 갖고 노동조합을 결성했다고 한다. 이번에 결성된 외국인 노동조합은 불법 체류자를 포함하고 있다. 노동부에서는 노동조합 설립신고를 접수하면 검토하여 합법적인 신분이라면 긍정적으로 처리하겠다는 입장을 밝히고 있으나, 정부는 허가에 앞서 외국인 노동조합의 설립이 가져올 다양한 파급효과를 깊이 고려해야 한다. 먼저 외국인 근로자를 고용하고 있는 업체 대부분이 내국인 근로자를 필요한 만큼 충분히 고용할 여건이 되지 못하는 중소 사업장이라는 점이다. 특히 중국, 동남아 등의 값싼 노동력으로 인해 국내 중소기업이 경쟁력을 잃어가고 있는 현재의 상황을 고려해보면 외국인 근로자의 노동조합 설립은 국내 중소기업의 노무관리, 인력관리 등에 더욱 무거운 부담으로 작용하게 될 것이다. 두 번째 문제는 내국인 근로자와의 관계에 관한 부분이다. 외국인 노동조합의 결성으로 인해 외국인 근로자는 임금, 근로 조건 등에서 같은 생산현장에서 근무하는 내국인 근로자와 경쟁관계에 놓이게 된다. 낮은 임금에서라도 국내에서 근무하고자 하는 외국인 근로자들의 상황을 고려하면 이는 그나마 국내 생산현장에서 근무하고 있는 내국인 근로자들의 일자리를 잠식하는 결과를 가져올 수 있다. 세 번째 문제는 외국인 근로자 간의 관계에 관한 부분이다. 특히 불법 체류자를 포함한 외국인 노동조합에 대해 허가하는 경우 합법적인 신분으로 입국한 외국인 근로자가 체류기간 만료 후 본국으로 정상적으로 귀국할 수 있는 유인을 없애게 된다. 이로 인해 증가하게 될 불법 체류자와 불법 체류자의 증가가 가져올 사회 문제에 대한 책임은 결국 정부와 우리 국민 모두가 부담해야 할 사회적 비용으로 작용할 것이다.
외국인 근로자들은 노조설립의 이유로 '외국인 근로자들의 인권' 문제를 내세우고 있다. 근로자의 인권은 분명 중요히 다루어져야 한다. 외국인 근로자들이 국내에 들어온 지 불

립신고 서류가 반려되었지만 결국 재판을 통해 '노조설립 신고서 반려처분 취소 청구소송'에서 승소했다.[129]

재판과정을 보면, 미등록 외국인 근로자의 인권을 출입국관리의 관점에서 바라보는 우리나라 법제의 전반적인 기조는 이들의 노동3권과 관련된 소송의 아래 1심 판결문에 잘 드러난다.[130] '이른바 불법 체류 외국인은 「출입국 관리법」상 취업이 엄격히 금지되어 있고, 때문에 이들은 장차 적법한 근로관계가 계속될 것임을 전제로 근로조건의 유지·개선과 지위향상을 도모할 법률상 지위에 있는 것으로는 보이지 아니하므로 불법 체류 근로자들이···(중간생략) 노동조합가입이 허용되는 근로자에 해당한다고 보기 어렵다'(서울행정법원 2006. 2. 7. 선고 2005구합18266 판결)라고 선고했고, 뒤이어 서울고등법원은 1심 법원의 결론을 뒤집었는데 현재 이 사건은 대법원에 계류 중이다. 각주

과 10여 년이 지나고 있다. 그간의 과정에서 국내 사업장에서 외국인 근로자의 인권을 완벽하게 보호해왔다고 말할 수는 없을 것이다. 크고 작은 문제들을 겪으면서 현재의 외국인력 제도는 그간의 문제점들을 보완해가고 있으며, 합법적인 신분의 외국인 근로자들에 대해서는 법적인 인권보호를 보장하고 있다. 정부는 외국인 근로자의 노조설립 허가에 관하여 그로 인해 발생하게 될 사회적, 경제적 파급효과를 다양한 측면에서 깊이 있게 고민하고, 신중하게 결정해야 할 것이다.

129) http://article.joins.com/article/article.asp?total_id=2624065(검색일: 2009. 12. 10) 중앙일보(2007. 02. 02), 서울고법 특별11부는 2007년 2월 1일 불법 체류자도 국내에서 노동조합을 결성할 수 있다는 취지의 판결을 내렸다. 불법 체류자가 포함된 국내 최초의 외국인 노동조합인 '서울, 경기, 인천 이주노동자 노동조합'이 서울지방노동청을 상대로 낸 '노조 설립 신고서 반려 처분 취소 소송'에서다. '불법 체류와 노조 결성은 별개'=재판부는 이날 판결문에서 "불법 체류 외국인이라도 현실적으로 근로를 제공하면 노조를 설립할 수 있는 근로자에 해당한다"고 밝혔다. 이는 외국인의 지위를 보장한 헌법(제6조), 국적에 따른 근로조건의 차별을 금지한 근로기준법(제5조)에 근거했다고 재판부는 설명했다. 이어 "출입국 관리법은 불법 체류자의 고용을 금지하고 있다"며 "하지만 사실상 근로를 제공하는 불법 체류자가 근로자단체를 결성하는 것까지 금지하는 규정으로 보기 어렵다"고 지적했다. 1심 재판부는 출입국 관리법상 불법 체류자의 고용이 금지된 상태에서 이들의 노조 결성은 당연히 불법으로 봤다. 하지만 2심 재판부는 불법 체류 문제와 노조 결성 문제는 별개의 것으로 판단한 것이다. 프랑스 연수를 다녀온 이헌숙 판사는 "프랑스는 박애 정신을 중시하는 나라이다 보니 이주노동자들에게 관용적인 것 같았다"고 말했다. 하지만 개인적인 연수 경험이 판결에 영향을 미치지는 않았다고 강조했다. 이 판사는 "우리 판례도 이미 불법 체류자에 대한 산업재해를 인정하고 있다"며 "이번 사건에서 서울지방노동청은 이주노동자 노조 측에 조합원 명부를 내라고 했는데 이에 대한 법적 근거도 없다"고 말했다.

130) http://humanrightscollege.tistory.com/tag/%EC%99%B8%EA%B5%AD%EC%9D%B8 (검색일: 2009. 12. 10)

129에서 보듯이 서울고등법원은 판결문에서 '불법 체류 외국인이라 하더라도 우리나라에서 현실적으로 근로를 제공하면서 임금, 급료, 기타 이에 준하는 수입에 의하여 생활하는 이상 노동조합을 설립할 수 있는 근로자에 해당한다고 보아야 한다. 또한 …(중간생략) 「출입국 관리법」이 …(중간생략) 취업자격 없는 외국인의 고용이라는 사실적 행위 자체를 금지하고자 하는 것에 불과할 뿐이고, 취업자격 없는 외국인 근로자가 사용자와 대등한 관계를 이루어 근로조건을 향상시키기 위한 근로자단체를 결정하는 것까지 금지하려는 취지로 보기는 어렵다'(서울고등법원 2007. 2. 1. 선고 2006누6774 판결)라고 선고하고 있다.

이와 같이 국내외법에서는 원칙적으로 미등록 외국인 근로자도 노동조합에 관한 권리보장의 대상이지만 아직까지는 현실적으로 많은 논란의 여지와 한계를 안고 있다고 볼 수 있다.

(2) 사회보장 기본법상 문제

국제연합의 「모든 외국인 근로자와 그 가족의 권리보호에 관한 국제협약」[131]은 '외국인 근로자와 그 가족은 관계 체약국의 국민과 평등한 취급에 기초하여 그 생명유지 또는 회복이 어려운 건강상의 위험을 회피하기 위해, 긴급히 필요한 모든 의료를 받을 권리를 가진다. 이 같은 긴급의료는 체류

---

131) 이주노동자의 한국 유입이 시작된 지 18년을 맞았고 해가 거듭될수록 정주외국인이 급증해 이젠 이주민 100만 명 시대에 살고 있다. 한국 정부는 문화다양성과 이주민의 사회통합 정책을 강조하면서도 다른 한편으로는 정주화 방지를 위한 단기 순환 정책과 내국인과 이주노동자와의 차별정책을 펴며 이주노동자들을 범죄자로 내몰고 있다. 지난 2월의 여수 외국인 보호소 화재사건, 미등록 외국인 노동자 집중단속 그리고 최근 이주노동조합 지도부 3인 표적단속과 강제추방 등은 이에 대한 반증이다. 1990년 12월 18일, 제69차 UN정기 총회에서 만장일치로 채택된 '모든 이주노동자와 그 가족의 권리 보호에 관한 국제협약(International Convention on the Protection of the Rights of All Migrant Workers and Members of Their Families, 이하 이주노동자권리협약)'은 세계인권선언에서 보장하고 있는 인간으로서 자유롭게 이주하고 노동할 권리에 대하여 이주노동자 또한 이에서 제외되지 않으며, 인간의 기본권이 어느 국가에서든 보장되어야 한다는 것을 천명한 것이다. 동법은 2003년 7월 1일 발효되어 국제법으로서 효력을 가지고 있으며 한국정부는 아직 비준을 하지 않은 상태이다.

또는 고용에 관한 어떠한 비합법 상태를 이유로 거부되지 않는다'(제28조)라고 규정하고 있다.[132]

하지만 우리나라에서 노동에 종사하는 미등록 외국인 근로자들의 가장 큰 고통 중의 하나가 의료 문제이다. 불법 체류에서 오는 심리적 불안감과 다른 식생활 문화 등으로 인한 부적응 문제로 생기는 여러 가지 질병들 때문이다.

불법 체류 상태가 되면 정부단속 및 적발의 대상이 되므로 자신을 비롯하여 그들 가족의 건강을 돌볼 여유가 없으며 의료 서비스 받기가 매우 어려운 상황에 처하게 된다. 이는 외국인 근로자의 우리나라 사회적응을 더욱 어렵게 만드는 부분이다. 다시 말해 신분상의 불안감, 사업장 내 종속적인 지위, 의사소통의 어려움과 같은 제약조건으로 병원에 가기도 어렵지만, 미등록 외국인 근로자들은 의료보험의 혜택을 받을 수 없고, 진료를 받게 된다고 하더라도 거액의 진료비와 종합병원의 복잡한 진료 체계에 익숙하지 않기 때문에 의료 서비스를 제대로 받지 못한다. 폐렴이나 결핵 등과 같은 조기치료 회복할 수 있는 병도 이러한 이유들로 병을 키우는 경우가 많다.

특히 불법 체류를 하고 있는 외국인 근로자는 경제적 상황이 열악할 뿐만 아니라 불법 체류자라는 신분상 이유로 국민건강보험은 물론 국민연금이나 고용보험 제도에서도 제외되고 있다. 다만 산업재해 보상보험에 가입할 수 있을 뿐이다. 그동안 불법 체류 상태 외국인 근로자의 경우 공식적이고 체계적인 의료 서비스를 받을 수 없었다. 2005년 이후 '소외계층 무료 진료사업'이 실시되어 입원 및 수술비 등, 본인 부담이 큰 항목 위주로 응급의료비가 지원되어 왔지만, 미등록 외국인 근로자 중에는 신원확인이 어렵거나 국내 체류기간이 90일을 경과하지 못해 최소한의 의료 서비스 조차 받지 못하는

---

132) 설동훈, 앞의 사회권 포럼 자료집, p.132.

경우가 적지 않다. [133]

　외국인력 유입역사 20여 년 동안 여러 차례 제도개선이 이루어져 외국인 근로자들에 대한 법적 보장이 하나 둘씩 이루어지고 있고, 무엇보다 「외국인 근로자와 그 가족의 권리보호에 관한 국제협약」에서는 어떠한 비합법 상태에서도 긴급의료는 거부되지 않는다고 보장하고 있기 때문에, 이와 같은 국제규범에 준하여 우리나라도 미등록 외국인 근로자들이 의료문제로 더 이상 고통을 받지 않게 하기 위한 제도적 마련이 시급하다고 할 수 있겠다.

　미등록 외국인 근로자가 작업 중 산재를 당했을 경우 1994년 이후로 산업재해 보상보험[134]이 적용되고 있으나 열악한 근로 환경과 언어 소통의 문제로 안전교육이나 주의사항이 제대로 전달되지 않은 채 작업이 이루어져 산업재해에 심각하게 노출되어 있는 상태이다. 미등록 외국인 근로자들이 산업재해를 당해 산업재해 보상금을 신청하면, 사용자가 미등록 외국인 근로자를 채용한 것이 발각되어 벌금을 내야 한다. 그 부담 때문에 사용자는 산재로 처리하지 않고 은폐시키는 경우가 허다하다. [135]

　각주 135는 한국산업 관리공단의 외국인 근로자 고용체류 지원팀의 도움으로 해결된 사례지만, '미등록'이란 신분상의 한계 때문에 불이익을 당해도 선뜻 나서지 못하는 것이 현실이다. 또한, 미등록 외국인 근로자들이 종사하

---

133) http://www.jubileekorea.org/bbs1/view.php?id=jmo02&page=1&sn1=&divpage=1&sn=off&ss=on&sc=on&select_arrange=headnum&desc=asc&no=79(검색일: 2009. 11. 27), 원영희 · 최선희, 「외국인 근로자의 의료 서비스 지원효과-사회적응을 중심으로」, 회년선교회(2008)

134) 산재보험이란 사업장에서 근로자가 일을 하다가 다치거나, 하던 일이 원인이 되어 병에 걸린 경우 및 사망한 경우 이를 치료해주고, 치료기간 동안 소득을 보장하며, 유족의 생활보호를 위해 국가에서 운영하는 사회보험이다. 보험료는 전액 사업주가 부담하며 근로자는 보험료를 부담하지 않는다. 외국인 근로자도 합법, 불법 체류 여부와 상관없이 내국인과 동등하게 산재보상을 받을 수 있다.

135) (관련사례) 스리랑카 미등록 외국인 근로자 OO씨는 2000년 O월 O일 입국하여 경기도 화성시 소재 주철 공장에서 작업 중 재해를 당해 작업을 못하는 상태였으나 사용자는 산재처리를 하지 않고, 일반 병원에서 제대로 된 진료하지 못하게 하는 등 근로자를 사업장에 사실상 방치했다. 『외국인 근로자 체류지원을 위한 상담사례집』, 노동부 한국산업인력공단(2008), p.84.

고 있는 작업장 대부분이 영세하여 근로기준법상 재해보상도 해줄 능력이 없는 경우가 많다.

(3) 행정법규상 문제

강제 퇴거 또는 출국은 출입국사무소장 등이 「출입국 관리법」을 위반한 외국인에 대하여 국내체류를 불허하고 그 외국인의 의사에 반하여 대한민국의 영토 밖으로 퇴거시키는 행정처분이다. 「출입국 관리법」 제18조(외국인 고용의 제한)를 위반한 경우 「출입국 관리법」 제46조(강제 퇴거 대상자)에 의거 강제 퇴거 된다. 근래에는 출입국 관리국이 임금체불이나 산업재해를 당한 외국인의 경우에는 구제를 받을 수 있도록 체류기간을 연장해주거나, 퇴거명령에 대해 소송이나 이의신청을 제기한 외국인에게 체류기간을 연장해주는 사례가 많지만 이것은 법규범에 의해 제도화된 행정은 아니다.[136]

우리나라 노동부는 미등록 외국인 근로자가 적발되었을 경우 '외국인 근로자 민원처리 지침'을 제정하여 '선 구제 후 통보' 원칙을 따랐으나, 2008년 6월 23일 상위법인 「출입국 관리법」과 충돌한다는 이유로 폐지했다. 미등록 외국인 근로자 적발 시 무조건 출입국 관리국에 신고하여 강제 퇴거 조치를 시키기 때문에 불이익을 당해도 강제 퇴거의 부담 때문에 관계당국에 신고조차 제대로 하지 못하는 실정이다.[137]

---

136) 최홍엽, 「외국인 강제 퇴거절차와 관련한 몇 가지 쟁점」, 『민주법학』 통권33호(2007), p.355.

137) (관련사례)
외국인 근로자 인권단체에서 상담한 사례를 보면 2005년 7월 12일 인도네시아 J씨와 필리핀 D씨 등이 오토바이를 타고가다 승용차와 부딪혀 다리 골절상 등의 부상을 입고 병원에서 치료를 받게 되었으나, 이들의 신분이 미등록 상태를 확인한 경찰이 검사지휘를 받아 신병을 출입국 관리사무소에 인계하여 결국 강제 퇴거조치했다. 재빠른 강제 퇴거조치도 문제지만 경찰의 행위도 납득할 수 없다. 경찰 측에서 교통사고에 대한 최소한의 조사절차가 진행되지 않았으며, 이로 인해 교통사고 사실 확인원이 발급되지 않아 해당 보험사로부터 아무런 보상도 못

각주 137 사례는 「출입국 관리법」 제84조(통보의무)에 의해 인권 침해를 당한 미등록 외국인 근로자들의 권리구제 신청에 상당한 제약 요건으로 작용하고 있음을 보여주고 있다. 미국은 몇몇 예외를 제외하고는 통보의무를 부담하지 않는다.[138] 우리나라의 경우는 출입국 관리소장이 특별한 절차적 제한을 받지 않고 강제 퇴거 대상자인지를 심사, 결정하여 강제 퇴거 명령서를 발부하며, 그에 대한 집행은 심사를 맡은 사무소장의 지휘 아래에 있는 출입국 관리 공무원이 할 수 있도록 되어 있다. 미국은 강제 퇴거 심사과정에서 당사자 및 그 변호인이 참가하는 퇴거청문 절차를 거치도록 하고 있다.[139]

「출입국 관리법」 제17조(외국인의 체류 및 활동범위) 2항은 '대한민국에 체류하는 외국인은 이 법 또는 다른 법률이 정하는 경우를 제외하고는 정치활동을 하여서는 아니 된다' [개정 2005. 3. 24/ 시행일 2005. 9. 25]라고 규정하여 외국인의 정치활동 자유를 제한하며, 이를 어기면 강제 퇴거 시킬 수 있도록 하고 있다. 그런데 이 '정치활동'의 기준과 범위를 명확하게 규정한 조항이 없어 표현의 자유억압 등 과도한 기본권 침해사례가 많이 벌어지고 있다.[140]

받고 추방되고 말았다. 우삼열, 「출입국 관리법 개정안의 쟁점 및 인권적 대안」, 『국제이주연구소 세미나 자료집』(2006. 3. 29), pp.33-35.

138) http://humanrightscollege.tistory.com/tag/%EC%99%B8%EA%B5%AD%EC%9D%B8(검색일: 2009. 12. 10)

139) 최홍엽, 앞의 책, p.357.

140) (관련사례)
① 2004년 10월에는 한 방글라데시 종교단체가 자신들이 지지하는 자국 내의 정당을 재정적으로 후원하였다는 이유로 강제출국 당하였고 '방글라데시 이슬람 反韓 단체 적발'이라는 제목의 기사가 거의 모든 방송과 신문에 보도되었다. http://humanrightscollege.tistory.com/tag/%EC%99%B8%EA%B5%AD%EC%9D%B8(검색일: 2009. 12. 10)
② 법무부는 23일 밤 네팔인 불법 체류자 미누 씨(미노드 목탄, 38세)를 강제출국 시켰다고 밝혔다. 네팔 출신 이주노동자이자 가수 겸 문화 운동가로 활동해온 그는 1992년 관광 비자로 입국한 후 18년 가까이 불법 체류자로 살아오다 최근 단속반에 붙잡혀 외국인보호소에 갇혀 있었다. 법무부는 '미누씨는 17년 7개월간 출입국 관리법을 위반하고 장기 불법 체류한 사람으로 외국인 체류질서 확립 차원에서 강제 퇴거가 불가피하다"고 말했다. 또 "불법 체류자 신분임에도 미국산 쇠고기 수입반대 촛불시위 등 각종 집회에 참석하는 등 정치적 활동에 주도적으로 가담한 자로 문화 활동에 이바지했다는 이유로 특별체류를 허가해달라는 사회 일각의 주장은 국민의 법감정에 배치된다'고 덧붙였다. 미누씨는 강제출국을 막아달라며 서울행정법원에 '강제 퇴거 취소' 소송을 냈으나 법무부

우리나라 인권단체들은 「출입국 관리법」 제62조(강제 퇴거 명령서의 집행)에 '강제 퇴거 명령'에 대하여 「출입국 관리법」 제60조(이의신청)[141]의 규정에 의한 이의신청, 그리고 국가인권위원회 진정과 행정소송 제기 등의 구제절차가 진행 중인 경우 그 절차에 대한 결정이 있기 전까지는 강제 퇴거 명령서의 집행해서는 안 된다는 규정을 신설하자는 제안을 하고 있다.[142]

고용 허가제 이후에도 단순기능 인력이 합법화되면서 공급의 제한으로 인해 국내 노동수요를 충족시키기 위해서 미등록 외국인 근로자를 불법 고용하는 사례가 빈번하다. 이런 국내 노동시장 상황이 오히려 외국인들의 미등록 근로를 부추기는 결과를 가져오고 있다. 1991년 산업연수생 제도가 도입된 이후에 '한국에 가면 큰돈을 벌수 있다'는 코리안 드림 붐이 일어나면서 외

는 판결을 기다리지 않고 퇴거를 집행했다. http://news. chosun.com/site/data/html_dir/2009/10/23/2009102301909.html(검색일: 2009. 12. 10)

③ 네팔 출신 인권활동가이자 창작동화 '돌 깨는 아이들'의 저자 범 라우티 씨(43세)가 강제 추방됐다. 범 라우티 씨는 지난 15일 서울 동대문구의 한 네팔 식당에서 퇴직금을 받지 못한 네팔 이주노동자들의 상담을 돕다가 출입국 관리소 직원에 의해 연행됐으며, 지난 28일 밤 강제 출국된 것으로 알려졌다. 범 라우티 씨는 네팔에서 10년 동안 학생들을 가르치다 지난 1997년 산업연수생으로 입국했으며, 인권활동가로 활동해오다 2007년 이주노동자 가운데 최초로 창작동화를 출간하기도 했다. 이에 앞서 지난 23일에는 네팔 출신 인권활동가이자 문화 운동가인 미누 씨가 한국에서 18년 동안 생활해오다 단속에 적발돼 본국으로 강제 송환됐다http://kr.news.yahoo.com/service/news/shellview.htm?linkid=33&articleid=2009103009563540870&newssetid=470(검색일: 2009. 12. 10)

141) ① 용의자가 강제 퇴거 명령에 대하여 이의신청을 하고자 할 때에는 강제 퇴거 명령서를 받은 날 부터 7일 이내에 사무소장·출장소장 또는 외국인 보호소장을 거쳐 법무부장관에게 이의 신청서를 제출하여야 한다.

② 사무소장·출장소장 또는 외국인 보호소장은 제1항의 규정에 의한 이의 신청서를 접수한 때에는 심사결정서 및 조사기록을 첨부하여 법무부장관에게 제출하여야 한다.

③ 법무부장관은 제1항 및 제2항의 규정에 의한 이의신청서등을 접수한 때에는 이의신청이 이유있는지의 여부를 심사 결정하여 그 뜻을 사무소장·출장소장 또는 외국인 보호소장에게 통지하여야 한다.

④ 사무소장·출장소장 또는 외국인 보호소장은 법무부장관으로부터 이의신청이 이유 있다는 결정의 통지를 받은 때에는 지체 없이 용의자에게 그 뜻을 알리고, 용의자가 보호되어 있는 때에는 즉시 그 보호를 해제하여야 한다.

⑤ 사무소장·출장소장 또는 외국인 보호소장은 법무부장관으로부터 이의신청이 이유 없다는 결정의 통지를 받은 때에는 지체 없이 용의자에게 그 뜻을 알려야 한다.

142) 정정훈, 「출입국 관리법 개정방향」, 『한국국제이주연구소 정기세미나 자료집』(2006. 3. 29), pp. 18-19.

국인 근로자들이 급속도로 유입되기 시작했다. 외국인 근로자들은 입국 과정에서 조기 입국하기 위해서 브로커에게 뇌물을 지급하는 등 편법을 동원한다. 소위 급행료인 셈이다. 입국비용은 최저 300만 원에서 최고 1,500만 원으로 국가마다 입국 시기에 따라 차이가 있지만 자국의 노동조건 속에서 보면 큰 금액이며, 이 비용을 마련하기 위해 은행대출을 받고 친지에게 빌려 충당하기도 한다고 한다. 노동력을 제공하고 받은 임금으로 이런 과다송출비용을 우선변제하다보면 항상 생활고에서 벗어나기가 어려운 실정이다.[143]

아직까지도 각주 143의 사례처럼 우리나라에 오기 위해서 출·입국 브로커에게 중간착취를 당하거나 비용을 마련하기 위해 돈을 빌리기도 한다. 소요경비를 훨씬 초과하는 송출비용을 갚기 위해서는 최소한 1년 이상이 소요된다. 브로커를 통해 지나치게 지출된 송출비용이 결국은 외국인 근로자의 불법 체류의 늪에서 벗어나지 못하게 만드는 족쇄로 작용하고 있으며, 불법 체류가 지속될 수밖에 없는 원인이 되고 있고, 고용 허가제 이후 그 수가 많이 줄어들긴 했지만 현재도 진행 중에 있다.

「출입국 관리법」 제27조(여권 등의 휴대 및 제시)에 따라 외국인은 여권 등 신분증을 항상 소지하여야 하며, 그 어떤 이유로 타인이 보관해서도 안 된다. 이를 어겼을 경우 벌금 100만 원에 처하게 되어 있는데 이는 외국인 근로자에게는 벌금액이 너무 많고, 사용자에게는 너무 적은 처벌 조항이다. 때문에 「출입국 관리법」 제27조 제2항에서 출입국 관리 공무원 또는 권한 있는 공무원만이 그 직무를 수행함에 있어 여권 등을 제시를 요구할 수 있다고 명시된 바, 사용자가 외국인 근로자의 여권 등 신분증을 보관하고 있다는 것이 공무집행의 범위까지도 해당된다고 본다면 「출입국 관리법」 조항을 어긴 사

---

143) (관련사례)
　중국인 왕○○ 씨(36세)는 미등록 외국인 근로자 신분으로 조선소 기계제조업에 종사하고 있으며 생활상의 차별을 피부로 느끼고 있고, 송출 시 1,200만 원의 비용이 들었다고 한다. 〈부록 5〉.

용자에 대해서는 보다 높은 수준의 처벌이 이루어져야 할 것이다.[144]

(4) 형사법상 문제

미등록 외국인 근로자는 등록 외국인 근로자보다 취약한 지위에서 노동력을 제공하고 있다. 노동현장에서 의사소통의 부재로 인한 폭언과 미숙련으로 업무가 지체되면 생산에 차질을 가져오게 되고, 그에 따른 차별대우 등이 등록 외국인 근로자의 경우와 별로 다를 바는 없겠지만, 미등록 외국인 근로자가 받는 심적 강도는 많은 차이가 날 수 밖에 없다.

「국제협약」이나 「외국인 근로자의 고용 등에 관한 법률」에서, 미등록 외국인 근로자의 신분을 보장하고 내국인과 동일한 대우를 해야 한다고 하지만, 형사상 불이익을 당한다 해도 본인이 관계기관에 출석해 증언을 해야 한다. 결국 「출입국 관리법」에 의한 불법 체류 사실이 밝혀질 수밖에 없고, 강제 퇴거를 당하는 구조 하에서 이들 법 규정은 미등록 외국인 근로자에게는 그 실효성이 낮다고 할 수 있다.

이와 같은 불안한 상황 하에서 현재 우리나라 노동현장에서 노동을 제공하고 있는 미등록 외국인 근로자들은 자신의 기본적 권리조차 찾지 못하고 일방적으로 당할 수밖에 없는 것이 현실이다.

(5) 민사법상 문제

민사소송법 제57조(외국인의 소송능력에 대한 특별규정)는 '외국인은 그의 본국 법에 따르면 소송 능력이 없는 경우라도 대한민국의 법률에 따라 소

---

144) (관련사례)
미등록 베트남인 천O 씨는 회사에서 자신의 여권과 통장을 보관하고 있다고 한다. 회사에서는 외국인들이 여권, 통장 등 신분증 분실이 자주 발생하기 때문에 안전하게 보관해 둔다는 명분으로 법을 위반하고 있다〈부록 3〉.

송능력이 있는 경우에는 소송 능력이 있는 것으로 본다'라고 규정하고 있기 때문에 민사상 불이익을 당했을 경우 언제든지 소송절차를 밟을 수 있다. 하지만 소송절차나 대리인 선임·비용, 소요시간 등 많은 부담요인이 있어 불이익을 당하더라도 쉽게 소송을 제기하지 못하고 있는 실정이다.[145]

소송을 제기한다하더라도 각주 145와 같은 사례에 비추어볼 때, 외국인 근로자에게 두 번의 멍에를 씌우는 결과를 초래해 결국은 우리나라에 대한 반감만 갖게 할 것이다. 결국 사용자의 양심에 호소하는 길 밖에 없다. 외국인 근로자들의 경우 임금체불이나 불이익으로 발생한 피해액에 대한 배상, 내지 보상은 특례조항을 만들어 신속히 처리할 수 있도록 해야 할 것이다.

5. 소결

노동력의 국제적 이동은 시대의 큰 흐름이자 추세이고, 이러한 현실에서 외국인 근로자 유입은 불가피하다. 외국인 근로자 수가 증가함에 따라 외국인 근로자들의 법적 보호는 그들이 노동을 제공하는 상품이 아니라 인격을 가진 인간이란 측면에서 출발해야 한다. 그들도 인간으로서 존엄과 가치를 가지고 있기 때문에 인권을 먼저 고려해야 할 것이다. 그들의 인권은 국적과 상관이 없어야 한다. 원칙적·상식적 차원에서 국내 근로자의 노동력과 비교해서 균등대우의 원칙을 적용해야 할 것이다. 국제법상 보호규범과 국내법상 외국인 근로자의 지위와 대우는 근로를 제공하는 근로자라면 누구나 근로기준법상에 해당하는 지위와 권리를 가져야 한다고 규정하고 있다.

---

145) (관련사례)
2008년 6월 19일 '인천 외국인 노동자센터'와 '중국동포의 집'에 따르면 B산업에서 근무했던 몽 씨(41세) 등 미얀마 근로자 4명은 급여 300여만 원을 받지 못한 채 퇴사해 민사소송을 진행 중이지만 사용자 명의의 재산이 없어 급여를 받을 확률은 거의 없는 실정이다.

우리 「헌법」은 외국인에게도 인간으로서의 기본권 보장의 측면에 있어 국민과 동등한 정도의 보호를 규정하고 있으므로 하위법령에 의하여 그 기본 정신을 침해하는 결과를 가져와서는 안 된다. 따라서 「외국인 근로자의 고용 등에 관한 법률」의 개정을 통해서 현재 불법 체류 중인 외국인 근로자들을 사례별로 구분하여 점차적으로 합법화하고, 음성적으로 노동을 제공하는 외국인 근로자들의 증가 및 그로 인해 발생하는 인권 침해를 방지해야 한다. 그리고 단속을 통한 불법 체류자들의 강제 퇴거보다는 그들로 하여금 합법적 기간의 종료와 함께 자진 출국할 수 있는 동기를 마련해주는 것이 더 현실적인 방법이 아닌가 싶다.[146]

고용 허가제 도입 이후 외국인 근로자는 국내 근로자와 동등하게 「근로기준법」, 「최저임금법」, 「산업안전보건법」 등 「노동관계법」의 적용을 받고 노동3권 등 기본적인 권익을 보장받을 수 있으며, 고용(임의가입)보험·산재보험 및 국민건강보험의 혜택을 받고, 국민연금(상호주의)에 가입할 수 있다. 하지만 국민연금의 상호주의 원칙 적용은 아직까지 국제법적 기본원칙인 보편성의 가치를 받아들이지 않고 있다. 앞으로 경제협력 개발기구(OECD)국가 중 경제수준 12위를 다투는 나라로서 독자적 기준에 입각하여 외국인 근로자들에게 그 위상에 맞는 권리를 보장해나가야 할 것이다.

외국인 근로자에 대해 개인의 노동현장에서의 생산성, 근무경력 등의 차이로 정당한 차별은 가능하나 외국인 근로자라는 이유만으로 부당한 차별은 불가하다. 따라서 외국인 근로자들이 국제법상 보호규범과 국내법에 의한 사회보장 관계법규의 적용대상으로 보호를 받는 것은 당연하다고 할 것이다. 앞서 밝힌 바와 같이 외국인 근로자들의 권리침해 사례는 아주 다양하게 나타나고 있다. 특히 미등록 외국인 근로자에 대한 권리침해는 더욱 심각하다고 할 수 있겠다. 불법 체류자의 인권을 존중하는 것은 한국이 국제 사

---

146) 이동재, 앞의 논문, p.62.

회의 일원으로서 마땅히 준수해야 할 요건이지만, 국가가 불법 체류자를 단속하고, 그들을 강제 퇴거하는 것은 주권(sovereignty)의 영역으로 정당화된다[147]는 주장도 있다. 그러나 입국 · 강제 퇴거 상의 절차적 권리는 국가주권과는 전혀 무관하며 비인도적이고 굴욕적인 대우로부터 보호받을 근본적 권리의 문제[148]라고 할 수 있다. 앞으로 전향적인 자세로 미등록 외국인 근로자들에 대한 정책에 임해야 할 것이다.

우리나라에 외국인 근로자 권리침해가 만연한 일차적 원인은 애초부터 미등록 외국인 근로자를 양산하고 산업연수생의 사업체 이탈사례를 초래한 잘못된 외국인 노동인력정책에 있었다. 이러한 현상은 외국인 근로자의 고용 허가 제도의 일원화 이후에도 좀처럼 줄어들지 않고 있는 실정이다. 또한 외국인 근로자에 대한 권리침해는 외국인 근로자에 대한 차별과 배타적인 인식 하에서 이들을 무시하고 차별해온 저열한 우월의식에서 비롯되어왔다고 볼 수 있다.

이와 같이 외국인 근로자들의 권리침해 실태를 개선하고 우리사회에 적응하게 하기 위해서는 법적, 제도적 장치가 보완되어야 하고, 외국인 근로자들에 대한 잘못된 선입견에 대한 인식의 전환과 문화에 대한 상호작용이 절실히 요구된다. 특히 미등록 외국인 근로자에 대한 강제출국의 문제는 실제로 부여되는 법상의 제 권리를 곤란하게 할 가능성이 있으며, 이러한 관점에서 강제출국에 대한 제도개선도 이루어져야 한다.

---

147) 설동훈, 「외국인 근로자증가로 인한 사회적 갈등의 양상과 해소방안」, 바람직한 외국인 근로자 인력정책 방향수립을 위한 토론회, 전북대학교(2009).

148) http://humanrightscollege.tistory.com/tag/%EC%99%B8%EA%B5%AD%EC%9D%B8 (검색일: 2009. 12. 10).

4장

외국인 근로자의 권리보호 개선방안

1. 서언

우리나라는 1987년 이후 근로자들의 의식변화와 함께 그동안 누적되어 왔던 불평등 구조와 차별에 대한 불만들이 표출되기 시작하면서 자신들의 권익을 보호하기 위해 노동조합 설립과 더불어 노동운동의 적극적인 전개가 이루어졌다. 이후 대기업과 중소기업 간의 임금격차와 노동조건의 차이는 중소기업을 기피하는 요인으로 작용했으며, 특히 3D 업종이 주류를 이루는 영세 중소기업에 대한 내국인 근로자들의 기피현상은 더욱 확산되어 3D 업종을 경영하고 있던 영세한 중소기업들은 매우 극심한 인력난에 봉착했다. 이러한 생산직 인력난이 만성화된 국내 노동시장 상황이 단순기능 외국인 근로자를 우리나라로 유인케 하는 요인으로 작용했다.[1]

이렇게 국내로 유입된 외국인 근로자들은 열악한 노동환경과 낮은 임금, 중소기업체들의 영세함으로 인한 도산과 폐업, 그리고 산업재해에 노출되어 있어 항상 불안한 상태에 놓여있다. 더욱이 미등록 외국인 근로자인 경우에는 취약한 신분으로 각종 권리침해에 시달리고 있다.

앞서 언급한 바와 같이 외국인 근로자 문제를 해결하기 위해서 우리나라는 「외국인 근로자의 고용 등에 관한 법률」을 통해 고용 허가제를 시행하였

---

1) 이한숙, 「외국인 노동력 유입의 경제적 효과에 관한 연구」, 부산대학교 박사학위 논문 (2004), pp.35-36.

다. 외국인 고용 허가제는 그간 산업연수생 제도 하에서 발생한 각종 문제를 해결하고 향후 인력부족에 대비하기 위한 제도이다. 이 제도의 운용에도 불구하고 외국인 근로자 권리침해 문제가 완전히 해소되는 것은 아니다. 외국인 근로자들에 대한 권리침해 사례는 노동현장과 일상생활 그리고 미등록 외국인 단속과정에서 다양한 방식으로 나타나고 있는 것이 사실이다.

또한 이 제도는 외국인 근로자들이 내국인과 동등한「노동관계법」적용을 받으면서 그 권리를 행사할 수 있게 되었지만, 노동현장에서 보면 노동수요자인 사용자의 경우 정부의 외국인력 도입정책의 목적이 무엇이든 간에 외국인 근로자를 저비용·고생산성 관점에서 볼 수밖에 없다. 그리고 외국인 근로자 입장에서는 높은 근로소득과 보다 나은 삶의 질을 요구하다 보면, 각종 문제가 일어날 수밖에 없다. 또한 우리나라의 유별난 단일민족 중심사상에 의해 타 민족에 대한 배타성도 영향을 미친다고 볼 수 있다. 한편으로 서유럽계나 백인에 대해서는 과잉친절과 호의를 보이면서도 유능하고 유식하며 지성을 겸비한 흑인이나 유색인종에 대해서는 지나친 편견과 경시를 한다.[2]

「헌법」이나「법률」에 정하는 각종 기본적 인권을 국제법적인 관점에서 보면 1948년에「세계인권선언」, 1966년에 두 개의「인권규약」이 채택되었고, 1965년에 국제연합(UN)에서「인종차별 철폐협약」[3]이 채택되었다. 이러한 국제규범에 의해 인권은 내국인과 외국인을 불문하고 모든 인간에게 평

---

2) 이학춘,「절망하는 다문화 가정 자녀 어떻게 해야 하나」,『국제신문』, 2009. 11. 1, 26면.

3) 모든 형태의 인종차별철폐에 관한 국제협약은 1965년 12월 제20차 UN총회에서 만장일치로 채택괴어 1969년 1월 4일 발효되었다. 협약이 정하는 인종차별이라 함은 "인종, 피부색, 가문 또는 민족이나 종족의 기원에 근거를 둔 일체의 구별, 배척, 제한 또는 우선권의 부여로서 이는 정치, 경제, 사회, 문화 또는 기타 어떠한 공공생활의 분야에 있어서든 평등하게 인권과 기본적 자유의 인정, 향유 또는 그 행사를 무효화시키거나 침해할 목적 또는 효과를 가지는 경우"를 뜻한다(협약 제1조 제1항). 협약당사국은 자국의 영토 내에서 모든 형태의 인종차별을 철폐할 법적의무가 있으며 , 인권의 행사와 향유에 어떠한 차별대우도 주어지지 않도록 필요한 법률을 제정해야 한다. http://blog.daum.net/mamburim/6405338(검색일: 2009. 11. 04).

등하게 보장되어야 하며 어떠한 차별도 있어서는 안 된다. 우리나라에 체류하고 있는 외국인에 대해 그 체류의 합법과 불법에 관계없이 인간이 누려야할 기본권인 인권존중과 보장[4]을 위해서는 「헌법」과 「법률」의 각 인권조항을 국제규범에 잘 맞추어서 실효성 있는 제도를 만들어 나가야 할 것이다.[5]

따라서 이 장에서는 법률적(입법적) 측면에서 노동3권, 사회보장 기본법, 출입국 관리법, 현행 고용 허가제의 인권 침해적 조항 개선 등과 정책적 측면으로 출입국 이민행정을 위한 전문자격사 제도의 도입 필요성과 시대 환경변화에 따라 외국인 근로자에 대한 고용정책에 있어서 단기 순환정책을 장기 정주화정책으로 전환하고 고용 허가제에서 노동 허가제로 전환을, 그리고 미등록 외국인 근로자의 합법적 지위 부여 등 외국인 근로자 보호를 위한 개선방안을 제시하고자 한다.

2. 법률적(입법적) 개선방안

1) 노동3권

외국인 근로자의 노동법상 지위에서도 언급했듯이 「노동조합 및 노동관계 조정법」 제9조의 차별대우의 금지조항은 외국인 근로자가 출입국 관리법상 합법, 불법을 불문하고 노동법상으로 근로자인 이상 노동조합에 가입할 권리 및 조합원으로서의 제 권리에 관하여 차별을 해서는 안 된다[6]라고

---

4) 세계화 시대에 각국은 자국 내 인권 문제를 주권행사의 일부라고 하지만 기본권 보장에 대해서는 국적 국이 책임을 지는 것 보다 사람이 세계 어느 곳에 있든지 살아가기 위한 인권보장의 책임은 거주국이 져야 한다는 것은 국제 사회의 일반적인 시각이며 당연지사일 것이다.

5) 유형석, 「외국인 근로자의 지위」, 『한남대학교 사회과학논문집』 제27집 (1997. 5), pp.164-165.

6) 김형배, 『노동법』(서울: 박영사, 2009), p.694.

해석하고 있다. 외국인 근로자도 임금을 대상으로 하여 노동을 제공하는 근로자인 이상 노동3권(단결권, 단체교섭권, 단체행동권)은 당연히 보장되어야 한다. 다시 말해 외국인이라고 해서 노동3권의 제한근거가 될 수 없다.[7]

그러나 「헌법」 조항에 명시된 '모든 국민'에 외국인도 포함된다고 하는 것은 헌법적 해석으로만 가능했고, 현실적으로 노동현장에서 노동3권을 보장받기란 어려운 실정이었다. 이후 우리나라도 2007년 1월부터 산업연수생 제도를 전면 폐지하고 고용 허가제로 일원화하면서 외국인 근로자에게도 내국인과 동등하게 「노동관계법」을 적용하여 동등한 대우를 보장함으로써 국제적 기준에도 맞고 사용자들도 외국인을 합법적으로 고용할 수 있도록 허가해준다는 점에서 국제 사회에서 우리나라의 이미지를 제고할 수 있는 계기가 되었다.

앞장에서 언급했듯이 2007년 2월 서울고등법원은 미등록 외국인 근로자라 하더라도 노동조합을 설립할 수 있다는 판결을 내린 바 있다.[8] 이와 같이 체류자격 여부를 떠나서 외국인 근로자는 누구나 노동조합을 결성, 가입할 수는 있으나 아직까지는 현실적으로 많은 제약적 요인이 남아있다. 특히 미

---

7) 유각근, 「외국인 근로자의 지위」, 『한남대학교 사회과학논문집』 제27집(1997.5), p.150.

8) 그 내용을 좀 더 구체적으로 보면 「노동조합 및 노동관계 조정법」 제2조(정의)제1호, 제4호, 제5조(노동조합의 조직 가입), 제9조(차별대우의 금지), 「근로기준법」 제5조(근로조건의 준수)의 규정에 근로자의 단결권, 단체교섭권 및 단체행동권을 보장하여 근로조건의 유지, 개선과 근로자의 경제적·사회적 지위의 향상을 도모한다는 「노동조합 및 노동관계 조정법」의 목적을 더하여 보면, 미등록 외국인 근로자라고 하더라도 우리나라에서 현실적으로 근로를 제공하면서 임금, 급료 기타 이에 준하는 수입에 의하여 생활하는 이상 노동조합을 설립할 수 있는 근로자에 해당한다고 보아야 한다. 또한, 외국인의 취업자격에 관하여 규율하는 「출입국관리법」이 취업 자격 없는 외국인의 고용을 금지하기 위한 입법 목적을 아울러 가지고 있다하더라도 이는 취업자격 없는 외국인의 고용이라는 사실적 행위 자체를 금지하고자 하는 것에 불과할 뿐이고, 취업자격이 없는 외국인 근로자가 사용자와 대등한 관계를 이루어 근로조건을 향상시키기 위한 근로자 단체를 결성하는 것까지 금지하려는 취지로 보기는 어렵다. 따라서 미등록 외국인 근로자도 노동조합 결성, 가입이 허용되는 근로자에 해당되므로 지방노동청장으로서는 노동조합의 조합원이 적법한 체류자격이 있는 것인지 여부에 관하여 심사할 권한이 없음에도 불구하고 이를 심사하기 위하여 아무런 법령상 근거 없이 노동조합에 대하여 조합원 명부의 제출을 요구하고 그 보완요구에 대한 거절을 이유로 노동조합 설립 신고서를 반려한 것은 위법이다'라고 판시했다. (선고2006누6774판결).

등록 외국인 근로자인 경우에는 정부의 부정적인 입장과 출입국 관리법상 불법 체류 신분이기 때문에 단속강화 방침에 의해 신분상 불이익을 당할 염려가 높아, 노동조합에 가입하여 활동하기란 현실적으로 쉽지 않다.[9]

이런 현실과 관계법상의 불일치를 해결하기 위해서 미등록 외국인 근로자에 대한 법적 보완장치를 마련해나가야 할 것이다. 정부는 미등록 외국인 근로자를 강제 퇴거 시켜야 할 처벌대상으로만 보지 말고, 우리나라 노동시장에 혼란이 오지 않는 범위 내에서 그 수를 조절하며 장기적으로는 공동체의 구성원으로 함께 할 수 있는 관리대상으로 보고 외국인 근로자정책을 수립해나가야 할 것이다. 또한 국내외법에서 보장하고 있는 「노동관계법」에 따라 대우하면서 사용자가 외국인 근로자 불법고용과 노동법을 위반했을 경우 처벌조항을 강화해 나간다면 수요와 공급의 법칙에 의해 자연스럽게 미등록 외국인 근로자를 줄여나가는 효과가 나타날 것이다.

그리고 내국인 근로자들도 외국인 근로자들을 배타적인 시선으로만 바라보지 말고 이제는 외국인 근로자들의 법에 보장된 권리에 따라 노동조합 전반에 대한 적극적인 참여가 곧 노동조건 및 단결력을 강화시키는 데 결정적인 영향을 줄 수 있다는 전향적인 사고를 가지고 외국인 근로자들을 노동조합에 적극적으로 가입시켜 활동할 수 있도록 그 분위기를 만들어 나가야 할 것이다.

---

9) 최근에는 외국인 노동조합 설립이 주목받았다. 2005년 외국인 근로자 91명이 '서울, 경기, 인천 이주노동자 노동조합'을 결성하였다가 위원장이 불법 체류를 이유로 강제추방 당했고 노조원 다수가 불법 체류자여서 신고가 반려됐다. 1심에서 패소하고, 서울 고등법원에서 승소했지만 현재 대법원에 계류 중인 상태이다. 2006년 서울의 어느 학원에서도 외국인 강사 38명이 노조를 설립하려다 규약을 제대로 갖추지 못해 결국 설립하지 못했다. 인천지역 외국인 강사 5명이 지난달 24일 노조설립필증을 받은 일은 합법적인 외국인 노조의 첫 사례로 주목을 받는다. 이들은 연장 근로수당을 받지 못하는 점에 대해 학원에 이의를 제기한 외국인 강사가 보복성 징계를 받자 신분불안을 느껴 노조를 결성했다. 이들은 합법 체류자이며 적법한 노조 규약을 갖추었으므로 설립허가를 받았다. 외국인 근로자의 권리의식이 높아지면서 기존 한국인 근로자의 노조에 외국인 근로자가 가입하는 경우도 나타나고 있다. http://blog.naver.com/sinji021/95117744(검색일: 2009. 12. 10), 동아일보(2009. 12. 10) [출처] [시론/김동원] 외국인 노조는 위협 아닌 기회, 작성자 신지.

각주 9에서 이미 적법한 노조규약을 갖춘 합법적 외국인 노조설립 사례가 생겨나고 외국인 의식이 높아져 외국인 근로자 노동조합 설립뿐만 아니라 내국인 노동조합에 가입하는 사례도 나타나고 있다. 세계화가 진행되면서 국내에 체류하는 외국인의 수는 계속 늘어날 것으로 전망된다. 외국인 근로자의 기본권을 소홀히 하는 관련기관이나 사용자의 인식, 사회분위기가 바뀌지 않으면 외국인 근로자의 노동조합 결성 문제로 사회적 갈등이 증폭되고 급기야는 외국인 노동조합에 의한 노사분규 발생도 예견해볼 수 있다.[10]

따라서 외국인 근로자들을 위한 각종 교육훈련 프로그램을 통해서 보호장치를 제공하고, 외국인 근로자들도 법에 보장된 노동3권을 노동현장에서 당연한 권리로서 행사할 수 있도록 하기 위해서는 내국인 근로자들의 외국인 근로자들에 대한 잘못된 선입견을 버리고 더불어 함께하는 '공동체 의식'이 우선시 되어야 하며, 노동조건과 문화도 국제적 수준에서 이루어져 나가야 할 것이다.

2) 사회보장 기본법

「사회보장 기본법」의 궁극 목적은 '인간다운 생활의 보장'이다. 인간다운 생활의 보장이란 건강한 생활의 보장과 적어도 최저생활 수준을 영위할 수 있는 경제생활의 보장을 의미한다.[11]

외국인에 대한 사회보장 기본법상 지위를 정리하고 있는 것이 「사회보장 기본법」 제8조(외국인에 대한 적용)이다. 이에 따르면 '국내에 거주하고 있는 외국인에 대해 사회보장 제도를 적용할 때는 상호주의 원칙에 따르되 관

---

10) http://blog.naver.com/sinji021/95117744(검색일: 2009. 12. 10), 동아일보(2009. 12. 10), [출처] [시론/김동원] 외국인 노조는 위협 아닌 기회, 작성자 신지.
11) 이상광, 『사회법』(서울: 박영사, 2002), p.19.

계법령에서 정하는 바에 따른다'(전문 개정 2009. 6. 9)라고 하면서 외국인에 대한 사회보장 제도 적용은 상호주의 원칙에 의한다는 것을 분명히 하고 있다. 그러나 상호주의는 외국인의 기본권 보장이란 측면에서 충분한 원칙은 아니다.[12] 다시 말해서 상호주의 원칙은 당사국이 유사한 사회보장 수준과 동일한 사회보장 제도를 가지고 있다는 것을 전제로 하여 실현가능하며, 그렇지 않은 경우에는 해당국가의 국민이 외국에서 사회보장 제도에 의한 권리보장을 받을 수가 없다.[13] 우리나라 거주 외국인 근로자 대부분이 우리나라보다 사회보장 제도가 미흡한 나라에서 온다는 사실을 감안할 때 우리는 상호주의를 넘어서서 인간의 생존권이란 측면에서 내외국인 평등의 원칙에 입각해 사회보장정책을 펼쳐야 한다고 본다.[14]

현재 우리나라에서는 외국인 근로자들에 대해 고용보험은 단기체류 외국인 근로자에게는 별로 도움이 되지 않는 사회보험이다. 고용보험에 가입할 경우 실제로 손에 들어오는 임금이 줄어들어 저임금인 외국인 근로자에게는 부담으로 작용한다. 고용 허가제 시행 이전에는 의무가입이었지만 고용허가제 하에서 임의가입으로 개정되었다.

고용보험과 산업재해보험 및 국민건강보험은 내국인 근로자와 동일한 적용을 받고 있고, 국민연금은 상호주의 원칙에 따라 외국인의 본국법이 대한민국 국민에게 국민연금 등을 적용하지 아니하는 경우 적용이 제외된다. 장기적으로는 「사회보장 기본법」에 있어서 상호주의 조항에 대해 전향적 법률적 대안이 마련되어야 할 것이다.

외국인 근로자들의 법적인 지위를 논하면서 '모든 면에서 내국인과 동등한 대우를 받는다'라고 기술한 바가 있다. 「노동관계법」과 「사회보장 기본

---

12) 김수연, 「외국인 노동자의 법적 지위와 제도 개선에 관한 연구」(2004), p.63.

13) 전광석, 『한국사회보장법론』(경기도: 법문사, 2007), p.232.

14) http://ijunodong.prok.org/bbs/zboard.php?id=data_01&page=1&sn1=&divpage=1&sn=off&ss=on&sc=on&select_arrange=headnum&desc=asc&no=284(검색일: 2009. 12. 21)

법」에 의한 규정을 지키지 않고 부당한 차별을 할 경우 사용자의 처벌을 강화하고, 사용자는 외국인 근로자 인수시 교육을 통해 출국 만기 보험이나 임금체불 보증보험에 반드시 가입하며, 그 사실을 외국인 근로자에게 알려줄 의무를 가진다.

앞으로 외국인 근로자들에 대한 사회보장 영역의 확대와 더불어 더욱 적극적인 의료보장의 길이 모색되어야 하고, 그 대책방안으로 '외국인 근로자 의료공제회 등에 대한 지원확대'와 「응급의료에 관한 법률」의 적용확대' 등을 시행해나가야 한다.[15]

3) 출입국 관리법

「출입국 관리법」을 위반한 미등록 외국인 근로자에 대한 지속적인 단속을 추진하는 과정에서 많은 인권 침해 사례가 발생하고 있다. 현재도 미등록 외국인 근로자 단속과정에서 발생하는 인권 침해는 심각한 수준이다. 불심검문으로 인한 무리한 단속이 행해지다 보면 국내인조차도 미등록 외국인으로 오인 받아 백주대낮에 봉변을 당하는 경우도 생겨난다. 단속과정에서 미란다 원칙은 기대할 수 없다. 신분증 제시도 하지 않고 영장 없이 무조건 체포, 연행하는 과정에서 인권 침해가 공공연히 발생하고 있다.

「출입국 관리법」 제51조(보호) 제3항은 '출입국 관리 공무원은 외국인이 제46조(강제 퇴거 대상자) 제1항 각호의1에 해당된다고 의심할 만한 상당한 이유가 있고 도주하거나 도주할 염려가 있는 경우 긴급을 요하여 사무소장·출장소장 또는 외국인 보호소장으로부터 보호명령서를 발부받을 여유가 없는 때에는 그 취지를 알리고 출입국 관리 공무원의 명의로 긴급보호서를 발부하여 그 외국인을 보호할 수 있다' [개정 2002. 12. 05/ 시행일 2003.

---

15) 최홍엽, 「외국인 근로자의 사회보장」, 『민주법학』 22 (2002. 8), pp.175-177.

03. 06)라고 규정하고 있다.

이 규정을 가지고 출입국 관리 공무원들이 불법 체류 외국인 등에 대한 단속 및 연행의 법적 근거로 삼고 있지만, 위 조항은 특정한 요건과 절차에 따라 외국인을 긴급보호 할 수 있는 근거조항일 뿐, 단속 및 연행과는 상관이 없다. 다시 말해서 행정의 목적상 강제 퇴거 심사나 집행을 위해서 보호할 필요가 있다고 보지만, 이것은 어디까지나 행정당국의 법 절차를 경시하는 편의주의에 의한 발상이 아닌가 싶다. 인신의 자유를 억압한다는 측면에서 본다면 최대한 그 기간을 축소해야 할 것이고 이러한 보호의 필요성을 이유로 보호에 관한 규정을 보호의 범위를 뛰어넘는 단속 및 연행의 근거로 해석하는 것은 행정편의 주의에 의한 지나친 과잉해석이라고 볼 수밖에 없다.[16]

출입국 관리 공무원의 미등록 외국인 근로자에 대한 단속 및 연행행위에 있어서도 적법한 절차가 요구된다. 출입국 관리법상 외국인의 보호조항은 보호기간이 구체적으로 명시되어 있지 않아 자칫 보호를 빌미로 한 장기 인신구속 상태로 방치될 수도 있다. 권력적 행정작용으로 인신의 자유를 구속하는 정도가 매우 심할 경우 영장주의가 적용되어야 할 것이고, 그 연장선상에서 미등록 외국인 근로자의 단속 및 연행의 경우에도 영장주의가 준수되어야 한다. 나아가 출입국 관리 공무원들이 특별사법 경찰관리의 자격으로 외국인 단속권한을 행사할 경우에도 반드시 검사의 지휘 및 사법기관의 관할을 받아야 할 것이다.[17] 따라서 국가 공권력을 집행하는 과정에서 보호조항으로 인한 인권 침해 사례가 발생하지 않도록 위 법령보완이 필요하다.

또한 「출입국 관리법」 제62조(강제 퇴거 명령서의 집행)에 있어서 미등록 외국인 근로자가 임금체불·퇴직금·산업재해 또는 질병 등의 문제가 발생했을때, 「출입국 관리법」 제60조(이의신청)에 의한 이의신청과 국가인권위

---

16) 김원숙, 『출입국 관리정책론』(도서출판 한민족, 2008), pp. 280-281.

17) 위의 책, pp. 282-284.

원회의 진정, 행정소송 제기 등의 권리구제 절차가 진행 중일 경우에는 편의 제공이라는 수준에서 벗어나 그 결정이 있을 때까지는 강제 퇴거 명령이 집행되지 않도록 하는 조항이 신설되어야 할 것이다.

그리고 「출입국 관리법」 제17조(외국인 체류 및 활동범위) 제2항은 '대한민국에 체류하는 외국인은 이 법 또는 다른 법률이 정하는 경우를 제외하고는 정치활동을 하여서는 아니 된다'고 규정하여 외국인의 정치활동 자유를 제한하며, 이를 어기면 강제 퇴거시킬 수 있도록 하고 있다. 그런데 이 '정치활동'의 기준과 범위를 명확하게 규정한 조항이 없어 표현의 자유를 제한하는 등 과도한 기본권 침해조항으로 볼 수 있다.[18]

우리나라가 가입한 국제연합(UN)의 인권규약 중 B규약의 「시민 · 정치적 권리에 관한 국제규약」에 비추어볼 때 외국인 근로자에 대한 무조건적인 정치활동 금지는 차별의 여지가 있다고 할 수 있겠다. 국제연합(UN)의 「모든 이주노동자와 그 가족의 권리보호에 관한 국제협약」에서는 미등록 외국인 근로자에게도 사상 · 양심 · 종교의 자유를 누릴 권리를 인정하고 있다(우리나라 미가입). 위 국제규약을 보더라도 외국인 근로자에 대한 기본권 및 노동권익 옹호를 위한 정치활동을 보장함으로써 인권 침해 및 차별의 소지를 없애는 것이 타당하다. 물론 국가안보나 공공질서 유지를 위한 정치활동은 제한할 필요가 있다.[19]

4) 현행 고용 허가 제도의 권리침해적 요소 개선

2009년 9월에 통과된 「외국인 근로자의 고용 등에 관한 법률」 개정 법률안은 2009년 12월 10일에 「외국인 근로자의 고용 등에 관한 법률」 제18조의2(취업활동 기간 제한에 관한 특례)와 「외국인 근로자의 고용 등에 관한 법

---

18) http://intothereign.tistory.com/281(검색일: 2009. 12. 11).
19) 김원숙, 앞의 책, pp. 226-227.

률」제25조(사업 또는 사업장 변경의 허용)를 시행하며, 2010년 4월 10일에 전체 개정 법률안을 시행한다.

「외국인 근로자의 고용 등에 관한 법률」제9조(근로계약)는 종전 1년 이하로 제한되던 외국인 근로자와 사용자 간 근로계약기간을 취업활동 기간의 범위에서 당사자 간 합의에 따라 정하도록 개정했다. 즉 근로계약을 매년 하도록 하던 것을 3년 범위 내에서 당사자 간 자율적으로 계약기간을 정하도록 변경했다. 하지만 자율적으로 한다고 하더라도 그 기간이 1년이 될지 2년이 될지 알 수 없으며, 아무래도 사용자의 입장에 따라 결정될 가능성이 높다.

「외국인 근로자의 고용 등에 관한 법률」제18조의2(취업활동 기간 제한에 관한 특례)에서는 3년 취업기간 만료 전에 사용자가 재고용을 신청한 외국인 근로자에 대해서는 종전의 1개월 출국요건을 폐지하고 1회에 한정하여 2년 미만의 범위에서 계속 고용할 수 있도록 개정하였다. 재출입국의 번거로움과 서류절차의 편의를 제공한 측면은 있지만 외국인 근로자의 정주화 문제·결혼·자녀·주택 등과 관련한 사회적 비용 발생을 차단하기 위한 기존 행정법규 상의 기조는 전혀 달라지지 않았다.

「외국인 근로자의 고용 등에 관한 법률」제25조(사업 또는 사업장 변경의 허용)[20]는 사업장 변경 관련 조항으로써 외국인 근로자 사업장 변경 횟수 제한에 외국인 근로자의 책임이 아닌 사유는 제외하고, 사업장 변경 구직기간

---

20) (법령해석)
「외국인 근로자의 고용 등에 관한 법률」제25조에서 외국인 근로자는 최초에 취업한 사업장에서 계속 근무하는 것을 원칙으로 한다. 다만 외국인 근로자의 사업장 불법이탈 방지, 적정 취업기회 보장 등을 위해 외국인 근로자가 당해 사업장에서 정상적인 고용관계를 지속할 수 없는 경우에는 사업장을 변경할 수 있도록 정하고 있다. 이와 같이 규정한 이유는 외국인 근로자에게 자유로운 사업장 변경을 허용하는 경우에는 내국인의 고용기회 침해 등의 문제가 발생할 수 있으므로 불가피한 경우로 제한하되, 그 구체적인 사유를 법률에 명시하도록 하고 있다. 외국인 근로자의 사업장 변경 사유에 대한 적절한 판단 및 공정성·투명성을 위하여 노동부 고용안정센터를 통해 사업장을 변경하도록 하였다. 외국인 근로자에게 사업장 변경을 위한 충분한 기간을 부여하되, 동 기간이 장기간 지속될 경우 불법 체류 우려가 있으며, 「출입국 관리법」상 취업 체류자격을 계속 유지할 수 없으므로 3개월 이내에 사업장 미 변경 시 출국 조치하도록 하고 있다.

을 2개월에서 3개월로 연장하였으며, 사업장 변경신청 및 재취업 허용기간 연장사유에 업무상재해, 질병, 임신, 출산 등을 명문화하였다.

그러나 「외국인 근로자의 고용 등에 관한 법률」 제25조 제2항과 제3항은 사업장 변경 신청을 한 외국인 근로자가 피해를 입을 소지가 남아있는 조항이다. 즉 제3항의 경우 외국인 근로자에게 귀책사유가 없는 업무상재해, 질병, 임신, 출산 등을 추가하였지만 천재지변이나 기타 행정상 업무미비로 인한 처리지연 및 오류로 사업장 변경기간이 경과할 경우 외국인 근로자가 책임져야 할 상황이 발생할 여지가 아직까지 남아 있다. 실제 행정업무상의 처리지연이나 일선 행정기관의 준비부족으로 외국인 근로자가 피해를 입는 사례[21]가 다수 발생하고 있는 것을 고려할 때, 「외국인 근로자의 고용 등에 관한 법률」 제25조 제3항의 3개월 사업장 변경 구직기간도 현실을 반영한 실질적인 개정이 될 수 있도록 해야 할 것이다. 외국인 근로자로 하여금 본의 아니게 불법 체류자로 전락하게 하여 인권 침해에 노출될 수 있는 만큼 이에 대

---

21) (관련사례)

① 앤○○ 씨를 비롯한 인도네시아 근로자 20명은 2001년 4월에 한국에 입국하여 관광비자로 입국하여 동 인천에서 일하다가, 2003년 10월 13일 J주식회사에 김포고용센터(031-983-9464~7)를 통해서 입사했다(E-9비자 취득). J주식회사는 히터기를 만드는 회사로서 국내 근로자 30명, 이주근로자 26명이 일하고 있었는데, 11월 29일 모든 이주근로자를 집단 해고해 버렸다. 이유는 일거리가 없기 때문에(경영악화) 나가라는 것이었다. 다른 회사로 옮겨달라고 노동부 김포고용안정센터에 갔더니 일자리를 소개시켜주되 노동부에서 일방적으로 정해주는 곳으로만 가야된다고 하였다. 외국인 근로자의 적성이나 외국인 근로자의 개인적인 기술성은 전혀 고려되지 않아 적성에 맞지 않으면 작업 시 산재의 위험 등에 노출되어 또 다른 피해를 초래할 수 있다.

② 스리랑카 근로자 꼬○○ 씨는 국내체류 3년 이상 4년 이하로 등록 후 본국에 다녀오는 사이에 업체에서 그 자리에 한국 사람을 고용하고 꼬○○ 씨를 해고하였다. 업체에서는 새로운 일자리를 구하면 변동 신고를 해주겠다고 했지만, 노동부에서는 자신들이 제시하는 업체에서만 합법적으로 일할 수 있다고 했다. 본인들의 의사나 적성은 전혀 무시되고 일방적으로 일자리를 정하겠다는 노동부의 태도는 이주노동자의 인권이 무시될 수밖에 없다.

③ 베트남 출신 근로자 홍 씨는 한국체류 3년 이상 4년 미만의 경우로 합법화 등록을 마친 후 베트남에 갔다가 3주 만에 귀국을 하였다. 귀국 후 회사에 갔더니 일거리가 없다고 무한정 기다리라고 하여 거의 한 달을 기다렸지만 상황이 달라지지 않았다. 고용안정센터에 이직 신고를 하려 하였으나, 외국인 근로자를 고용할 조건을 갖춘 등록된 회사가 없다며 실제 무한정 기다려야 한다고 통보하였다. 그러나 2개월 이내 재취업을 하지 못하면 불법 체류자로 전락하게 되고 고용안정센터가 알선해준 업체가 아닌 회사에 취업을 할 경우도 불법 취업이 된다. 그러나 고용안정센터에서는 '어쩔 수 없다'는 말만 반복하고 있다.

한 개선책이 필요하다.[22]

「외국인 근로자의 고용 등에 관한 법률」제25조 제4항의 사업장 변경 횟수 제한규정은 외국인 근로자로 하여금 부당한 권리침해와 불법행위가 있더라도 참고 견디거나 아니면 불법 체류자가 되라고 강요하는 것과 다를 바 없는 것이어서 불법과 인권유린을 조장하는 법 조항이라 하지 않을 수 없다.[23] 인권단체에서도 이 조항을 폐지해줄 것을 주장하고 있다.[24]

이번 개정안에서도 재고용 시 연장된 2년 동안 2회 이상 사업장 변경을 할 수 없다고 규정하고 있어 여전히 외국인 근로자의 사업장 이동의 자유를 제한하고 있다. 사업장 변경 횟수제한으로 국내 고용기간 동안 강제출국 당해 불이익을 감수해야 하는 외국인 근로자가 발생하지 않도록 사업장 변경 횟수의 제한을 완화할 필요가 있다.

우리나라 정부는 「외국인 근로자의 고용 등에 관한 법률」제25조에서 사업장 변경사유를 제한하고 있는 것은 내국인 근로자의 보호에 있다고 설명하고 있다. 그러나 내국인 근로자를 보호는 제도상에 마련된 내국인 구인기간 의무규정에 따라 근본적으로 정부의 합리적인 외국인력 수급계획의 수립

---

22) 고준기, 「외국인 고용 허가제의 문제점과 개선방안」, 『법과 정책연구』 제5집 제1호 별책 한국법정책학회, pp.222-223.

23) 〈부록 7〉참조.

24) 「외국인 근로자의 고용 등에 관한 법률」제25조와 이를 구체화하고 있는 시행령 제30조 제1항이 외국인 근로자들이 현장에서 겪고 있는 인권 침해와 노동착취를 전혀 반영하고 있지 못한 규정임에도 시행령 제30조 제2항이 '외국인 근로자에게 귀책사유가 없는 경우만으로 사업 또는 사업장의 변경이 3회가 행하여진 경우에는 1회에 한하여 사업 또는 사업장의 변경을 추가로 허용할 수 있다' 라고 규정하는 것은 그 권리제한의 정도가 심히 과도한 것으로 과잉제한의 소지가 매우 크다고 할 수 있다. 시행령 제30조 제2항의 규정대로 한다면 외국인 근로자에게 전혀 귀책사유가 없다고 할지라도 총 4회를 초과해서는 사업장 변경 신청이 불가능하게 된다. 이는 외국인 근로자로 하여금 부당한 인권 침해와 불법행위가 있더라도 참고 견디거나 아니면 불법 체류자가 되라고 강요하는 것과 다를 바 없는 것이다. 불법과 인권유린을 조장하는 법 조항이 아닐 수 없다. 특정 사업장의 경우 (예를 들면 계절사업장인 계절채소 재배업의 경우) 1년에 최소 2회 이상 사업장을 변경해야 하는데, 사업장의 변경을 3회로 제한한 것은 외국인 근로자를 고용한 사용주 및 외국인 근로자 모두에게 현실을 무시한 비현실적인 조항이다,'라고 주장하며 시행령 제30조 제2항이 규정하고 있는 '1회에 한하여' 라는 문구는 삭제하여야 한다고 주장하고 있다. 이번 개정안에서는 외국인 근로자의 귀책사유가 아닌 경우에는 그 횟수에 포함되지 않는다.

을 통해서 달성할 과제[25]라고 하지만 내국인 구인기간 의무규정은 외국인 근로자에 대한 허용업종과 허용인원 제한조항이 있기 때문에 내국인 구인기간의 의미는 별로 없어 보인다.

또한 외국인 근로자의 사업장 변경을 제한해서 내국인 근로자의 취업영역을 보장한다고 할 수 없다. 오히려 내국인 근로자의 보호라기보다는 기업 간의 숙련된 기능인력 빼가기 방지 및 고임금을 목적으로 하는 외국인 근로자들의 사업장 이동을 제한하기 위한 것으로 볼 수 있다. 결국 저임금정책으로 외국인 근로자들을 활용한다면 당장은 좋을지는 모르나 기업의 경쟁력을 키워나가는 데는 장기적으로 더 많은 사회적 비용을 들여야 할 것이다.

그리고 동일업종과 동일지역 내에서 사업장 변경을 허용하고, 다른 업종으로 변경하고자 할 경우에는 노동부장관의 허가를 받도록 한다면 정부가 염려하고 있는 내국인 근로자 보호에도 별 다른 문제가 없을 것으로 보인다.[26]

따라서 정부는 이미 합법체류허가를 받은 외국인 근로자들이 사업장을 이탈하여 불법 체류자가 되지 않도록 해야 하며, 더 이상 외국인 근로자에 대한 권리침해가 발생하지 않도록 해야 한다. 불법 체류 신분이 될 경우 체불임금, 산업재해 등 각종 외국인 근로자에 대한 권리침해의 사각지대가 된다는 점을 고려할 때, 사업장을 이탈하지 않도록 적절한 홍보 및 계도기간 설정, 안내 등의 보완조치도 필요하지만, 궁극적으로는 '사업장 변경의 제한'의 내용을 대폭 수정·완화 내지 단계적으로 폐지해나가야 하며, 외국인 근로자도 사용자와 동등한 지위에서 사업장 변경을 요구하고 신청하는 것이 가능하도록 해야 한다.[27]

---

25) 고준기, 앞의 논문, p.225.

26) http://mwtv2009.cafe24.com/2009/bbs/board.php?bo_table=B23&wr_id=29&sfl=wr_subject | | wr_content&stx=&sst=wr_hit&sod=desc&sop=and(검색일: 2009. 12. 13)

27) 고준기, 앞의 논문, pp.225-228.

3. 정책적 개선방안

1) 출입국행정을 위한 전문자격사 제도 도입 필요

외국인 근로자들의 출입국시 복잡한 절차에 따른 혼선과 지체로 인한 불편함을 줄여 타국인들에게 편의를 제공한다는 차원에서 출입국 행정절차를 대행해주는 전문자격사 자격증 신설을 생각해볼 때이다. 요즘 다양한 업무영역에 전문자격사들이 존재한다. 세무행정을 위한 세무사, 노동행정을 위한 노무사 등 각종 행정에 관한 전문자격사들이 활동을 하고 있다. 따라서 외국인들을 위한 출입국 행정을 위한 전문자격사 제도의 도입은 당연한 일이다. 최근 20년 가까이 우리나라는 국제결혼을 통해 해외로부터 인구유입이 가속화되고 있다. 과거에는 주로 우리나라 여성과 외국인 남성의 국제결혼을 통한 해외이주가 주를 이루던 것이 1990년대 이후에는 우리나라 남성과 외국인 여성의 결혼에 의한 인구유입이 많아졌다. 실제로 1990년 619건에 불과하던 우리나라 남성과 외국인 여성의 결혼누계는 2007년 34만 5,592건으로 급증했다.[28]

저출산에다가 남아 선호사상이 성별 불균형 구조를 만들어 가임여성이 줄게 되면서 외국인 여성과의 국제결혼이 늘어나는 요인이 되었다. 국제결혼과 외국인 근로자 유입의 증가로 인해 출입국사무소의 민원혼잡도는 이루 말할 수가 없다. 또한 의사소통이 힘든 외국인 근로자들과 국제결혼 여성들의 행정을 지원함에 있어, 출입국사무소나 노동부에 대한 대리행위를 할 수 없어 많은 인권 문제가 발생하고 있다. 이런 불편함을 줄이고 외국인들에게 편의를 제공하기위해 입국부터 체류후 출국까지 일정한 출입국 업무를 전문자격사가 수행한다면, 업무의 효율성도 높일 수 있고 국가부담 완화 효

---

28) http://blog.paran.com/jinbocorea/29400308(검색일: 2009. 09. 10).

과도 기대할 수 있을 것이다.

호주 · 영국 · 뉴질랜드 · 캐나다 · 미국 등 선진국에서는 이민 관련 전문 변호사나 전문자격사들이 적극적인 활동을 하고 있다. 이들 국가는 이민을 통해 많은 국부를 창출하고 있으며 이민 산업을 국가의 중요정책으로 삼고 있다. 우리나라도 다문화 사회로 전환되는 이 중요한 시점에 이민정책의 새로운 전환을 모색해 나가야 할 것이다.[29]

우리나라는 그동안 각종 분야에 행정자격사 제도를 실시하여 행정편의를 제공해오고 있으며 이민행정 전문가 양성에 대해서도 교육기관에서 이민행정대학원 과정을 개설하는 등 이민행정 전문가 양성에 적극적으로 나서고 있다.[30]

이민행정 전문자격사는 우리나라에 입 · 출국하는 외국인들에게 편의를 제공하면서 국제 사회에 국가 이미지를 한층 드높이는 데 기여할 것이다. 지구촌 시대 시장개방이 가속화되면서 각종 전문자격사 제도의 필요성이 대두되고 있다.

---

29) http://blog.paran.com/jinbocorea/29400308.(검색일: 2009. 09. 10).

30) 연합뉴스(2009. 02. 19일자)기사를 보면, '다문화 시대의 개화를 앞두고 성결대가 국내 처음으로 이민행정을 다루는 석 · 박사 과정을 개설하는 등 교육기관들이 본격적으로 이민행정 전문가 양성에 나섰다. 심혜영 성결대 교수(다문화통합연구소장)는 19일 "경영행정대학원 이민정책학과에 석 · 박사 과정 6명을 처음 모집해 3월에 개강한다"면서 "이민행정의 이론과 현장 경험을 두루 갖춘 전문가를 양성하는 게 단기 목표"라고 말했다. 이 과정의 학생은 이민정책학, 해외이민제도론, 사회통합론, 국제이주론 등을 배운 뒤 정해진 절차를 통과하면 경영학 또는 행정학의 석 · 박사 학위를 받게 된다. 지난 2005년 사회교육원에서 이민행정학을 가르쳐 온 명지대는 28일까지 이민행정 전문 과정의 학생을 모집한다. 박화서 명지대 사회교육원 교수는 "해외이민과 역이민의 급증으로 이민 산업 규모가 커지고 다양해진 만큼 이민과 유학 등에 관한 법률과 정책을 이론과 실무 차원에서 담당할 전문인이 필요하다"고 밝혔다. 1년간 국적, 난민정책, 노동법, 고용 허가제, 출입국 관련 소송 실무 등의 과목을 배운 수료자는 이 대학 총장 명의의 수료증과 일정한 시험을 거쳐 학교가 발급하는 이민 행정사 자격증을 얻게 된다. 또 신상록 포천다문화 가정지원센터 대표는 "이민자가 늘고 재외동포에게 투표권을 부여하는 등 이민 환경의 변화에 대응하기 위해 상명대 언어문화교육원과 함께 3월부터 다문화 및 이민업무 담당자를 대상으로 다문화. 이민정책 아카데미를 설립해 전문가 양성에 주력할 계획"이라고 밝혔다. 정부 관계자는 "전문지식 없이 현장 경험만 갖춘 사람이 관련 업무를 맡다 보니 완충작용을 제대로 못 하는 등 이민행정 전문가 양성이 시급한 과제"라면서 "이민자 지원센터나 외국인 근로자가 많은 기업의 담당자 등에게 이론과 실무를 교육해야 한다"고 말했다. http://www.migrantworkers.net/?document_srl=19168(검색일: 2009. 10. 07).

2) 단기 순환정책을 장기 정주화정책으로 전환

「외국인 근로자의 고용 등에 관한 법률」은 외국인 근로자를 원칙적으로 단기간 취업시켜 가족을 초청하여 동거하는 것을 원천적으로 금지하는 등 외국인 근로자의 정주화를 방지하고 있다. 이처럼 현행법은 오히려 불법 체류자를 양산시킬 수 있는 여지를 남김으로써 사회적 비용을 증가시키고 있는 실정이다. 근본적인 문제점은 외국인 근로자를 저임금군으로만 구성된 단순기능 인력으로 대상화하여 정주화를 차단하고자 하는 현행 외국인력정책의 기초인 단기 순환정책에 있다고 할 것이다.[31]

대부분의 나라들이 외국인 근로자 고용정책에 있어서 외국인 근로자 정주화를 막기 위한 단기 체류방식을 취해오고 있지만 단기 순환정책이 반드시 외국인 근로자들의 정주화를 막는 데 효율적인 방안이 아니라는 것이 사례로 증명되고 있다.

미국은 오랫동안 일시적 근로자 프로그램에 따라 초청근로자 제도를 운용하여 왔으나 불법 장기 체류를 방지하기 위해 외국인 근로자를 주기적으로 교체하기 때문에 초청근로자를 상품화시킨다는 문제제기가 일자 다양한 초청근로자 프로그램 개발을 통해 보완해나가고 있다. 독일의 경우는 외국인 노동력 수입에 있어서 단기 순환정책을 채택하였으나, 숙련시켜 놓은 외국인 근로자가 본국으로 귀국하고, 다른 미숙련 근로자로 대체하면서 드는 불필요한 교육훈련비용 및 여러 가지 부대비용에 대한 부담을 지는 사용자들의 반대로 단기 순환정책을 폐지하고 체류기간을 5년 또는 무기한 허용해 시행하고 있다. 독일은 정착하고 있는 외국인 근로자와 그 가족들을 독일사회로 흡수시키는 통합정책을 시도하고 있다. 대만의 경우에는 외국인 근로자의 불법 체류 문제에 대해서는 일정규모에 미달하면 적극적인 단속이나

---

31) 고준기, 앞의 논문, pp.214-215.

엄격한 처벌을 실시하지 않으나 만약 그 규모를 초과하면 강력한 단속을 실시한다.[32] 즉 어느 정도까지는 용납하고 있다는 것이다.

이와 같이 불법외국인 이주자들의 증가에 따라 정주화에 대한 합법화 방안이 다수 국가에서 긍정적으로 검토되고 있고, 우리나라도 외국인 근로자 정책에 있어서 장기 정주화정책 전환을 점진적으로 시행해나갈 수 있도록 준비해야 할 것이다.

3) 고용 허가제에서 노동 허가제로 전환

고용 허가 내지 노동 허가제의 중요한 요소는 외국인 근로자가 취업할 수 있는 자격을 입국·체류자격과 분리하는 데에 있다. 「출입국 관리법」에 의해 외국인이 국내에 입국 및 체류할 수 있는 자격이 부여되더라도 취업을 할 수 있는 자격을 곧바로 부여하는 것이 아니라 별도의 판단에 의해서 노동시장에 접근할 수 있는 권리가 부여된다. 그리하여 노동시장에 대한정책과 출입국관리정책을 분리하는 것이다. 또한 일단 취업할 수 있는 자격을 부여한 경우에는 내국인과 동등하게 대우해야 한다. 외국인 근로자가 허가를 받아서 국내사업장에 취업한 뒤에는 내국인과 동등한 대우를 받는 것이 국제법과 국내법의 원칙이다.[33]

고용 허가제와 노동 허가제는 입국 및 체류정책으로부터 노동시장정책을 분리한다는 데는 공통된다. 양 제도 각각 노동력의 수급사정에 따라 외국인

---

32) 미등록 외국인 근로자를 신고하는 자에게는 20~30만 대만달러의 상금을 내걸고 그 재원은 불법근로자를 채용한 사용자에게서 징수한 범칙금으로 충당한다. 불법으로 외국인 근로자 1명을 채용한 경우에 최고 6개월 이하의 징역 또는 9만 대만달러의 벌금형에 처하도록 되어 있으며 고용한 근로자 수가 2명 이상일 경우에는 최고 3년의 징역 또는 최고 30만 대만달러의 벌금형에 처한다. 또한 외국인 근로자를 불법으로 알선하는 자는 최고 6개월의 징역 또는 15만 대만달러의 벌금형에 처하고 있으며 상업적 목적으로 외국인 근로자를 불법으로 알선한 자는 최고 3년 징역 또는 60만 대만달러의 벌금형이고, 상습적으로 외국인 근로자를 불법으로 알선하는 자는 최고 5년의 징역 또는 15만 대만달러의 벌금형에 처하도록 하고 있다.(취업서비스법 제58조 및 59조).

33) 고준기, 앞의 논문, pp.228.

근로자의 도입규모를 신축적으로 조정할 수 있다. 그러나 양자는 규제의 방향이 다르다는 점에서 차이가 있다. 고용 허가제는 사용자가 근로조건을 준수할 수 있는 능력이 있는 사용자인지를 심사할 수 있어 외국인 근로자들이 취업과정에서 피해를 줄일 수 있다. 그리고 사용자가 내국인 근로자를 고용하기 위한 구체적인 노력을 했는지도 확인할 수 있다.[34]

반면 노동 허가제는 외국인 근로자에 대한 규제를 하기 때문에, 외국인 개인의 사정을 감안한 허가를 내릴 수 있다. 근로자의 체류 년 수, 가족, 연령, 출신국에 따라서 규제를 달리해야 하는 경우에는 이 제도가 적절하다.[35] 노동계(한국노총과 민주노총)는 입법당시 고용 허가제가 아닌 노동 허가제를 주장해왔다.[36]

노동 허가제는 외국인 근로자에게 국내 취업을 허가하는 것이며, 고용 허가제는 내국인 사용자에게 고용을 허가하는 것이다. 고용 허가제는 외국인 근로자를 단기간 취업시킨 후 취업기간이 종료되면 즉시 귀국시키고, 가족을 초청하여 동거하는 것을 금지하도록 하고 있다. 입국 후에는 사업장 이동이 자유로운지 여부에 대해서는 노동 허가제만이 사업장 이동의 자유를 보장하는 것은 아니며, 고용 허가제를 도입하여 외국인 사용자를 규제하더라

---

34) 최홍엽, 「외국인 근로자의 노동법상 지위에 관한 연구」, 서울대학교 박사학위 논문(1997), pp.172-173. 고용 허가제를 도입한 대만에서는 사용자가 3일간 연속하여 구인광고를 내었는데도 국내 근로자를 모집할 수 없었음을 증명하기 위하여 그 신문 광고문안과 함께 공공직업안정소가 발행한 구인부족 증명서를 제출하도록 하고 있다. 우리 산업기술 연수생 제도에서도 연수대상업체를 선정할 때에 중소기업협중앙회가 일정한 기준을 요구하고 있는 것은 고용 허가제에서 규제내용과 유사하다.

35) 예컨대, 외국인 근로자가 국내에 장기체류하는 때에는 특별한 지위를 인정하여 취업 장소와 시기의 제한을 두지 않는 경우, 외국인 근로자에게 가족과의 결합을 보장하고 그 가족이 다른 외국인보다 우선적으로 취업하도록 하는 경우 등이라면 외국인 근로자 개개인에 대한 자격심사의 필요가 커진다. 이러한 경우라면 노동 허가제를 채택하는 것이 적절하다. 위의 논문, p.173.

36) 입법추진당시 노동계인 한국노총의 입법청원에서 소개의원인 박인상 의원의 2002년 8월 29일 법안은 고용 허가제가 아닌 노동 허가제였고, 민주노총의 입법청원에서 소개의원인 이호웅 의원 역시 노동 허가제였다. 다만 민주노총의 경우는 노동허가를 받은 외국인 근로자는 외국인 근로자고용사업장으로 자유롭게 사업장 이동을 가능하도록 주장하였다.

도 「외국인 근로자의 고용 등에 관한 법률」 제25조(사업 또는 사업장 변경의 허용)의 조항에 의거 외국인 근로자의 사업장 이동을 변경사유발생 여부에 따라 부분적으로 허용하고 있다.

노동 허가제는 특히 외국인 근로자에게 노동할 수 있는 권리를 부여해 근로자가 노동권리의 주체가 되고 체류기간도 충분히 보장해 외국인 근로자들의 안정된 정주화가 가능하도록 하는 제도이다. 아울러 사업장 이동의 자유를 보장하고 외국인 근로자 전면 합법화를 통해서 내국인 근로자와 동등한 대우를 보장 받을 수 있는 제도이다.

이러한 이유로 독일의 경우에는 노동허가만으로 노동시장에 대한 규제를 통해 숙련 근로자들을 귀국시키고 미숙련 근로자들을 받아들여야 하는 교체순환정책이 붕괴되었으며, 그 결과 독일에서는 외국인 근로자 정착이 시작되는 계기가 되었다.[37] 또한 노동허가(Arbeitserlaubnis)는 특정 사업장의 특정 직종에 한정해서 발급되는 경우도 많았다. 그렇지 않는 때에는 사업장이나 직종 중 하나를 한정하여 발급되었다.[38] 사업장 이동의 자유가 보장되는 경우는 노동권(Arbeitsberechtigung)이 발급되는 경우이다. 노동권은 외국인 근로자에게 처음부터 발급되는 것은 아니며, 체류권한이 있는 외국인이 5년간 합법적으로 취업한 경우나 6년 동안 중단 없이 체류해온 경우에 노동권이 부여된다.

대만은 외국인 근로자는 노동허가를 받도록 하고 내국인 사용자는 고용허가를 받도록 하는 제도를 병존시켜 노동 허가제와 고용 허가제의 각각의 기능을 유지한 채 상호 보완적인 역할을 하도록 하였다.[39]

이제는 우리나라 중소기업도 어떤 선택이 경쟁력을 강화시켜 나갈 수 있

---

37) 김태환, 「외국인 근로자의 고용 등에 관한 법률의 고찰」, 『논문집 (사회과학편)』, 제22집 (2003), p.18.(설동훈, 「아시아 각국의 외국인 노동자 정책과 노동권」, 참조).

38) 최홍엽, 앞의 논문, pp.131-134.

39) 위의 논문, p.174.

는 것인지를 진지하게 생각해봐야 할 시점이다. 국제경쟁시대에 걸맞는 경쟁력을 갖추려면 지금부터라도 더불어 살아가는 공동체 의식을 갖추어 나가야 할 것이다. 그러기 위해서는 점진적이고 단계적으로 개선해나갈 필요가 있다. 더욱이 현재 나타나고 있는 권리침해 등은 그동안 일관성 없는 외국인력정책의 부작용으로서 나타나고 있는 점도 있지만 고용 허가 제도의 도입 이후에도 지속적으로 발생하고 있다. 이 점을 감안할 때, 현재 제도의 관련규정의 한계를 짚어보고, 현행규정의 미비점을 시행령이나 관련규칙 등으로 보완해나가는 등 복합적 접근방식을 통해 권리침해적 요소를 최소화 해나가야 할 것이다.

　외국인 근로자가 입국한 이후에 사업장 이동이 자유로운지 여부에 대해서는 노동 허가제만이 사업장의 이동의 자유를 보장하는 것은 아니지만 장기적으로 노동 허가제로 전환을 검토해 외국인 근로자들의 노동권 보장이 곧 중소기업의 경쟁력을 강화시킬 수 있다는 발상의 전환을 가져와야 한다. 우리나라가 외국 국적 동포들을 대상으로 한 방문취업 제도는 사업장 변경도 사용자의 의사와 상관없이 자유스럽게 이동이 가능하다. 유럽의 노동 허가제와 흡사하며 고용 허가제보다 진일보한 제도이기는 하나 외국 국적 동포들에게만 적용되는 한계가 있다. 관련기관의 외국인 근로자를 고용하고자 하는 사용자에 대한 철저한 심사와 고용 허가 제도의 문제점을 보완이 필요하다. 동시에 장기적으로 노동 허가제 전환을 통해 제한된 외국인 근로자들에 대한 취업직종의 범위도 확대하고, 외국인 근로자들이 직업 선택과 사업장 이동을 통한 자유선택권을 부여하여 우리나라 공동체의 일원으로 삶의 권리를 누릴 수 있도록 해야 하는 것이 바람직하다 할 것이다.

4) 미등록 외국인 근로자 합법적 지위부여 고려

미등록 외국인 근로자는 노동력의 국제이동의 각 단계에서 발생하기 때문에 외국인의 불법취업을 감소시키기 위해서는 외국인 선발과정에서부터 귀국할 때까지 모든 과정에서 종합적인 접근이 이루어져야 한다.[40] 하지만 여기서는 미등록 외국인 근로자를 효율적으로 관리해서 능률을 올릴 수 있는 방안에 대해서 이야기하기로 한다.

우리나라 정부는 고용 허가제를 시행할 당시 체류기간이 3년 미만인 경우 자진귀국을 약속받고 양성화 조치를 취한 바가 있으나 대부분이 자진귀국하지 않고 불법 체류를 선택하였다.[41] 독일의 경우에도 단순기능 인력으로 국내에 들어와 취업을 하고 있는 외국인 근로자는 본국으로 귀국할 의사가 없다고 보고 사회통합정책을 통해서 그 문제해결을 위한 방안을 마련하고 있다. 일정기간(8년) 범법 사실 없이 성실하게 일한 것이 납세증명서 등을 통해서 입증되면 영주권 취득이 가능하도록 하고 있고, 미국 역시 영주권이나 시민권 획득의 길을 열어주는 포괄적 이민법을 시행하고 있다.[42]

앞서 살펴본 〈표 8〉과 같이 2012년 9월 30일 불법 체류자 현황을 보면 2002년 30만 명에 이르던 불법 체류자 수가 2003년 15만 명으로 줄었다. 2006년에는 21만 명, 2007년에는 22만 명 2008년도에는 20만 명으로 늘어났다가 2009년도 18만 명, 2010년도 17만 명, 2011년도 17만 명, 2012년은 18만 명 으로 불법 체류자 수가 다소 줄어든 양상을 보이고 있다.

현재 불법 체류자 중에는 2004년 8월 이전 시행했던 산업연수 제도에 따

---

40) 이규용 · 유길상 · 이해춘 · 설동훈 · 박성재, 「외국인력 노동시장분석 및 중장기 관리체계 개선방향연구」, 한국노동연구원(2007), p.173.

41) 이규용 · 설동훈 · 박성재 · 주무현 · 조동훈, 「구조변화와 이주정책과제」, 한국노동연구원 (2008), p.67.

42) 정귀순, 「시민단체에서 보는 외국인 정책 방향」, 외국인과 더불어 사는 열린사회 구현을 위한 이민정책 세미나, 법무부 출입국 관리국(2006), p.32.

라 입국한 사람들이 8만 2,000여명, 관광비자 등으로 입국했다가 불법 체류자가 된 사람이 8만 6,000여명이다.

우리나라도 미등록 외국인 근로자들을 무조건 추방시키는 것이 능사는 아닐 것이고 전부 추방할 수도 없는 현실이다. 목표는 최대한 불법 체류자 신분이 줄어들 수 있도록 하되, 이들을 어떻게 합법적 공간으로 끌어들여 활용해 나갈 것인가를 효율적인 측면에서 진지하게 고민해야 할 것이다. 불법 체류자도 우리가 꼭 필요한 인력일 경우에는 유화적인정책을 통해 불법 체류자에 대한 합법적 지위 부여를 적극 검토할 필요가 있다. 즉, 미등록 외국인 근로자 문제를 해결하기 위해서는 전향적인 정책을 통해 접근해 나가야 할 것이다. 출국유도를 위해 좀 더 강한 흡입력을 가진 혜택부여 제도를 도입하는 문제도 검토해볼 수 있고, 외국인 근로자 도입 수도 조절하면서, 장기적으로 합법화 조치가 이루어져야 할 것이다. 이렇게 되면 국내 유입된 외국인 근로자 절대수가 줄어드는 효과도 가져 올 수 있을 것이다.

미등록 외국인 근로자의 합법화 요건을 제시해본다면 최소한 3년 이상 취업활동을 통해 숙련된 숙련공이어야 한다. 이러한 숙련된 외국인 근로자를 본국으로 송환하는 것은 기업과 국가의 손실이다. 이들을 일정한 조건하에 합법화 시키는 것이 외국의 일반적인 사례이므로 우리도 이들을 합법화하는 제도를 마련해야 한다. 부가적인 요건으로는 필요인력에 대한 사용자의 입증이 필요하고, 합법화 대상 외국인 근로자의 불법적인 기록이 없어야 하며, 외국인 근로자의 자녀가 우리나라에서 출생하여 일정기간 국내에 거주하는 경우에 우선적으로 합법화 대상자로 고려한다. 그리고 미등록 외국인 근로자에 대한 합법화를 희망하는 사용자에게 해당 외국인 근로자 고용에 대한 일정한 인적 보증을 함으로써 외국인 근로자가 미등록 근로자로 전락할 가능성을 줄일 수 있을 것이다.

외국인 근로자를 일정한 조건하에 합법화해야 하는 이유는 미등록 외국인 근로자 전원을 추방할 수도 없으며, 이들이 강제로 본국에 송환된다고 하더라도 이들로 인한 우리나라의 국가 이미지 실추는 금액으로 환산할 수 없을 것이기 때문이다. 그 대표적인 사례로 태국에서 결성된 AKIA(Anti Korea Interests Agency)[43]가 있다. 불법 체류가 범죄가 아닌 이상 강제적으로 이들을 본국에 송환하지 않는 것이 국익에 도움이 된다면, 장기적 관점으로 볼 때 이들을 합법화하는 것이 타당한 정책이라 할 수 있겠다.[44]

4. 소결

이상에서 외국인 근로자 권리보호 개선방안을 법률적 차원에서 각 법률 조항의 권리침해적 요소를 지적하고 그 조항의 폐지나 신설 그리고 정책적 차원에서 외국인 근로자의 정주화정책 등 개선안을 나름대로 제시해보았다.

우리나라는 잘못된 외국인력정책으로 야기되었던 불법 체류, 권리침해 요소 등을 차단할 목적으로 고용 허가 제도를 채택했지만 국가 행정기관에 의한 법집행 과정과 노동현장에서는 아직까지 외국인 근로자 권리침해가 사라지지 않고 있다. 외국인 근로자 문제에 있어서 국제 사회의 정의개념에 반하는 외국인력정책은 심각한 부작용을 낳을 수밖에 없다. 예를 들어 불법 체류자라고 해서 현행법의 기계적 적용으로 무조건적인 강제 퇴거 조치는 자칫

---

43) 'AKIA'라는 반한 단체는 소위 '코리안 드림'을 안고 한국 땅을 밟았던 태국 근로자들, 그 중 특히 불법 체류 신분으로 한국에서 갖은 천대와 인권 유린을 당했던 사람들로 조직된 단체라고 한다. 그리고 그동안 스리랑카, 태국 등에 진출한 한국 기업들이 현지 노무자들을 혹사/천대할 뿐만 아니라, 임금을 체불하고 잠적하는 일이 많아 그 곳에서 크게 사회 문제화되어 한국(인)에 대한 그들의 감정이 극도로 악화되고 있다는 이야기다.

44) 이학춘, 「한국 내 다문화 가정과 외국인 근로자의 적극적 사회통합 방안」, 법무부 특강자료, 동아대학교 국제법무학과 (2009), pp.29-30.

불법 체류자들을 음지로 숨어들게 함으로써 그 해결을 더욱 어렵게 만들기도 하고, 반한파를 양산시켜 우리나라에 위협적인 존재로 나타나기도 한다.

또한 장시간 우리나라에서 생활하면서 언어와 식습관에 적응되어 있고, 취업활동을 통해 숙련공이 된 미등록 외국인 근로자를 불법 체류로 단속하여 강제 퇴거시킨다면 사용자의 입장이나 우리나라 외국인력 관리운용에 있어서도 불필요한 비용을 지불하게 될 수밖에 없다.

노동부는 「외국인 근로자의 고용 등에 관한 법률」에 의한 엄격한 취업조건이나 사업장 이동제한 등은 외국인 근로자 문제는 거시적으로 볼 때 이민정책 등과 맞물려 있는 만큼 각종 제한조치는 불가피하다는 입장을 보이고 있다. 하지만 근로자가 필요에 따라 사업장을 변경할 수 있는 것은 근로자의 기본권리인 만큼, 외국인 근로자에게만 사업장 이동제한을 두는 것은 내국인 근로자와 형평성에서도 맞지 않으며 노동관계법상 차별금지 조항에 위배된다.[45]

고용 허가제 개정안이 나왔음에도 불구하고 여전히 존치되고 있는 사업장 이동의 제한조치 조항은 고용 허가 제도의 한계로 드러나고 있으며, 앞으로 적용과정에서 계속적인 논란거리로 작용할 것으로 보인다.

사업장 내에서 내외국인 근로자 간의 심리적 갈등 문제, 상사와의 불편한 관계, 신체적 부적절한 근무조건, 낮은 임금 등으로 인한 임금인상 요구, 혹은 사용자가 여러 가지 사정상 다른 사람으로 고용변경을 원하는 경우 등 사업장 내에서는 얼마든지 사업장 이동의 사유가 발생할 수 있다. 특히 우리나라 말을 잘 모르는 외국인 근로자들의 경우 사업장 이동의 제한에 대한 규정을 잘 이해하지 못하여 사업장 이탈대상이 될 수 있으며, 이와 같은 사업장 이동의 제한조치가 불법 체류자를 양산해낼 가능성이 높다.[46] 직업선택의

---

45) 이러한 규정 때문에 합법적으로 고용되었더라도 사업장 이동을 제한하기 때문에 이를 미끼로 임금을 주지 않는 사례들이 늘고 있는 사례도 있다. 혹은 사업장 이동제한 규정 때문에 수개월씩 임금이 밀려도 문제의 사업장을 빠져나올 수 없는 사례도 나타나고 있다.

46) 고준기, 앞의 논문, p.227.

자유를 보장하고 임금정책의 변화를 통해 경쟁력을 높이기 위해서라도 장기적으로는 근무처 변경 횟수는 폐지해나가야 할 것이다.

그러므로 고용 허가제로 인해 발생하는 권리침해적 요소에 대한 신속한 보완대책이 마련되어야할 것이다. 그리고 현재 시행되고 있는 고용 허가제를 노동 허가제로 전환을 모색해볼 시점이 되었다. 여기에서는 노동 허가제로의 전환을 고용 허가 제도의 한계를 극복할 수 있는 대안으로 제시하고자 한다.

또한 국제결혼으로 인한 다문화 가정이 생겨나고, 체류 외국인들로 다양한 형태의 거주가 이루어지면서 외국인 근로자들의 정주화로 인한 양성화 문제가 쟁점이 되고 있다. 체류 외국인 정주화 문제에 대해서 무조건적인 배척 또는 방지보다는 문화국가로서 다양성이 보장되는 국가로 가기 위한 좋은 기회로 활용해나갈 수 있도록 국가적 차원에서 대비를 해야 할 것이다.[47]

아울러 나라마다 다른 문화차이로 인한 이질감도 우리사회에서 외국인 근로자들의 부적응에 한몫 하는 요인이 되어있음은 부정할 수 없을 것이다. '무슬림을 믿는 외국인 근로자에게 왼손을 쓰면 안 된다', '베트남인들에게는 머리를 만지는 것이 금기시 되어있다.' 이런 문화의 다양성에 대한 내국인들의 사전인식도 중요하다. 특히 언어소통의 곤란함은 자기감정 표출도 곤란하게 하는 등 직장생활에서 많은 어려움을 겪게 하는 요인이 되고 있으며, 결국 인권 침해 사례로 나타나고 있다.

이런 문제를 극복하기 위해서 다양한 사회, 문화적 제도 개선방안들이 제시될 수가 있고, 또 앞으로 시행되어야 할 것이다. 우리나라 근로복지관리공단에서는 산업재해를 당한 외국인 근로자를 위해 재활교육 안내를 실시하고 국민연금관리공단에서 외국인 근로자를 위한 국제 업무센터를 개설해 외국인 근로자의 사회보장을 위해 다각도로 많은 노력을 기울이고 있다. 이

---

47) 위의 논문, pp.225-226.

러한 노력들이 우리나라에 거주하는 외국인 근로자들에게 공동체 의식을 불어 넣어줌으로써 사회적, 문화적 갈등을 최소화해 책임 있는 사회구성원으로 거듭나게 한다.

우리나라는 세계 10위권의 경제대국으로서, 또 주요 20개국(G20) 가입국에 걸맞은 법 제도의 보완과 인식의 전환이 필요한 시기이다. 인종과 국적에 따른 차별을 금지하는 법 제도를 마련하고, 홍보나 교육을 통해 외국인 근로자에 대해 노동 기본권을 보장해야 한다는 인식을 확산시켜 나가야 한다. 그리고 외국인 근로자 문제에 관해 전문성을 가진 행정요원을 양성시켜 내국인과의 원활한 소통이 이루어 질 수 있도록 하여 갈등요소를 사전에 예방하는 역할을 수행하도록 해 나가야 할 것이다.[48]

국가적 차원에서 보면 외국인 근로자도 미래의 소비자들이라고 볼 수 있다. 외국인 근로자에 대한 정책운용을 잘못할 경우 국가 브랜드에 결정적인 마이너스를 가져다 줄 수 있는 존재이기도 때문이다. 외국인 근로자들이 우리나라에서 성공할 수 있는 모델을 만들어주어야 하고 그 자녀들을 모국으로 유학을 보내 우리나라의 지원으로 장학재단을 만들어 장기적 지원체계를 만들어 나가야 한다. 다중 정체성의 필요에 따라 현지화가 될 수 있도록 지원해 나가야 할 것이다. 프랑스가 불법입국자들에 대한 지원비용을 지불하는 것처럼 외국인 근로자들로 인해 더 많은 비용을 치루지 않기 위해서라도 전향적인 자세로 지원 방안들을 모색해나가야 할 것이다.

---

48) http://blog.naver.com/sinji021/95117744(검색일:2009. 12. 10),「아름다운 세상」,『동아일보』, 2009. 12. 10.

결론

오늘날 통신, 교통의 발달로 인한 국제교역의 증대로 국가 간 노동력의 국제이동도 세계전역에 걸쳐 활발하게 일어나고 있다. 이와 같이 국제화가 이루어지면서 인터넷으로는 이미 국경의 장벽이 허물어진지 오래고, 노동영역까지 국가 간 블록이 해체되어가고 있다. 우리나라는 인력 수입 국가로서 중소기업체를 중심으로 외국인 근로자를 받아들이고 있으며, 선진국가로서 지구촌 사회의 책임 있는 구성원으로서 그 위상을 갖추어 가고 있다.

이 책에서는 외국인 근로자들의 유입배경과 현황 그리고 외국인력정책의 연혁 등 외국 주요 국가들의 외국인 근로자 인력정책을 살펴보고 그 비교를 통해 합리적 방안을 모색해 보았다. 무엇보다 법적 지위에 있어서 처우문제와 불평등 구조로 비롯되는 권리침해에 의한 외국인 근로자의 권리보호 개선방안들이 가장 중요한 부분으로 다루어졌다. 권리침해의 핵심대상은 미등록 외국인 근로자로서 외국인 근로자정책에 있어서 해결해나가야 할 주요과제이다. 「출입국 관리법」에 따라 체류기간을 넘긴 미등록 외국인 근로자들은 언제든지 단속될 수 있는 대상이며 신분이 보장되지 않기 때문에 등록 외국인 근로자에 비해 많은 어려움을 겪으면서 취업활동을 유지하고 있다.

그동안 외국인 근로자에 관한 법제의 도입과 개정으로 외국인 근로자정책이 조금씩 나아지고 있지만, 아직까지 보완해나가야 할 부분들이 많이 남아 있다. 가까운 미래 사회에 외국인들이 차지할 활동영역 범위를 예측해보면서 그 대비책을 강구해나가지 않으면 그 폐해는 결국 우리들의 부담으로 남을 수밖에 없다.

우리나라의 경우 전체 인구의 고령화와 저출산으로 향후 노동인구 부족에 대비해야 한다. 특히 시간이 가면 갈수록 국내 근로자의 기대치는 더 높아갈 것이기 때문에 국내 노동인력의 3D 업종에 대한 취업 기피는 좀처럼 변하지 않을 것이다. 국내 노동력 감소요인에 따라 외국인 근로자들의 노동력 수요는 늘어날 수밖에 없다. 이런 흐름 속에서 외국인 근로자들에 대한 처우 문제는 우리나라가 국제 사회에서 올바른 평가와 사용자들의 경쟁력에 큰 영향을 끼치는 문제이기 때문에 그들에 대한 법적 지위와 권리보호가 현실화될 수 있는 방향으로 법제화가 이루어질 수 있도록 지속적인 관심을 기울여 나가야 할 것이다.

「헌법」 제11조는 '모든 국민은 법 앞에 평등하다 누구든지 성별 · 종교 또는 사회적 신분에 의하여 정치적 · 경제적 · 사회적 · 문화적 생활의 모든 영역에 있어서 차별을 받지 아니한다'고 규정하고 있고, 「근로기준법」 제5조에서도 '사용자는 근로자에 대하여 남녀의 차별 대우를 하지 못하며 국적 · 신앙 또는 사회적 신분을 이유로 근로조건에 대한 차별적 대우를 하지 못한다'라고 규정하고 있다. 여기에서 의미하는 균등대우의 원칙은 내국인 근로자와 같이 외국인 근로자도 인간으로서 자유롭게 사회생활을 할 수 있도록 해야 한다는 것이다. 이러한 균등대우의 원칙을 실현하기 위해서는 학교 · 직장 · 가정 등에서 교육과 의식개혁의 노력을 통해 가능하다고 할 수 있겠다.[1]

국내에 체류하고 있는 외국인 근로자는 등록 근로자와 미등록 근로자가 있다. 고용 허가제 도입으로 단순노동인력의 입국이 허용됨으로써 제한적 합법화가 이루어지긴 하였으나 미등록 외국인 근로자 문제에 대한 근본적

---

1) 유형석, 「외국인 근로자의 지위」, 『한남대학교 사회과학논총집』 제27집 (1997. 5), pp.202-207.

인 해결책 마련은 아직 못하고 있다. 우리나라 외국인 근로자 문제해결 노력은 먼저 외국인 근로자 기본권 보호 대책이 시급하다고 할 수 있다. 모든 외국인 근로자의 인권과 기본권에 대한 자유를 보장·촉진하는 것은 국제법상 국가의 의무이기때문에 외국인 근로자에 대해서도 최대한으로 그들의 사회적 기본권을 보장해주어야 한다.

외국인 근로자들의 기본권을 보호하기 위해서는 외국인 근로자에 대한 상담기관의 확충과 인권 침해의 근본적인 해결방안이 모색될 수 있는 영역이 더 많이 확보되어야 할 것이다. 사용자는 노동관계법규가 국적과 체류자격에 관계없이 외국인 근로자에 적용된다는 사실을 계도 강화를 통해 정확하게 인지하도록 하여 체류여부에 관계없이 외국인 근로자들에게 부당한 권리침해가 발생하지 않도록 지도, 감독해나가야 할 것이다. 한편 불법 체류 신분인 미등록 외국인 근로자일 경우 노동관계법상 내국인 근로자와 동등한 대우를 받아야 하는 것과는 별개로 출입국 관리법상 불법 체류자로서 행정사범에 해당되기 때문에 노동관계법상 권리를 보장받는다 하더라도 권리구제에 한계가 뒤따른다.

법률적·정책적 부분에서 외국인 근로자에 대한 제한 규정들이 외국인 근로자 정주화를 방지하기 위한 전제로 만들어진 것들이기 때문에 향후 바람직한 법적·정책적 방안을 위해서는 문제가 되는 법조항의 점검보완과 정책전환이 반드시 필요하다.

이젠 우리나라도 외국인 체류인구가 140만 명이 넘었다. 앞서 언급한 바와 같이 저출산과 인구의 고령화로 인해 우리나라 전체인구와 노동인구가 줄어들 것은 자명한 사실이고, 벌써부터 국제결혼으로 다문화 가정이 늘어나면서 문화충돌로 인해 많은 문제점들이 발생하고 있는 실정이다. 더 늦기 전에 이에 대한 대비를 해야 한다. 외국인 근로자정책에 있어서 단기 순환정책보다는 장기적으로 정주화정책을 통해 성실하게 일한 외국인들이 건전한 다문화 사회의 한 구성원으로 거듭나고 중소기업도 저임금정책에서 벗어나 기업경쟁력을 갖추어 나갈 수 있도록 해야 한다.

그리고 외국인 근로자 고용정책에 있어서 고용 허가 제도를 장기적으로 노동 허가제도의 전환을 검토해봐야 할 것이다. 고용 허가제는 위에서 기술한 바와 같이 사업장 이동을 제한받고 체류기간이 짧으며, 사용자가 노동계약의 주체가 되어 외국인 근로자 권리보호에 많은 제한요소들을 내포하고 있기 때문에 이런 문제들을 보완할 수 있는 노동 허가제로의 전환이 필요하다.

미등록 외국인 근로자정책에 있어서 미국은 취업자격이 있는 등록 외국인 근로자에 대해서만 노동3권을 보장한다. 대만 역시 미국의 경우와 흡사하며, 독일의 경우는 미등록 외국인 근로자라 하더라도 인간의 권리를 우선시해서 노동3권을 보장하고 있다. 이는 각 나라의 입장에 따라 약간의 차이가 있을 수 있다. 우리나라는 국제규범과 헌법정신에도 부응해야 하지만 심각한 노동인력 부족현상에 봉착해 곤란을 겪을 것을 대비해서라도 불법 체류에 의한 미등록 외국인 근로자들에 대한 사면조치 방안과 합법적 신분부여 등 양성화하는 방안을 통한 적절한 관리체제가 이루어져야 한다.

삼성경제연구소는 2008년 5월 발간한 보고서에서 '고령화 등으로 15~64세 생산가능인구가 2016년부터 줄어들 것으로 예상되는 우리나라가 안정적인 성장기반을 유지하기 위해서는 외국인 인력의 활용방안을 적극 모색해야 한다' 면서 '인종차별 금지의 명문화, 외국인 인권보호를 위한 법적·제도적 장치 마련, 영주권 제도 및 난민신청 절차 개선, 불법 체류자의 자녀취학 허용 등의 개선방안을 모색해야 한다'고 밝혔다.[2]

그리고 우리나라가 국제법과 국내법상의 「노동관계법」에 따른 외국인 근

---

2) http://blog.naver.com/1930song/40054334794 [출처] 외국인 노동자 비율 OECD 최저, 작성자 1930song(검색일: 2009. 11. 15).

로자의 법적 지위에 따라 내국인과 동등하게 대우하고 각자의 민족적 특색을 존중하면서 상호교류하고 공존할 수 있는 방안모색이 필요하다.[3]

한편 외국인 근로자들의 권리침해를 근절해나가기 위해서는 무엇보다도 법적·제도적 장치를 마련하는 것이 우선이다. 법률 간의 불합치에 대한 해소, 각 조항의 권리침해적인 요소에 대한 적극적인 보완 또는 폐지, 그리고 국제규범이나 국내법에 명시된 외국인 근로자의 법적 지위와 권리보호에 관한 규정을 노동현장에 실질적으로 접목시켜 나가려는 노력이 앞서야 할 것이다. 그래야만 국제 사회를 선도하는 책임 있는 선진국가로서의 국가 이미지를 제고할 수 있을 것이다.

그리고 이민자 사회통합 프로그램을 통해 한글교육과 우리나라사회 이해에 대한 소정의 과정을 밟도록 하고 사회통합 이수 제도에 따라 법적·제도적 보완책들을 만들어 나가야 할 것이다. 우리나라 법무부에서는 외국인 근로자의 사회적응을 지원하기 위해서 「이민자 사회통합 프로그램및 그 운영에 관한 규정안」을 마련해놓고 있다. 위 규정안의 제2조(정의)에서 보면 '재한 외국인 귀화자와 그 자녀 및 국민 등이 서로를 이해하고 존중하는 사회를 만들어 대한민국 사회적응을 지원하고 개인의 능력을 최대한 발휘하도록 하기 위한 우리나라 말, 우리나라 사회 이해 등에 대한 교육 및 정보제공 등의 제반활동을 말한다'라고 규정되어 있다. 이와 더불어 문화전반에 대해 이해할 수 있는 다양한 프로그램들이 제공될 필요가 있다.

따라서 장기적으로 외국인 근로자 정주화를 모색해서 향후 다문화 가정을 흡수할 수 있는 사회통합의식을 고양해나가야 할 것이다. 이와 같은 모색과 실천을 통해서 실제적으로 외국인 근로자들이 균등의 원칙에서 따라 인간다운 삶을 영위해 나갈 수 있도록 해야 한다. 앞서 말한 외국인 근로자들에 대한 인식의 전환과 함께 21세기 국제 사회를 선도해나갈 수 있는 선진국

---

3) 유형석, 앞의 논문, p.162.

가로서 국가 이미지를 제고하고, 상생과 화합을 새로운 국가발전의 기풍으로 조성해 나가는 것이 중요하다.

이 책에서는 우리나라 외국인 근로자의 정책과 외국의 정책들을 비교하여 외국인력정책에 대한 방향을 제시하려고 노력하였고, 법적 지위와 권리침해 사례를 통해서 외국인 근로자에 대한 법률적·정책적인 권리보호를 위한 개선방안을 제시했다. 외국인 근로자 법적 지위에 관해서는 국제규범과 국내법에 규정된 내용을 살펴보고 권리침해 사례를 법적으로 구분하여 적시했으며, 그 대응책을 모색함으로써 장기적인 관점에서 외국인 근로자들의 권리보호를 위한 법률적 보완과 정책적 개선방안을 제시하였다는 데 그 의미를 부여하고자 한다.

부록

<부록 1> 출입국 관리법 시행령 외국인의 체류자격

〈개정 2008. 7. 3, 2009. 3. 31〉

체류자격 (기호)	체류자격에 해당하는 자 또는 활동
1. 외교 (A-1)	대한민국정부가 접수한 외국정부의 외교사절단이나 영사기관의 구성원, 조약 또는 국제관행에 따라 외교사절과 동등한 특권과 면제를 받는 자와 그 가족
2. 공무 (A-2)	대한민국정부가 승인한 외국정부 또는 국제기구의 공무를 수행하는 자와 그 가족
3. 협정 (A-3)	대한민국정부와의 협정에 의하여 외국인 등록이 면제되거나 이를 면제할 필요가 있다고 인정되는 자와 그 가족
4. 사증면제 (B-1)	대한민국과 사증면제 협정을 체결한 국가의 국민으로서 그 협정에 의한 활동을 하려는 자
5. 관광통과 (B-2)	관광·통과 등의 목적으로 대한민국에 사증없이 입국하려는 자
6. 일시취재 (C-1)	일시적인 취재 또는 보도활동을 하려는 자
7. 단기상용 (C-2)	시장조사, 업무연락, 견학, 상담, 계약, 수출입기계 등의 설치·보수·검수·운용요령습득 기타 이와 유사한 목적으로 단기간 체류하려는 자
8. 단기종합 (C-3)	관광, 통과, 요양, 친지방문, 친선경기, 각종행사나 회의 참가 또는 참관, 문화예술, 일반연수, 강습, 종교의식 참석, 학술자료수집 기타 이와 유사한 목적으로 단기간 체류하려는 자영리를 목적으로 하는 자는 제외]
9. 단기취업 (C-4)	일시흥행, 광고·패션모델, 강의·강연, 연구, 기술지도 등 수익을 목적으로 단기간 취업활동을 하려는 자
10. 문화예술 (D-1)	수익을 목적으로 하지 아니하는 학술 또는 예술상의 활동을 하고자 하는 자 [대한민국의 고유문화 또는 예술에 대하여 전문적인 연구를 하거나 전문가의 지도를 받으려는 자 포함]
11. 유학 (D-2)	전문대학 이상의 교육기관 또는 학술연구 기관에서 정규과정의 교육을 받거나 특정의 연구를 하고자 하는 자

12. 산업연수 (D-3)	법무부장관이 정하는 연수조건을 갖춘 자로서 국내의 산업체에서 연수를 받고자 하는 자
13. 일반연수 (D-4)	유학(D-2)자격에 해당하는 교육기관 또는 학술연구기관 외에 교육기관이나 기업체·단체 등에서 교육 또는 연수를 받거나 연구활동에 종사하려는 재연수기관으로부터 체재비를 초과하는 보수를 받거나 산업연수(D-3)자격에 해당하는 자는 제외]
14. 취재 (D-5)	외국의 신문, 방송, 잡지 기타 보도기관으로부터의 파견 또는 외국의 보도기관과의 계약에 의하여 국내에 주재하면서 취재 또는 보도활동을 하고자 하는 자
15. 종교 (D-6)	외국의 종교단체 또는 사회복지단체로부터 파견되어 대한민국에 있는 지부 또는 유관종교단체에서 종교활동을 하고자 하는 자와 대한민국 내의 종교단체 또는 사회복지단체로부터 초청되어 사회 복지활동을 하고자 하는 자 및 기타 법무부장관이 인정하는 특정한 종교활동 또는 사회복지 활동에 종사하고자 하는 자
16. 주재 (D-7)	가. 외국의 공공기관·단체 또는 회사의 본사, 지사, 그 밖의 사업소 등에서 1년 이상 근무한 사람으로서 대한민국에 있는 그 계열회사, 자회사, 지점 또는 사무소 등에 필수 전문 인력으로 파견되어 근무하려는 사람(다만, 기업투자(D-8)자격에 해당하는 사람은 제외하며, 국가기간산업 또는 국책사업에 종사하려는 경우 그 밖에 법무부장관이 필요하다고 인정하는 경우에는 1년 이상의 근무요건을 적용하지 아니한다) 나. 「자본시장과 금융투자업에 관한 법률」 제9조 제15항 제1호에 따른 상장법인 또는 「공공기관의 운영에 관한 법률」 제4조에 따른 공공기관이 설립한 해외 현지법인이나 해외지점에서 1년 이상 근무한 사람으로서 대한민국에 있는 그 본사나 본점에 파견되어 전문적인 지식·기술 또는 기능을 제공하거나 전수받으려는 사람(다만, 상장법인의 해외 현지법인이나 해외지점 중 본사의 투자금액이 미화 50만 달러 미만인 경우는 제외한다)
17. 기업투자 (D-8)	가. 「외국인 투자 촉진법」에 따른 외국인 투자 기업의 경영·관리 또는 생산·기술분야에 종사하려는 필수 전문 인력(다만, 국내에서 채용하는 사람은 제외한다) 나. 산업재산권이나 지적재산권을 보유하는 등 우수한 기술력으로 「벤처기업 육성에 관한 특별조치법」 제2조의 2 제1항 제2호에 따른 벤처기업을 설립한 사람으로서 같은 법 제25조에 따라 벤처기업 확인을 받은 자(지식경제부장관으로부터 예비 벤처기업 확인을 받은 사람을 포함한다).
18. 무역경영 (D-9)	대한민국에 회사를 설립하는 사업을 경영하거나 무역 기타 영리 사업을 위한 활동을 하려는 자로서 필수 전문 인력에 해당하는 자(수입기계 등의 설치, 보수, 조선 및 산업설비 제작감독 등을 위하여 대한민국내의 공·사기관에 파견되어 근무하고자 하는 자를 포함하되, 국내에서 채용하는 자와 기업투자(D-8)자격에 해당하는 자는 제외)

체류자격 (기호)	체류자격에 해당하는 자 또는 활동
18의 2. 구직 (D-10)	교수(E-1)·회화지도(E-2)·연구(E-3)·기술지도(E-4)·전문직업(E-5)·특정활동(E-7) 자격에 해당하는 분야에 취업하기 위하여 연수나 구직 활동 등을 하려는 자로서 법무부장관이 인정하는 자
19. 교수 (E-1)	고등교육법에 의한 자격요건을 갖춘 외국인으로서 전문대학 이상의 교육기관 또는 이에 준하는 기관에서 전문분야의 교육 또는 연구지도 활동에 종사하고자 하는 자
20. 회화지도 (E-2)	법무부장관이 정하는 자격요건을 갖춘 외국인으로서 외국어 전문학원, 초등학교 이상의 교육기관 및 부설 어학연구소, 방송사 및 기업체부설 어학연수원 기타 이에 준하는 기관 또는 단체에서 외국어 회화지도에 종사하고자 하는 자
21. 연구 (E-3)	대한민국내의 공·사기관으로부터 초청되어 각종 연구소에서 자연과학분야의 연구 또는 산업상의 고도기술의 연구개발에 종사하고자 하는 자 (교수(E-1)자격에 해당하는 자는 제외)
22. 기술지도 (E-4)	자연과학 분야의 전문지식 또는 산업상의 특수한 분야에 속하는 기술을 제공하기 위하여 대한민국 내의 공·사기관으로부터 초청되어 종사하고자 하는 자
23. 전문직업 (E-5)	대한민국의 법률에 의하여 자격이 인정된 외국의 변호사, 공인회계사, 의사 기타 국가공인 자격을 소지한 자로서 대한민국의 법률에 의하여 행할 수 있도록 되어 있는 법률, 회계, 의료 등의 전문업무에 종사하고자 하는 자(교수(E-1)자격에 해당하는 자는 제외)
24. 예술흥행 (E-6)	수익이 따르는 음악, 미술, 문학 등의 예술 활동과 수익을 목적으로 하는 연예, 연주, 연극, 운동경기, 광고·패션모델 기타 이에 준하는 활동을 하고자 하는 자
25의 2. 삭제 〈2007. 6. 1〉	
25의 3. 비전문 취업 (E-9)	외국인 근로자의 고용 등에 관한 법률의 규정에 의한 국내 취업요건을 갖춘 재일정 자격이나 경력 등이 필요한 전문직종에 종사하고자 하는 자는 제외]
25의 4. 선원취업 (E-10)	「해운법」 제3조 제1호·제2호·제5호 및 제23조 제1호에 따른 사업을 영위하는 자 또는 「수산업법」 제8조 제1항 제1호 및 제43조 제1항 제1호에 따른 사업을 영위하는 자와 그 사업체에서 6개월 이상 노무를 제공할 것을 조건으로 선원근로계약을 체결한자로서 「선원법」 제3조 제5호에 따른 부원(부원)에 해당하는자

26. 방문동거
(F-1)
	가. 친척방문, 가족동거, 피부양(피부양), 가사정리, 그 밖에 이와 유사한 목적으로 체류하고자 하는 사람
	나. 다음 어느 하나에 해당하는 사람의 가사보조인
	   1) 외교(A-1), 공무(A-2) 자격에 해당하는 사람
	   2) 미화 50만 달러 이상을 투자한 외국인투자가(임직원을 포함한다)로서 체류자격 기업투자(D-8)·거주(F-2)·영주(F-5)자격에 해당하는 사람
	   3) 정보기술(IT), 전자상거래 등 기업정보화(e-business), 생물산업(BT), 나노기술(NT) 분야 등 법무부장관이 정하는 첨단·정보기술 업체에 투자한 외국인투자가(임직원을 포함한다)로서 체류자격 기업투자(D-8)·거주(F-2)·영주(F-5) 자격에 해당하는 사람
	   4) 주재(D-7), 무역경영(D-9) 자격이나 교수(E-1)부터 특정활동(E-7)까지의 자격 중 어느 하나의 자격에 해당하는 전문 인력으로서 법무부장관이 인정하는 사람
	다. 외교(A-1)부터 협정(A-3)까지의 자격에 해당하는 사람과 외국인 등록을 마친 사람의 동거인으로서 그 세대에 속하지 아니한 사람
	라. 그 밖에 부득이한 사유로 직업활동에 종사하지 아니하고 대한민국 내에 장기간 체류하여야 할 사정이 있다고 인정되는 사람

27. 거주
(F-2)
	가. 국민 또는 영주(F-5)자격을 가지고 있는 자의 배우자 및 그의 미성년 자녀
	나. 국민과 혼인관계(사실상의 혼인관계를 포함한다)에서 출생한 자와 그를 양육하고 있는 부 또는 모로서 법무부장관이 인정하는 자
	다. 난민인정을 받은 자
	라. 「외국인 투자 촉진법」에 따른 외국인 투자 기업에 종사하려는 자로서 투자금액이 미화 50만 달러 이상인 외국법인이 「외국인 투자 촉진법」에 따른 외국인 투자 기업에 파견하는 자 중 기업투자(D-8)자격으로 3년 이상 계속 체류하고 있는 자
	마. 영주(F-5)자격을 상실한 자 중 국내 생활관계의 권익보호 등을 고려하여 법무부장관이 국내에서 계속 체류하여야 할 필요가 있다고 인정하는 자(강제 퇴거된 자는 제외한다)
	바. 외교(A-1)부터 협정(A-3)까지의 자격 외의 체류자격으로 대한민국에 7년 이상 계속 체류하여 생활근거지가 국내에 있는 자로서 법무부장관이 인정하는 자(다만, 교수(E-1)부터 전문직업(E-5)까지 또는 특정활동(E-7)자격을 가진 자에 대하여는 최소 체류기간을 5년으로 한다)
	사. 비전문 취업(E-9)·선원취업(E-10) 또는 방문취업(H-2)자격으로 취업활동을 하고 있는 자로서 과거 10년 이내에 법무부장관이 정하는 체류자격으로 5년 이상의 기간 동안 취업활동을 한 사실이 있는 자 중 다음 요건을 모두 갖춘 자
	   1) 법무부장관이 정하는 기술·기능자격증을 가지고 있거나 일정금액 이상의 임금을 국내에서 받고 있을 것(기술·기능자격증의 종류 및 임금의 기준에 관하여는 법무부장관이 관계 중앙행정기관의 장과 협의하여 고시한다)
	   2) 법무부장관이 정하는 금액 이상의 자산을 가지고 있을 것
	   3) 대한민국 「민법」에 따른 성년으로서 품행이 단정하고 대한민국에서 거주하는데 필요한 기본 소양을 갖추고 있을 것
	아. 「국가공무원법」 또는 「지방공무원법」에 따라 공무원으로 임용된 사람으로서 법무부장관이 인정하는 사람

체류자격 (기호)	체류자격에 해당하는 자 또는 활동
28. 동반 (F-3)	문화예술(D-1) 내지 특정활동(E-7)자격에 해당하는 자의 배우자 및 20세 미만의 자녀로서 배우자가 없는 자(산업연수[D-3]자격에 해당하는 자는 제외)
28의 2. 재외동포 (F-4)	재외동포의 출입국과 법적 지위에 관한 법률 제2조 제2호에 해당하는 자(단순노무행위 등 제23조 제3항 각호에서 규정한 취업활동에 종사하려고 하는 자는 제외)
28의 3. 영주 (F-5)	법 제46조 제1항 각 호의 어느 하나에 규정된 강제 퇴거 대상이 아닌 자로서 다음 각 목의 어느 하나에 해당하는 자 가. 대한민국「민법」에 따른 성년이고, 본인 또는 동반가족이 생계를 유지할 능력이 있으며, 품행이 단정하고 대한민국에 계속 거주하는 데에 필요한 기본소양을 갖추는 등 법무부장관이 정하는 조건을 갖춘 자로서, 예술흥행(E-6) 자격을 제외한 주재(D-7)부터 특정활동(E-7)까지의 자격이나 거주(F-2) 자격으로 5년 이상 대한민국에 체류하고 있는 자 나. 국민 또는 영주(F-5) 자격을 가진 자의 배우자·미성년 자녀로서 대한민국에 2년 이상 체류하고 있는 자 및 대한민국에서의 출생을 이유로 법 제23조에 따라 체류자격 부여 신청을 한 자로서 출생 당시 그의 부 또는 모가 영주(F-5) 자격으로 대한민국에 체류하고 있는 자 다.「외국인 투자 촉진법」에 따라 미화 50만 달러 이상을 투자한 외국인 투자가로서 5명 이상의 국민을 고용하고 있는 자 라. 재외동포(F-4) 자격으로 대한민국에 2년 이상 계속 체류하고 있는 자로서 생계유지 능력, 품행, 기본적 소양 등을 고려하여 대한민국에 계속 거주할 필요가 있다고 법무부장관이 인정하는 자 마.「재외동포의 출입국과 법적 지위에 관한 법률」제2조 제2호의 외국국적 동포로서「국적법」에 따른 국적취득 요건을 갖춘 자 바. 종전「출입국 관리법 시행령」(대통령령 제17579호로 일부개정되어 2002. 4. 18. 공포·시행되기 이전의 것을 말한다) 위 제27호란의 거주(F-2) 자격(이에 해당되는 종전의 체류자격을 가진 적이 있는 자를 포함한다)이 있었던 자로서 생계유지 능력, 품행, 기본적 소양 등을 고려하여 대한민국에 계속 거주할 필요가 있다고 법무부장관이 인정하는 자 사. 법무부장관이 정하는 분야의 박사학위증이 있는 자로서 영주(F-5) 자격 신청 시 국내 기업에 고용되어 법무부장관이 정하는 금액 이상의 임금을 받는 자 아. 법무부장관이 정하는 분야의 학사학위 이상의 학위증 또는 법무부장관이 정하는 기술자격증이 있는 자로서 국내 체류기간이 3년 이상이고, 영주(F-5) 자격 신청 시 국내 기업에 고용되어 법무부장관이 정하는 금액 이상의 임금을 받는 자

	자. 과학 · 경영 · 교육 · 문화예술 · 체육 등 특정 분야에서 탁월한 능력이 있는 자 중 법무부장관이 인정하는 자 차. 대한민국에 특별한 공로가 있다고 법무부장관이 인정하는 자 카. 60세 이상인 자로서 법무부장관이 정하는 금액 이상의 연금을 해외로부터 수령하고 있는 자 타. 방문취업(H-2)자격으로 취업활동을 하고 있는 사람으로서 이 표 제27호 거주(F-2)란의 사목 (1)부터 (3)까지의 요건을 모두 갖추고 있는 사람 중 근속기간이나 취업지역, 산업 분야의 특성, 인력부족 상황 및 국민의 취업선호도 등을 고려하여 법무부장관이 인정하는 사람
29. 기타 (G-1)	외교(A-1)부터 영주(F-5)까지 및 관광취업(H-1) · 방문취업(H-2) 자격에 해당하지 아니하는 사람으로서 법무부장관이 인정하는 사람
30. 관광취업 (H-1)	대한민국과 '관광취업'에 관한 협정이나 양해각서 등을 체결한 국가의 국민으로서 관광을 주된 목적으로 하면서 이에 수반되는 관광경비 충당을 위하여 단기간 취업활동을 하려는 자(협정 등의 취지에 반하는 업종이나 국내법에 의하여 일정한 자격요건을 갖추어야 하는 직종에 취업하려는 자는 제외)
31. 방문취업 (H-2)	가. 체류자격에 해당하는 사람: 「재외동포의 출입국과 법적 지위에 관한 법률」 제2조 제2호에 따른 외국 국적 동포(이하 '외국 국적 동포'라 한다)에 해당하고, 다음의 어느 하나에 해당하는 만 25세 이상인 사람 중에서 나목의 활동범위 내에서 체류하려는 사람으로서 법무부장관이 인정하는 사람(다만, 재외동포[F-4]자격에 해당하는 사람은 제외한다) 　1) 출생 당시에 대한민국 국민이었던 사람으로서 가족관계등록부 · 폐쇄등록부 또는 제적부에 등재되어 있는 사람 및 그 직계비속 　2) 국내에 주소를 둔 대한민국 국민인 8촌 이내의 혈족 또는 4촌 이내의 인척으로부터 초청을 받은 사람 　3) 「국가유공자 등 예우 및 지원에 관한 법률」 제4조에 따른 국가유공자와 그 유족 등에 해당하거나 「독립유공자예우에 관한 법률」 제4조에 따른 독립유공자와 그 유족 또는 그 가족에 해당하는 사람 　4) 대한민국에 특별한 공로가 있거나 대한민국의 국익증진에 기여한 사람 　5) 유학(D-2) 자격으로 1학기 이상 재학 중인 사람의 부 · 모 및 배우자 　6) 국내 외국인의 체류질서 유지를 위하여 법무부장관이 정하는 기준 및 절차에 따라 자진하여 출국한 사람 　7) 1)부터 6)까지의 규정에 해당하지 아니한 사람으로서 법무부장관이 정하여 고시하는 한국말 시험, 추첨 등의 절차에 의하여 선정된 사람 나. 활동범위 　1) 방문, 친척과의 일시 동거, 관광, 요양, 견학, 친선경기, 비영리 문화예술활동, 회의 참석, 학술자료 수집, 시장조사 · 업무연락 · 계약 등 상업적 용무, 그 밖에 이와 유사한 목적의 활동

체류자격 (기호)	체류자격에 해당하는 자 또는 활동
	2) 한국표준산업분류표에 따른 다음의 어느 하나에 해당하는 산업 분 야에서의 활동 (1) 작물 재배업(011) (2) 축산업(012) (3) 연근해어업(03112) (4) 양식 어업(0321) (5) 제조업(10-33) (6) 하수폐수 및 분뇨처리업(37) (7) 폐기물 수집 운반 처리 및 원료 재생업(38) (8) 건설업(41-42) (9) 산동물 도매업(46205) (10) 기타 산업용 농산물 및 산동물 도매업(46209) (11) 가정용품 도매업(464) (12) 기계장비 및 관련물품 도매업(465) (13) 재생용 재료 수집 및 판매업(46791) (14) 기타 가정용품 소매업(475) (15) 기타 상품 전문 소매업(478) (16) 무점포 소매업(479) (17) 육상 여객 운송업(492) (18) 냉장 및 냉동 창고업(52102) (19) 호텔업(55111). 다만, 「관광진흥법」에 따른 호텔업은 제외하며, 가 　　목의 규정에도 불구하고 만 45세 이상인 외국 국적 동포에 한한다. (20) 여관업(55112). 다만, 가목의 규정에도 불구하고 만 45세 이상인 　　외국 국적 동포에 한한다. (21) 일반 음식점업(5611) (22) 기타 음식점업(5619) (23) 서적, 잡지 및 기타 인쇄물 출판업(581) (24) 음악 및 기타 오디오물 출판업(59201) (25) 사업시설 유지관리 서비스업(741) (26) 건축물 일반 청소업(74211) (27) 사업시설 및 산업용품 청소업(74212) (28) 여행사 및 기타 여행보조 서비스업(752) (29) 사회복지 서비스업(87) (30) 자동차 종합 수리업(95211) (31) 자동차 전문 수리업(95212) (32) 모터사이클 수리업(9522) (33) 욕탕업(96121) (34) 산업용 세탁업(96911) (35) 개인 간병인 및 유사 서비스업(96993) (36) 가구내 고용활동(97)

〈부록 2〉 허용업종 및 사업장별 고용허용 인원[1]

□ 사업장 규모별 고용허용 인원: 2008년과 동일

· 제 조 업

내국인피보험자수	고용허용 인원	내국인피보험자수	고용허용 인원
10인 이하	5인 이하	151인 이상 200인 이하	25인 이하
11인 이상 50인 이하	10인 이하	201인 이상 300인 이하	30인 이하
51인 이상 100인 이하	15인 이하	301인 이상 500인 이하	40인 이하
101인 이상 150인 이하	20인 이하	501인 이상	50인 이하

· 고용 허가제에 의한 외국인 근로자 고용가능 사업장 규모는 고용보험 가입 내국인 피보험자(3개월 평균)로 판단
· 단, 인력부족률이 300인 미만 중소제조업체 보다 높은 업체는 허용인원 20% 상향조정

· 건 설 업

연평균 공사금액	계수
15억원 미만	5인(계수 미적용)
15억원 이상	공사금액 ×0.4 ※ 1억원 당 0.4명 고용

· 서비스업

내국인피보험자수	고용허용 인원	내국인피보험자수	고용허용 인원
5인 이하	2인 이하	16인 이상 20인 이하	7인 이하
6인 이상 10인 이하	3인 이하	21인 이상	10인 이하
11인 이상 15인 이하	5인 이하		

· 가사서비스업은 가구당 1인으로 한정
· 음식업 고용허용 인원(내국인 피보험자 6~10인): 기존 3인 ⇒ 확대후 4인

---

1) http://hrdc.hrdkorea.or.kr/hrdc/99466(검색일: 2009. 12. 13).

· 농축산업

업종 \ 규모		영농규모별 (단위: m²)				
작물재배업	시설원예·특작	4,000m²~6,499m²	6,500~11,499	11,500~16,499	16,500~21,499	21,500 이상
	시설버섯	1,000~1,699	1,700~3,099	3,100~4,499	4,500~5,899	5,900 이상
	과수	20,000~39,999	40,000~79,999	80,000~119,999	120,000~159,999	160,000 이상
	인삼, 일반채소	16,000~29,999	30,000~49,999	50,000~69,999	70,000~89,999	90,000 이상
	콩나물·종묘재배	200~349	350~649	650~949	950~1,249	1,250이상
	기타원예·특작	12,000~19,499	19,500~34,499	34,500~49,499	49,500~64,499	64,500 이상
축산업	젖소	1,400~2,399	2,400~4,399	4,400~6,399	6,400~8,399	8,400 이상
	한육우	3,000~4,999	5,000~8,999	9,000~12,999	13,000~16,999	17,000 이상
	돼지	1,000~1,999	2,000~3,999	4,000~5,999	6,000~7,999	8,000 이상
	말·엘크	250~499	500~999	1,000~1,499	1,500~1,999	2,000 이상
	양계	2,000~3,499	3,500~6,499	6,500~9,499	9,500~12,499	12,500 이상
	기타축산	700~1,699	1,700~3,699	3,700~5,699	5,700~7,699	7,700 이상
농산물 선별·건조 및 처리장운영업, 농업관련서비스업		상시근로자 10인 이하	-	상시근로자 11~50인	상시근로자 51~100인	상시근로자 100인 이상
고용 허용인원		5명 이내	8명 이내	10명 이내	15명 이내	20명 이내

· 작물재배업은 재배면적, 축산업은 축사면적(부화장과 방사면적 포함) 기준임
· 버섯이나 산란계 등과 같이 여러 층으로 재배·사육하는 경우 각 층의 면적을 합산한 면적으로 함
· '작물재배업' 중 분류되지 않은 작물재배업은 '기타원예·특작'에 포함
· '축산업' 중 분류되지 않는 축산업은 '기타축산'에 포함
· '기타원예·특작' 및 '기타축산업'의 허용업종 여부 판단은 시·군농업기술센터소장 또는 시장·
  군수가 판단하여 영농규모증명서 발급(영농규모증명서를 발급받지 못하는 경우 허용업종이 아닌
  것으로 간주)
· 농업관련서비스업은 표준산업분류 014(조경수 식재 및 농업관련서비스업) 전체 항목을 말한다
  (조경수 식재 및 관리서비스업[0141], 작물재배관련 서비스업[0142], 축산관련서비스업[0143] 포함),
  상시근로자 수는 영농규모증명서의 영농종사 자수로 판단

· 연근해어업

연근해 어업의 종류	고용허용 인원 (선원법 적용대상어선 제외)
근해채낚기어업, 근해자망어업, 근해안강망 어업, 근해통발어업, 근해연승어업, 기선선 인망어업, 근해선망어업, 근해봉수망어업, 근해형망어업	척당 4명 이내로 하되, 전체 어선원의 40%를 초과할 수 없음. 다만, 기선선인망어업 의 어장막 근무자는 1개 사업장당 8인 이내
연안선인망어업(강원도에 한정), 정치망어업	척당 4명 이내로 하되, 전체 어선원의 40%를 초과할 수 없음
연안자망어업, 연안개량안강망어업, 연안 선망어업, 연안통발어업, 연안복합어업, 연안들망어업, 연안조망어업	척당 2명 이내로 하되, 전체 어선원의 40%를 초과할 수 없음
잠수기어업, 구획어업	척당 2명 이내로 하되, 전체 어선원의 40%를 초과할 수 없음

· 양식어업

면허 (허가,신고) 종류	양식어업의 종류	고용허용 인원			
		인원	3명 이내	5명 이내	7명 이내
수산업법 제8조 제1항 제2호 (해조류양식어업)	수하식양식어업	면적	199,999㎡ 이하	200,000~ 299,999㎡	300,000㎡ 이상
	바닥식양식어업	면적	99,999㎡ 이하	100,000~ 199,999㎡	200,000㎡ 이상
수산업법 제8조 제1항 3~6호 (패류양식어업) (어류등양식어업) (복합양식어업) (협동양식어업)	수하식양식어업 혼합식양식어업	면적	19,999㎡ 이하	20,000~ 39,999㎡	40,000㎡ 이상
	바닥식양식어업	면적	99,999㎡ 이하	100,000~ 199,999㎡	200,000㎡ 이상
	가두리식양식어업 축제식양식어업	면적	9,999㎡ 이하	10,000~ 14,999㎡	15,000㎡ 이상
수산업법 제41조 제2항 제2호 (육상해수양식어업)	수조식양식어업	면적	6,600㎡ 이하	6,601~8,250㎡	8,251㎡ 이상
	축제식양식어업	면적	9,999㎡ 이하	10,000~ 14,999㎡	15,000㎡ 이상
수산업법 제41조 제2항 제3호 (종묘생산어업)	육상종묘생산어업	면적	990㎡ 이하	991~1,652㎡	1,653㎡ 이상
	해상종묘생산어업	면적	59,999㎡ 이하	60,000~ 99,999㎡	100,000㎡ 이상
내수면어업 제11조 (신고어업)	육상양식어업	면적	6,600㎡ 이하	6,601~8,250㎡	8,251㎡ 이상

· 육상(해수)양식어업 중 수조식, 지수식 양식어업의 면적은 수조면적 기준임
· 종묘생산어업중 육상종묘생산어업의 면적은 수조면적 기준임

□ 정책적 고려에 의한 사업장별 허용인원 조정

· 외국 국적 동포 추가고용 허용
 -제조업, 농축산업, 어업의 인력난 해소와 방문취업제 시행을 고려하여, 사업장 규모별 고용
  허용 인원 만큼 외국 국적 동포 추가 고용허용(사업장별 허용 인원의 2배로 조정)
 -다만, 건설업 및 서비스업의 경우 내국인 여성·고령자 등 취업취약 계층의 일자리 잠식 우
  려를 감안하여 제외
 -추후 동업종의 일자리 침해 정도 등 사정을 보아 가며 추가고용허용여부 재검토
 * 법무부는 건설업, 서비스업의 경우도 동포 추가고용 허용요구

· 내국인 근로자 고용과 연계한 외국인 근로자 추가고용허용
 -5억원 이상 신규투자(토지 제외)한 제조업 기업에게 내국인고용인원 만큼 외국인 근로자
  추가고용(50인 한도) 허용
 -적용기업: 창업기업, 중소기업, 외투기업, 국내 U턴 기업
 -일부 지역에 시범 실시하여 효과 분석 후 확대 시행여부 결정
 * 시범지역: 항만법에 의한 항만배후단지, 외국인투자지역, 자유무역지역, 임대전용 산업단
  지, 경제자유구역

· 지방기업에 대한 외국인 고용우대
 -국토 균형 발전 차원에서 지방기업(비수도권)의 사업장별 외국인력 고용허용한도를 현행
  보다 20% 상향 조정
 -지방이전 기업이 신청하는 경우 우선적 배정
 -지방기업의 외국인 허용 업종을 단계적으로 확대검토

 사례) 130인 규모의 지방에 위치한 신규투자 제조업체 중 인력부족률이 심한 기업
  ▶ 기본: 20인 + 외국 국적 동포 20인+ 지방기업(20%) 4인 + 인력부족 심각(20%) 4인+ 신규
   투자로 인한 추가고용 @(최대 50인)

□ 사업장별 허용인원을 20% 상향 조정 업종
 (300인 미만 중소 제조업체 인력부족률 보다 인력 부족이 심한 제조업종)

(단위: %)

산업코드	2009년 허용인원 20% 상향조정 제조업명
134	섬유제품 염색, 정리 및 마무리 가공업
151	가죽, 가방 및 유사제품 제조업
161	제재 및 목재 가공업
162	나무제품 제조업
163	코르크 및 조물 제품 제조업
204	기타 화학제품 제조업
222	플라스틱제품 제조업
232	도자기 및 기타 요업제품 제조업
233	시멘트, 석회, 플라스터 및 그 제품 제조업
242	1차 비철금속산업
243	금속 주조업
251	구조용 금속제품, 탱크 및 증기발생기 제조업
259	기타 금속가공제품 제조업
291	일반목적용 기계 제조업
285	가정용 기기 제조업
284	전구 및 조명장치 제조업
265	영상 및 음향기기 제조업
271	의료용 기기 제조업
272	측정, 시험, 항해, 제어 및 기타 정밀기기 제조업
313	항공기, 우주선 및 부품 제조업
320	가구 제조업
331	귀금속 및 장신용품 제조업
332	악기 제조업
333	운동 및 경기용구 제조업
334	인형, 장난감 및 오락용품 제조업
339	그 외 기타 제품 제조업
383	금속 및 비금속 원료 재생업

· 300인 미만 중소제조업체 인력부족률 2.9%

〈부록 3〉 한국 외국인 선교회 부산지부 상담자료

출처: 한국 선교회 부산지부

이름 (연령)	국적	체류 자격 체류 연한	근무 직종	비고
박OO (남, 30, 미혼)	중국	합법 (방문취업제) 1년6개월차	생산직	2009년 3월 내국인 근로자와 폭행시비
루O (남, 25, 미혼)	필리핀	합법 (산업연수) 5년차	생산직	시급이 4,500원 이상이어야 하는데 4,000원 임금에 대한 불만
카O (남, 25, 미혼)	베트남	합법 (산업연수) 5년차	생산직	시급이 4,500원 이상이어야 하는데 4,000원 임금에 대한 불만
시OO (남, 44, 기혼)	방글라 데시	합법 (산업연수) 5년차	생산직	-
윙OOO (남, 미혼)	베트남	E-9-2 등록	생산직	삼성화재 만기보험 금액은 회사 부담으로 하게 되어 있는대 회사에서는 외국인 노동자 월급에서 공제하고 있었다.
당OO (남, 미혼)	베트남	E-9-2 등록	생산직	-
비O (남, 미혼)	베트남	E-9-2 미등록	생산직	등록으로 근무 후 미등록 상태에서 계속 근무, 미등록 기간 퇴직금 요구 회사에서는 일방적으로 퇴직금을 월급에 포함해서 지급했다고 함.
호OO (남)	중국	E-9-2 등록	생산직	3년 근무, 퇴직금 요구하니 설·추석 때 지급하는 보너스를 퇴직금이라고 한다. 상여금이 퇴직금 대신한다는 서류에 서명을 받아 갔다. 외국인들에게 한글로 된 서류에 서명 받으면서 충분한 설명도 없이 사인만 받은 것 같다.
이OO (남)	중국	E-9-2 등록	생산직	2년 가까이 야간 근무만 함, 일요일 근무에도 특근 수당 따로 없이 근무

이름 (연령)	국적	체류 자격 체류 연한	근무 직종	비고
유OO (남)	중국	미등록	생산직	미등록 상태도 퇴직금 받을 수 있는지?, 미등록 상태인데 회사에서 갑근세, 소득세 명목으로 세금 공제하고 있다.
천0 (남)	베트남	미등록	생산직	회사에서 여권·통장을 보관하고 있다. 회사에서는 외국인들이 여권·통장등 분실이 자주 일어나서 보관해준다고 한다.
홍OO (남)	베트남	미등록	생산직	회사에서 식대비로 임금에서 일방적으로 공제, 퇴사 시 등록상태 외국인들에게는 돌려주고 미등록 상태의 외국인들에게는 돌려주지 않음.
나0 (남)	베트남	미등록	-	회사 일거리가 없어서 그만둠, 임금 체불되어 회사에 연락하니 회사는 폐업되었다. 한국 사람들은 체당금 신청 준비 중이었다. 법적 조치를 들어갈 때 외국인들은 함께 시작하기 힘든 경우가 많다. 말도 잘 안 통하지 않는다. 현재 함께 체당금 신청했다.
왕OO (남,기혼)	중국	미등록	-	2년 가량 근무 후 퇴사, 퇴직금 달라하니 미등록이라 줄 수 없다고 함, 노동부의 진정을 통해서 받음.
응OOO (남)	베트남	E-9-2 등록	-	출국 만기 보험 신청 후 퇴직금 차액분 요청
OOO	중국	-	-	퇴사 예정, 회사에서는 시급 오천 원으로 환산해서 83만 원 퇴직금 지급하겠다고 한다. 토·일 휴일에 해당하는 임금은 제외하고 한 달치 금액을 퇴직금으로 지급할려고 한다.
황OO (남)	베트남	D-3-2 미등록	-	퇴직금, 연·월차 진정서 접수, 회사에서는 월급에 연·월차 포함해서 지급했다고 한다. 회사 제출 서류에는 월차는 지급 확인되고, 연차관련 지급 자료는 확인 안됨. 회사에서는 월급에 포함했다고 주장한다. 퇴직금, 연차 수당 지급 받음.
도OO (남)	베트남	미등록	-	노동부 조사 시 출근부, 임금대장등을 외국인 노동자에게 요구함.

〈부록 4〉반 구조화된 심층면접 조사지 양식

□ 심층 면접조사 방법
· 2009년 11월 15일 15:00 김해외국인 근로자 센터 사무실
· 신뢰 확보를 최우선으로 면접 진행
· 가능한 한 동의를 구하여 녹음 · 녹취
· 국가별로 3-4명씩 집단으로 실시하며 총 15명을 대상으로 진행
· 접촉의 어려운 점을 감안하여 모든 국가를 표본으로 하기보다는 진실한 응답을
  할 수 있는 외국인 섭외를 우선으로 했음
· 양적조사처럼 구조화된 설문지를 사용하는 대신 연구를 위해 필요한 내용을 대
  략적으로 구상하여 현장에서 응용하여 깊이 있는 면접 진행

□ 심층면접시의 면접 내용

분류	항목	내용
개인 정보	이름	출신국, 한국
	성별	-
	학력	-
	연령	-
	학력	-
	혼인여부	-
	현 주소	-
	종교	종교, 종교활동 여부
	체류 연한	총 체류기간, 한국경험 횟수
	기타	고국을 떠나 한국으로 온 이유
생활 환경	가족구성형식	본국에 두고 혼자 생활, 한국에서 결혼, 동거 등
	주거여건	아파트 · 단독주택 · 기숙사, 단독 · 공동체
	친교	고국의 친구 수, 출신국가 친구 수, 한국인 친구 수
	고국의 상황	가족구성, 경제적 지원 필요성
	수입정도	소득규모, 소득보관방식, 안정성

생활 환경	소비생활	수입비교 소비액 비율
	여가생활	횟수(한달), 여가방식, 여가의 만족감
	사회보험	보험가입여부, 실질 혜택여부
	생활건강	건강관리방법, 아플 때 해결방법
	생활상의 차별성	한국인에 의한 차별경험, 방식, 정도
	생활 필요	현재 가장 필요한 것
	미래의 꿈	인생에서 중요하게 생각하는 것
노동 환경	체류 합법성	여부, 합법성의 필요성 인식여부, 향후 대안
	직장	직장 종류, 안정성, 입사방법(친구 소개, 노동부 등)
	직업 경력	고국의 이직경험, 이유
	전문기술	자격 여부, 자격종류, 자격활용성 여부
	산재	산재경험, 처리방식, 그 당시의 개인적 소회
	임금분쟁	분쟁여부, 규모, 현재 상태, 지원기관
	노동권리	비인격적 처우에 대한 주관적 느낌, 해결방식, 지원기관, 실질적 도움 가능성, 국내 노조와의 관계
	직장폭력	여부, 정도, 해결방식
	노동 필요	노동 환경상 가장 필요한 것
	송출비리	-

최근 발생하고 있는 실제 사례를 분석하기 위해서 방법론적으로 심층면접 조사를 실시해보고자 한다, 심층 면접을 통한 질적 조사는 법학 학위논문에서 보편적으로 활용되는 연구방법은 아니지만, 이 방법을 사용하는 이유는 인권 문제의 특수성 때문이다. 인권 문제는 인류사에 있어서 가장 보편적인 문제인 것은 사실이지만, 객관적인 상황이 주관적인 심리와 섞여있는 문제일 뿐만 아니라, 법제도화 혹은 사회적 쟁점으로 부각되지는 않은 것이지만 당사자로서는 일생에 있어서 주요한 전환이 되는 문제이기도 하다. 이 때문에 외국인 근로자의 인권 문제에 대해 분석하는 데 있어서 사회적 쟁점으로 부각되어 있는 문제일 경우 문헌자료를 고찰하여 분석할 수 있지만, 그들의 한국에서의 일상생활상의 인권 문제 즉, 그들의 노동여건, 주거여건, 인적관계, 고용주와의 관계 등에 대한 질적 면접조사를 겸함으로서 문헌자료만으로는 볼 수없는 핵심적인 문제 파악이 가능할 것이라고 생각한다.

질적 면접조사는 '경남 김해 외국인 근로자 지원센터'를 통해서 협조를 받아 선정된 표본을 대상으로 연구자가 직접 실시했다. 질적 면접조사 방법은 일반적으로 표본화 혹은 대표성 문제를 양적 통계방법 만큼 중요하게 간주하지 않는다. 그러나 연구자는 신뢰성을 위해 최소한의 표본화를 준수하기 위해 노력하고자 한다. 예를 들어 출신국가,[2] 체류자격,[3] 근무자격 등을 고려할 필요가 있다. 이 때문에 표본은 출신국가 및 체류자격을 참조함으로써 편이가 발생하지 않도록 하고자 한다. 조사대상자로 선정되어 심층면접에 응해준 전체 면접대상자 15명의 국적 분포는 베트남 (합법 5명), 인도네시아(합법 4명), 태국(합법 3명), 중국(합법 2명, 불법 1명) 등이다.[4]

동 심층면접에 있어서 연구자는 구조화된 질문지를 사전에 구성하지 않고서 진행할 것이다. 이 때문에 질적 조사법은 연구자의 연구관심에 의해 영향 받을 수 있다는 한계가 없지 않다. 그러나 질적 조사법은 무엇보다 연구자가 사전에 예측하지 못하는 깊이 있는 문제를 밝혀낼 수 있다는 장점이 있다. 사실 연구자는 외국인 근로자에 대한 많은 문헌을 수집하고 정리하고 있지만 연구자의 지식은 이들이 처한 현실의 고통과 아픔, 희망과 미래를 사실 그대로 파악하는 데 있어서 아무래도 한계가 있을 수밖에 없다. 이러한 연구자가 이들의 인권 침해의 실태에 대해 파악하기 위해 미리 구조화된 설문지를 제작한다고 하면, 그것은 그들의 다양한 생활과 인권의 실태를 연구자의 편협한 인식의 틀 속에 가두어버리는 결과를 초래할 가능성이 많다. 따라서 본 연구자는 이러한 상황을 감안하여 외국인 근로자의 생활 및 인권 침해의 실태를 파악하는 데 있어서 사전에 구조화된 설문지를 사용하기 보다는 반 구조화된 설문지를 사용하고자 하는 것이다.

---

2) 법무부 통계에 따르면 현재 송출국가별로 볼 때 5대 송출국가는 베트남, 태국, 필리핀, 인도네시아, 스리랑카 등인 것으로 나타나고 있다. 그 외 우즈베키스탄, 캄보디아, 중국, 파키스탄 등 매우 다양한 것으로 집계되고 있다. 그런데 이 책에서는 심층면접 대상을 선정하는 데 있어서 많이 송출된 국가라고 해서, 그리고 적게 송출된 국가라고 해서 면접대상을 많이 혹은 적게 정하려고 하지 않는다. 왜냐하면 그들은 생계가 매우 바쁘고 피해의식이 있기 때문에, 이들을 대상으로 면접대상을 찾아 동의를 구하기도 어렵다. 또, 출신 국가가 본 연구논문의 주제에 관련하여 갖는 변수로서의 의미가 그다지 큰 것으로 생각되지 않기 때문이다. 그래서 출신 국가보다는 오히려 불법이거나 합법적으로 국내에 거주하는 유형에 따라 남녀 성별 기준을 포함하여 면접대상을 정하는 것이 더 중요한 문제라고 생각하여 이것에 더 비중을 두려고 한다.

3) 표본 구성에 있어서 체류자격이 중요한 이유는 합법적인 근로자의 경우 해당 국가에서 송출허가에 의해 송출되어 왔으며, 불법적 입국자에 비해 외적 활동의 조건 즉, 구직 및 이직의 입장과 조건 등이 다르고, 사용자와의 관계에 있어서도 종속적 성격이 차이 나기 때문이다.

4) 〈부록 5〉참조.

〈부록 5〉 김해 외국인 근로자 지원센터 면접 대상자 자료

이름	연령	국적	성별	학력	혼인여부	종교	체류자격	체류연한
반00	27	베트남	남	고졸	미혼	없음	합법	4년
반0	26	베트남	남	-	미혼	없음	합법	-
왕00	36	중국	남	고졸	기혼	없음	불법	1년 6개월
림00	37	중국	남	초졸	기혼	없음	합법	6년
후00	36	중국	여	중졸	기혼	없음	합법	6년
마000	36	태국	남	고졸	기혼	없음	협법	2년 4개월
기00	35	태국	여	대졸	기혼	없음	합법	-
아00	30	태국	남	중졸	기혼	없음	합법	2년
000	32	인도네시아	남	중졸	기혼	이슬람	합법	2년
몬000	30	인도네시아	남	중졸	미혼	이슬람	합법	3년
카0	35	인도네시아	남	고졸	기혼	이슬람	합법	2년
소00	38	인도네시아	남	-	기혼	이슬람	합법	2년
000	25	베트남	남	고졸	미혼	불교	합법	6년
원00	42	베트남	여	고졸	기혼	없음	합법	-
동00	31	베트남	남	고졸	미혼	불교	합법	-

〈부록 6〉 E-LMO (Experdited Labor Market Opinion)[5] (available onl y in BC &AB Province)

E-LMO란 이전에 HRSCD(노동청)/Service Canada에 의해 평가되어 자격이 있다고 판정된 사용자들이 특정 직업 분야에서 노동허가 승인서(LMO)를 속성으로 받을 수 있도록 해주는 제도이다. 즉, 최대한 빠른 시간 내에 노동허가를 받을 수 있도록 하여 해당산업에 도움을 주기 위해 실행되는 정부정책이다. 작년 9월부터 12개 직업에 시범실시 되었다가 지난 1월 14일을 기점으로 직업수가 추가되어 현재 총 33개 직종으로 확대 실시 중이다.

E-LMO는 현재 British Columbia와 Alberta 두 곳에서만 시행 중이며 기존에 노동허가를 받는데 걸리던 기간을 5개월에서 5일로(2008년 현재) 단축한 제도이다. 지정된 33개 특정 직업분야는 다음과 같다.

E-LMO 대상 33개 직업 (*는 새로 추가된 직종, 숫자는 NOC 직업코드)

Carpenters (Journeyperson) 목수 - 7271	*Machinists (Journeyperson) 기계기사 - 7231
*Civil Engineers 토목기사 - 2131	*Manufacture &Processing Labourers 제조 및 가공처리 근로자 - 9619
*Commercial Janitors and Caretakers 건물관리인 - 6663	*Mechanical engineers 기계기사 - 2132
*Construction Labourers 건축현장 근로자 - 7611	*Mechanical Engineering Technologists 기계공학 기술자 - 2232
Crane Operators (Journeyperson) 크레인 기사 - 7371	*Petroleum Engineers 석유 엔지니어 - 2145
Delivery Drivers 배달운전사 - 7414	Pharmacists 약사 - 3131
Dental Technicians 치기공사 - 3223	Registered Nurses 공인간호사 - 3152

---

5) http://kr.blog.yahoo.com/iminconsult/4.html(검색일: 2009. 12. 13).

*Electrical and Electronics Engineers 전기기사 - 2133	*Residential Cleaning and Support Workers 파출부
Food and Beverage Servers 음식/음료 서버 - 6453	Retail Salespersons and Sales Clerks 소매점 점원 및 판매직원 - 6421
Food Counter Attendants 식당 계산원 - 6641	*Roofers (journeyperson) 지붕전문가 ? 7291
*Food Service Supervisors 식당 매니저 -	Snowboard and Ski Instructors 스노보드 및 스키강사 - 5254
*Heavy-Duty Equipment Mechanics (Journeyperson) 중장비 정비사 - 7312	*Specialized Cleaners 특수 청소 전문가 - 6662
Hotel Front Desk Clerks 호텔 프론트데스크 직원 - 6435	*Steamfitter and Pipefitters (Journeyperson) 난방수리공 및 배관공 - 7252
Hotel and Hospitality Room Attendants 호텔 및 숙박업소 직원 -	*Surveyor Helpers 측량보조 -
*Industrial Electricians (Journeyperson) 산업전기기사 - 7242	Tour and Travel Guides 여행가이드 - 6441
*Industrial Meat Cutters 산업 정육 전문가 - 9462	*Welders (Journeyperson) 용접공 - 7265
*Ironworkers (Journeyperson) 철공 근로자 - 7264	-

　　외국 노동력을 필요로 하여 E-LMO를 신청하려는 회사들은, 우선 캐나다 시민권자나 영주권자들을 고용하려고 노력했음을 증명해야 한다. 노동력이 필요하지만 고용하지 못한 사용자들에게 E-LMO를 신청할 수 있는 자격을 부여하는 것이다. 그러므로 위의 33개 직업은 노동력 수요가 그만큼 많이 필요하다는 의미로 볼 수 있다. 직종을 살펴보면, 주로 건설업과 서비스업에 몰려 있는 것을 볼 수 있는데, 이는 2010년 동계올림픽과 건설활성화 등의 배경과 맞물려 필요로 하는 직업군임을 알수 있다. 특히, 건축 현장근로자나 음식점 종업원, 호텔 종업원 등이 한국인들에게 경쟁력 있는 분야이다.

〈부록 7〉 고용안정센타의 업체변경 처리지체로 인한 피해사례[6]
-출입국 관리사무소의 단속 그리고 벌금부과-

■ 사건 경과

· 서울 시흥시 미나리 농장에서 일하던 중국인 근로자 리금자 외 9인은 합법화 대상이 되어 등록절차를 밟고자 9월 1일 안산고용안정 센터에 찾아가서 등록방법을 문의하였다. 그러나 미나리농장은 허가 업종이 아니라며 등록할 수 없다고 하였다. 미나리 농사일은 고되어 한국인 노동력을 구하기 쉽지 않아 외국인 근로자가 꼭 필요하다. 계속 등록방법을 문의하자, 고용주가 사업자 등록증이 있어야 한다고 했다. 그러나 미나리 농장주가 사업자등록증이 있을리 만무했다. 다른 방법을 찾던 중 주민등록증으로 등록할 수 있는 것을 알고, 농업기술센터에 도장을 받으려고 했으나, 농업기술센터에서는 하우스 농사가 아니라고 도장을 찍어주지 않았다. 10여 차례 중국근로자와 농장주가 안산 고용안정 센터와 정왕동 고용안정 센터를 방문하였으나 결국 방법을 찾지 못하였다.

· 10월에 리금자씨가 수소문 끝에 부산의 미나리 농장주가 농지 원부로 등록이 가능하였다는 말을 듣고 등록한 것이 10월 11일이었다. 그리고 출입국 관리사무소에 다시 등록하여 10월 18일에 등록절차를 마칠 수 있었다.

· 미나리 농사일은 6개월씩 장소를 옮겨가며 일을 하여야 하기 때문에 업체변경이 불가피하다. 10월 24일 시흥 고용안정 센터를 찾아가 시흥의 미나리 농사일이 끝나고 다시 부산에 미나리 농사일을 하러 가기 위해 업체변경을 하러 갔으나, 등록자가 많아 변경신청을 받을 수 없다고 다음에 오라고 하였다. 부산에 내려가 일을 찾아야 하므로 업체변경을 당장 해줄 것을 요구하자 부산에서도 할 수 있을 것이라고 담당자가 말하여 믿고 10월 26일 부산에 왔다. 11월 1일 부산 고용안정센터에 문의하자 아직 변경을 받지 않는다고 11월 5일 문의하라고 하였다. 11월 5일 다시 문의하자 시흥에 가서 신고를 해야 한다고 하여 11월 12일 10인의 신분증을 보내어 11월 14일 시흥 고용안정 센터에 전 농장주가 등

---

6) 고준기, 「외국인 고용 허가제의 문제점과 개선방안」, 『법과 정책연구』 제5집 제1호 별책 한국법정책학회, pp.223-224.

록을 하러 갔으나 본인이 와야 된다고 하였다.
· 11월 17일 전 농장주가 시흥에서 등록하여 주었다. 이를 부산 고용안정 센터에 이야기하자, 11월 27일까지 변경신고를 하면 된다고 하여 안심하고 부산 철마의 미나리 농장에서 일을 배우고자 11월 18일 작업장에 갔다.
· 11월 18일 오전 11시경 부산 출입국 관리사무소 직원이 와서 사장에게 일하는 사람들의 조회를 요구하여 자신 있게 사장은 자신의 차에 태우고 부산 출입국 관리사무소로 갔다. 그러나 신청을 11월 17일 하였으나, 아직 컴퓨터상에 뜨지 않는다며 5인의 중국인근로자를 보호실에 가두었다. 사유는 노동부에서 변경 확인서를 받지 않고 근무처를 변경하였다는 것으로, 단속대상이 된다는 「노동부와 법무부 중앙의 시행 내규」를 근거로 내보였다.

■ 결과

먼저 이런 사실을 노동부 고용대책단에 진정하였다. 그러나 부산 출입국 관리사무소는 이미 퇴거 명령이 내려진 사안이라며 강경한 태도를 보였다. 이에 「이주근로자 강제추방 반대 및 미등록 이주근로자 전면 합법화를 촉구하는 부산 경남 공동대책위원회」(부경공대위) 차원에 "해당 공무원들의 업무과실로 일어난 일"이라고 부산 출입국 관리사무소에 항의 방문하자, 노동부의 사유가 있어야 한다. 그래서 안산 고용안정 센터에 변경신청을 거부하고 부산에 가서도 변경 가능하다고 알려준 담당자에게 사실 확인을 하여 출입국 관리사무소에 사유를 보내주었다. 그러나 부산 출입국 관리사무소는 사업주에게 75만 원의 벌금과 외국인 1인당 25만 원 벌금을 부과하고 방면했다. 이 과정에서 고용안정 센터의 실무자는 이 경우 단속 및 추방될 수 있다는 것도 제대로 모르고 있었다.

이후 업체변경을 위해 부산 출입국 관리사무소에 가자 등록증 뒤에 변경업체 기입을 하고 6만 원을 지불했고, 변경 시마다 6만 원의 돈을 주고 출입국에 변경신청을 해야 한다. 미나리농사는 계절노동으로 작업장을 옮기면서 일을 하지만, 입법 예고된 『외국인 근로자의 고용 등에 관한 법률』(고용 허가제)는 3차례에 한해 업종변경만을 인정하고 있어 일의 특성상 결국 그 후에는 불법취업을 할 수밖에 없는 불합리한 상황이다.

참고문헌

· 단행본

계희열. 『헌법학』. 서울: 박영사, 2007.

권중동. 『ILO와 국제 노동기준』. 중앙경제사, 2000.

권영성. 『헌법학 원론』. 경기도: 법문사, 2009.

김원숙. 『출입국 관리정책론』. 도서출판 한민족, 2008.

김철수. 『헌법학 개론』. 서울: 박영사, 2007.

김형배. 『노동법』. 서울: 박영사, 2009.

문준조. 『주요국가의 외국인 이주노동자의지위와 규제에 관한 연구』. 한국법제연구원
　　연구보고, 2007-01.

석광현. 『국제사법 해설』. 서울: 지산, 2003.

유길상 · 이정혜 · 이규용. 『외국인력제도의 국제비교』. 한국노동연구원, 2004.

유도진. 『독일 외국인 고용정책과 사회문화적 갈등』. 경희대학교 사회과학 논총 제11집,
　　1993.12.

이규용 · 박성재 · 김선웅 · 노용진 · 김재훈. 『전문기술 외국인력 노동시장 분석』. 한국
　　노동연구원, 2005.

이규용 · 설동훈 · 박성재 · 주무현 · 조동훈. 『구조변화와 이주정책과제』. 한국노동연구
　　원, 2008.

이규용 · 유길상 · 이해춘 · 설동훈 · 박성재. 『외국인력노동시장분석 및 중장기 관리체
　　계 개선방향 연구』. 한국노동연구원, 2007.

이상광. 『사회법』. 서울: 박영사, 2002.

이상윤. 『근로기준법』. 경기도: 법문사, 2000.

전광석. 『한국사회보장법론』 경기도: 법문사, 2007.

최대권. 『헌법학 강의』. 서울: 박영사, 2001.

허영. 『헌법이론과 헌법』 서울: 박영사, 2009.

홍성방. 『헌법학』 서울: 현암사, 2009.

· 논문

고준기. 「외국인 고용 허가제의 문제점과 개선방안」. 법과 정책연구 제5집 제1호 별책 한국법정책학회, 2005. 6.

권한용. 「EU의 제3국 이주노동자에 대한 법」. 정책적 논의, 노동법 논총 제16집, 2009.

김교숙. 「외국인 근로자의 노동법상 과제」. 부산외국어대학교 법학 연구, 1995. 12.

_____. 「외국인 비정규직 여성근로자의 현실과 과제」. 부산외국어 대학교, 2009.

김선수. 「한국에서의 외국인 노동자 인권문제」. 법조춘추, 1995. 1.

_____. 「한국에서의 외국인 노동자 인권문제」. 서울지방 변호사회, 1994. 12.

_____. 「한국에서의 외국인 노동자 현황」. 공대위 자료집, 1994.

김수연. 「외국인 노동자의 법적 지위와 제도 개선에 관한 연구」. 2004.

김소영. 「5인 미만 사업장 근로자에 대한 근로기준법 적용의 문제」,『노동동향 분석』, 한국노동연구원, 1995.

_____. 「외국인력 관계법제 및 정책의 국제비교」. 한국노동연구원, 1995. 8.

김 욱. 「우리나라의 외국인 노동자 문제」. 국회도서관 입법자료분석실, 1990. 6.

김의성. 「외국인 근로자의 고용 등에 관한 법률」. 법제, 2003. 9.

김재오. 「외국인 노동자 문제의 본질과 그 해결방안」. 산돌논단, 1995.

김진수. 「외국인 근로자의 현황과 대책, 국제노동질서의 변화에 대응한 정책과제」. 한국 사회정책학회, 1994.

김재원. 「한국의 외국인 노동자: 각국의 외국인 노동자 정책 비교」. 한국민족연구원, 2006.

김태환. 「외국인 근로자의 고용 등에 관한 법률의 고찰」,『논문집(사회과학편)』제22집, 2003.

민경식. 「현대국가에 있어서의 사회보장권의 보호」. 한국 공법학회, 1992.

_____. 「헌법과 노동인격의 실현」,『법학 논문집』20. 중앙대학교, 1995.

_____. 「현대국가에 있어서의 사회보장권의 보호」. 한국 공법학회, 1992.

박귀천. 「독일의 외국인 관련법 제정비에 의한 외국인 노동관련 규율의 변화」. International Labor Trends, 2005.

박래영. 「외국인 노동자의 유입에 관한 조사연구」.『노동경제논집』16, 1993.

박석운. 「한국의 외국인 근로자 인권문제와 대책」. 법과 사회, 1995. 5.

박영범. 「비숙련 외국인력의 활용과 산업기술 연수제도」. 중소기업 연구원, 1995.

_____. 「외국인력 수입과 정책 방향, ILO협약과 국내 노동시장문제」.『노사관계』제2권 2호, 1992. 6.

백석현. 「외국인 근로자의 공용과 노동력 부족 대책, 외국인 근로자의 현실과 미래」, 서울 인력 미래센타, 1997.

설동훈·박경태·이란주·고유미.「외국인 관련 국가인권정책기본계획수립을 위한연구」. 한국조사연구학회, 2004. 12. 24.

설동훈·이정혜·임경택·김윤태·서우석.「각국의 외국인 근로자 고용관리체계 사례연구」. 노동부, 2004.

설동훈.「한국사회의 외국인 노동자에 대한 사회학적 연구」. 서울대학교 박사학위 논문, 1996.

_____.「세계도시와 문화적 다양성 서울의 사례연구」.『지역사회학』4(1), 2002.

원영희·최선희.「외국인 근로자의 의료 서비스 지원효과사회적응을 중심으로」. 희년선교회, 2008.

유길상·박영범·어수봉·박성재.「외국인 고용 허가제 시행 3주년 평가 및 제도개선방안 연구」. 노동부, 2007.

유길상·이규용·조준모.「저숙련외국인력의 노동시장 분석」. 한국노동연구원, 2004.

유길상·이규용·설동훈·박성재.「이민정책에 관한 연구」. 대통령자문 고령화 및 미래사회위원회, 2005.

유길상·이규용·박의경·김용현.「적정 외국인력 도입규모 및 도입국가 선정에 관한 연구」. 한국노동연구원고용보험연구센터, 2004.

유길상·이규용.「외국인 근로자의 고용실태와 정책과제」. 한국노동연구원, 2001.

유각근.「외국인 근로자의 지위」.『한남대학교 사회과학논문집』제27집, 1997. 5.

유형석.「외국인 근로자의 법적지위에 관한 연구」. 건국대 박사논문, 2000.

이동재.「한국내 외국인 근로자와 관련된 법적 문제」. 대한법률구조공단 공익 법무관, 2004.

이을형.「인권의 국제적 보호」.『법학논총』제5집. 숭실대학교 법학연구소, 1989.

이종구·노홍성·설동훈·이윤보·최홍엽.「외국인력제도 통합에 따른 효율적 사후관리방안연구; 외국인력도입 및 사후관리 대행기관 통합방안을 중심으로」. 법무부, 2005.

이학춘.「외국인 노동자의 법적 지위」.『노동법논집 한국비교노동법학회』제9집, 2006. 6.

이한숙.「외국인 노동력 유입의 경제적 효과에 관한 연구」. 부산대학교 박사학위 논문 , 2004.

장은숙.「독일의 노동인력정책」. 한국노동연구원, 2004.

정인섭.「외국인 국제법상 지위에 관한 연구」. 서울대학교 박사학위 논문, 1992.

장준호.「불법체류 외국인 처리에 관한 외국실태와 국내 비교」. 한국형사정책연구원, 2003.

최홍엽. 「외국인 근로자의 노동법상 지위에 관한 연구」. 서울대학교 박사학위 논문, 1997.

하갑래. 「외국인 근로자 활용제도에 관한 입법론적 연구」. 동국대 박사학위 논문, 2002.

· 행정 간행물, 각종보고서, 기타

강명규. 「외국인 노동자 정책과 방향」. 의료와 선교, 1995.

강수돌. 「외국인 근로자 고용 및 관리실태와 정책대안」. 서울:한국노동연구원, 1996.

고현웅. 「각국 정부의 이주노동자 정책, 외국인 노동자의 불법체류 원인과 대책 토론회」. 국회의원 박순자, 2005.

곽재석. 「방문취업제 성과와 과제」 법무부 출입국외국인 정책본부 외국국적 동포팀, 2008.

국가인권위원회 부산지역사무소. 이주근로자 인권보호 및 증진을 위한 심포지엄, 2008.

국가인권위원회. 『외국인 진정 관련 결정례 등 자료모음집』. 국가인권위원회 인권침해조사국, 2005.

_____. 정부의 외국인력제도 개선방안에 대한 의견, 2002. 8. 12.

국무총리 국무조정실. 외국인 인력제도 개선방안, 2002. 7.

국제노동연구소 편, ILO조약, 권고집(1919-1991), ILO연구총서3 돌베게(1991) 98의 번역에 의함.

권주안 · 이번송 · 조준모. 「외국인 노동의 대체성 분석: 서울지역을 중심으로」. 경제학연구, 1995.

김기성. 「불법체류 외국인 근로자의 산업재해 보상보험법의의 적용」. 勞動法律, 1994. 3.

김양수. 「불법체류 외국인 감소대책, 재한 외국인 정책현황과 개선과제」, 한나라당(재)여의도 연구소, 2008.

김해성. 「외국인 근로자의 실태와 과제」, 자치단체보고서, 2002.

김헌구 · 이규용. 「외국인력 고용의 경제적 효과, 저숙련 외국인력 노동시장 분석」. 한국노동연구원, 2004.

노동부. 외국인 근로자 종합대책, 1995. 7.

대법원. 2005. 11. 10, 선고, 2005다50034, 판결.

대법원. 1995. 12. 22, 선고, 95누2050, 판결.

대법원, 2006. 12. 7, 선고, 2006다53627, 판결.

박영범. 「우리나라의 외국인 근로자 문제, 국제노동법 및 사회보장」. 제14차 세계학술대회, 1994. 9.

법무부. 방문취업 제도설명자료, 2006.

법무부. 출입국 외국인 정책 통계 월보, 2009.

부산지방법원 2006. 5. 12.선고 2005나7747 임금.

박석운. 「노동 허가제 도입의 방향, 한국의 인권 II」. 국회인권포럼, 2001.

_____. 「외국인력정책의 기준정립과 외국인 근로자의 보호법 제정시안」. 노동법연구, 1997.

서경석. 「불법체류 노동자의 실상과 대책」. 외국인 노동자의 불법체류 원인과 대책 토론회, 국회의원 박순자, 2005.

서울고등법원, 2007. 2. 1, 선고, 2006누6774, 판결.

서울행정법원 2006. 2. 7, 선고, 2005구합18266, 판결.

설동훈. 「외국인 근로자증가로 인한 사회적 갈등의 양상과 해소방안」. 바람직한 외국인 근로자 인력정책 방향수립을 위한 토론회, 전북대학교, 2009.

_____. 「외국인 근로자와 한국사회」, 『서울대학교 사회발전총서』 ⑩. 서울대학교 출판부, 1999.

_____. 「노동력의 국제이동」. 서울대학교출판부, 2000.

_____. 「불법체류 자진신고 외국인 노동자 전원추방 정책의 문제점과 대안」. 국회헌정기념관, 2002. 10. 28.

_____. 국내외국인 근로자 차별해소 방안연구. 대통령자문 정책기획위원회, 2004.

_____. '한국의 외국인력 관리체계', 세계화시대 지역홍보와 외국인 노동자 정책. 2005년 한국동북아학회·21세기정책정보연구원·전북대 지방자치연구소 공동학술회의, 2005.

_____. 아시아 각국의 외국인 노동자 정책과 노동권. 이주지부, 2003.

_____. 「한국의 이주노동자와 인권」, 『사회권 포럼 자료집』. 2007.

_____. 「국내 불법 체류 외국인의 적정규모 추정」. 2005년도 출입국 관리국 정책연구보고서, 법무부, 2006.

설동훈·김윤태·김현미·윤홍식·이혜경·임경택·정기선·주영수·한건수. 「국제결혼 이주여성 실태조사 및 보건·복지 지원정책 방안」. 보건복지부, 2005.

설동훈·박경태·이란주. 「외국인관련 국가인권정책 기본계획 수립을 위한 연구」. 국가인권위원회, 2004.

설동훈·이해춘. 「외국국적 동포 고용이 국내노동시장에 미치는 사회·경제적 효과분석」. 노동부, 2005.

설동훈·최홍엽·한건수. 「국내거주 외국인 근로자 인권실태 조사」. 국가인권위원회, 2002.

설동훈·황필규·고현웅·양혜우. 「미등록 외국인 단속 및 외국인 보호시설 실태조사」.

국가인권위원회, 2005.

안경덕. 외국인력제도 현황 및 개선방안. 재한외국인 정책현황과 개선과제 토론회, 한나라당(재)여의도 연구소, 2008.

어수봉 · 권혜자. 「외국인 노동자와 노동정책」. 한국노총 중앙연구원, 1995.

오학수. 「일본의 외국인연수생 정책과 실태 및 시사점, 심우일 외 단순기능 외국인력 활용의 정책연구」. 중소기업연구원, 2002.

「외국인 근로자 체류지원을 위한 상담사례집」. 노동부 한국산업인력공단, 2008.

외국인 노동자 대책협의회. 「외국인 노동자 인권백서」. 다산글방, 2001.

우삼열. 「출입국관리법 개정안의 쟁점 및 인권적 대안」, 『국제이주연구소 세미나 자료집』. 2006. 3. 29.

윤인진. 「장래 우리나라 인력난 문제해결 및 재외동포 인력 활용방안」. 서울: 법무부, 2005.

이광택. 「불법체류 외국인 근로자의 산업재해에 대해서도 산재법상 요양급여를 지급하여야 한다」, 『勞動法律』, 1994. 10.

이만희. 「외국인 노동자의 불법취업증가에 대한 단속 대책」, 『저스티스』제24권 제2호. 한국법학원, 1991.

이학춘. 「한국 내 다문화 가정과 외국인 근로자의 적극적 사회통합 방안」. 법무부 특강 자료, 동아대학교 국제법무학과, 2009.

_____. 「절망하는 다문화 가정 자녀 어떻게 해야 하나」, 『국제신문』, 2009. 11. 1, 26면.

이혜경. 「재한 외국인 정책현황과 개선과제」. 한나라당(재)여의도 연구소, 2008.

이철승. 「외국인 정책 현황과 개선과제에 대한 정책 제언, 재한외국인 정책현황과 개선과제」. 한나라당(재)여의도 연구소, 2008.

임현진 · 설동훈. 「외국인 근로자 고용 허가제 도입방안」. 노동부, 2000.

장창원 · 이상돈 외. 「중장기 인력 수급전망 및 인적자원 정책개선지원」. 한국직업능력개발원, 2005.

정귀순. 시민단체에서 보는 외국인 정책 방향, 외국인과 더불어 사는 열린사회 구현을 위한 이민정책 세미나. 법무부 출입국 관리국, 2006.

정정훈. 「출입국관리법 개정방향」, 『한국국제이주연구소 정기세미나 자료집』. 2006. 3. 29.

조경재. 「부산지역 이주노동자 인권실태 설문조사 결과」. 이주노동자 인권보호 및 증진을 위한 심포지엄, 2008.

조준모. 「외국인력의 내국인력에 대한 대체성 분석, 저숙련외국인력 노동시장 분석」. 한국노동연구원, 2004.

중소기업 협동조합 중앙회. 「외국인산업연수제도 운영실태 및 고용 허가의 문제점」,

2002. 8.

최수근. 「입국 심사제도에 관한 연구」, 『법무 연구』 제12호, 1985.

최의정. 「외국인 불법체류 실태와 관리방안」, 『법조 통권』 453호. 법조협회, 1994. 6.

최홍엽. 「외국인 근로자 고용과 관련한 쟁점」, 『사회권 포럼 자료집』 I , 2007.

_____. 「외국인 근로자와 노동관계법의 적용」, 『노동법연구』 제4권, 1994.

_____. 「외국인 근로자의 사회보장」, 『민주법학』 22, 2002. 8.

_____. 「외국인 강제 퇴거절차와 관련한 몇 가지 쟁점」, 『민주법학』 통권33호., 2007.

하경효 · 김영문. 「외국인 근로자의 법적 지위 헌법적 국제법적 · 노동법적 사회보장법
적 지위를 중심으로 외국인 고용에 따른 사회 · 경제적 영향평가와 규율방안」. 서울
고려대학교 노동문제 연구소, 1998.

한국산업인력공단. 「외국인 근로자 사후관리서비스 시범실시 평가회의자료, 2006.

한국형사정책연구원. 「불법체류 외국인의 실태와 대책」. 서울 형사정책연구원 , 1998.

헌법재판소 1994. 12. 29, 93헌마120. 판례집6-2.

홍승권 · 설동훈 · 서화정 · 홍창웅 · 김영진 · 설미숙. 「국내거주 외국인 근로자의 건강
수준 평가와 체계적 관리방안」. 서울대학교 건강증진 사업단, 2006.

· 외국 문헌

Abella, Manolo I., *Migration and Employment of Undocumented Workers: Do Sanctions
and Amnesties Work?*, in Irregular Migration: Dynamics, Impact and Policy Options,
(2000).

Apap Joanna, De Bruycker Phillipe and Schmitter Catherine, *Regularisation of Illegal
Aliens in the European Union: Summary Report of a Comparative Study*, Kluwer Law
International, (2001).

Austin T, Fragomen, jr.,Steven C. Bell, and Thomas E, Mosley, Immigration Legislation
Handbook, (2005,Thomson/West).

Boeri, Tito, Hanson, Gordon, and McCormik, Barry (eds.), *Immigration Policy and the
Welfare System*, A Report for the Fondazione Rodolfo Debenedetti in Association with
the William Davidson Institute, Oxford University Press, (2002).

Bosch, Gerhard/Zuhlke Robinet, Klaus, *Der Arbeitsmarkt in der deutschen Bauindustrie*,
Institut Arbeit und Technik, (1999).

Bundesanstalt für Arbeit, Information für die Beratungs- und Vermittlungsdiente, (2003).

Bundesministerium für Wirtschaft und Arbeit, *Statistik Ausländische Beschäftigte*, (2003).

_____, *Statistik Ausländische Beschäftigte*, (2002).

Bureau of Labour Statistics, *Employment Projections*, April, 2002, www.bls.gov.

Case C-350/96, Clean Car, [1998] ECR 2521 (on residence requirement):Case C-162/99, Commission v. Italy, [2001] ECR 1-541 (on a residence requirement for the practice by dentists of their profession) and Case C-171/02, Commission v. Portugal, 2004]ECR 1-5645 (on the requirement of possessing a Portuguese License to work for a private security firm in Portugal).

Castles Stephen, Crawley Heaven and Loughna Sean, States of Conflict: Causes and Patterns of Forced Migration to the EU and Policy Responses, (2003).

Castles, Stephen, and Godula Kosack, *Immigrant Workers and Class Structure in Western Europe*, Second Edition, New York: Oxford University Press, (1985).

Cholewinski, Ryszard, *The Legal Status of Migrants Admitted for Employment: A Comparative Study of Law Practice in Selected European States*, (2002).

Citizenship and Immigration Canada, *The Monitor*, Ministry of Public Works and Services, Canada, ISSN 1705-6519, (March 2003).

Cluade-Valentin Marie, "Measures Taken to Combat the Employment of Undocumented Foreign Workers In France", OECD "Combating the Illegal Employment of Foreign Workers", (OECD Organization for Economic Co-operation and Development, (2000).

COM (2005) 389.

COM (2001) 386 final, OJ C 332 E of 27. 11. 2001.

Combating the Illegal Employment of Foreign Workers (2000: OECD).

Communication from the Commission to the Council, the European Parliament, the European Economic and Social Committee and the Committee of the Regions on immigration, integration and employment, COM (2003) 336 final. Not published in the Official Journal.

COMMUNICAT DE LA COMMISSION AU CONSEIL ET AU PARLEMENT EUROPEAN CONCERNANT UNE POLITIQUE COMMUNEEN MATEIERE D'IMMIGRATION CLANDESTINE COM (2001) 672 final Bruxelles, le 15.11.2001.

Cornelius, Wayne A., Takeyuki Tsuda, Philip L. Martin, and James F. Hollifield (eds.), *Controlling Immigration: A Global Perspective*, 2nd Edition. Stanford, CA: Stanford University Press. (2004).

Council Decision 96/C 11/01 of 22 December 1995, OJ 11 of 16.01.1996.

Council Decision 96/749/JHA of 16 December 1996, OJ L342 of 31.12.1996.

Council of Labour Affairs, *Labour Statistics Yearbook*, (2002).

Daniel C. Esty, "Good Governance at Supranational Scale: Globalizing Administrative Law", Yale L.J., Vol.115, (2006)

Dench, J. A Hundred Years of Immigration to Canada 1900-1999.Canadian Council for Refugees, http://www.web.net/~ccr/history.html.

Department for Education and Skills, *Projections of Occupations and Qualifications 2000/2001*, Vol. I, United Kingdom, (2001).

Department of Agriculture and Resource Economics, *Migration News*, University of California, Davis, California.

Directive 2003/109/CE du Conseil (L 16/44).

Document 14615/04 du Conseil.

Document 16054/04 du Conseil.

Eric Tucker, "'Great Expectations' Defeated? of Collective Bargaining Regimes in Canada and the United States Post-NAFTA", Comp. Lab. L. & Pol'y J, Vol.26 (2004), Sanford E Gaines, "NAFTA As a Symbol on the Border", 51UCLA L. Rev., Vol.51 (2003).

ECOTEC, *Admission of Third Country Nationals for Paid Employment or Self-employed Activity*, (2000).

Friedberg, R., & Hunt, J. "The Impact of Immigration on Host Country Wages, Employment and Growth", *Journal of Economic Perspectives*, Vol. 9 No. 2, (1995).

Foreign Workers: Everything you need to know about employing foreign workers, 2004, Chigago, Wolterskuwer Company).

Glover Stephen, Gott Ceri, Loizillon Anais, Portes Jonathan, Price Richard, Spencer Sarah, Srinivasan Vasanthi Willis and Carole, *Migration: An Economic and Social Analysis*, RDS Occasional Paper No. 67, (2001).

Goto, J. "The Impact of Migrant Workers on the Japanese Economy: Trickle vs. Flood," *Japan and the World Economy 10*, (1998).

Green Paper on a Community return policy for illegal residents, COM (2002) 175final.

Hamilton K, Simon and P., C., Veniard, *The Challenge of French Diversity*, May (2002).

Herwig Verschueren, Cross-Border Workers in the European Internal Market: Trojan Horses for Member State's Labour and Social Security Law?, The International Journal of Comparative Labour Law and Industrial Relations, Volume 24/2, (2008).

Immigration Act, R.S.C., ch 1-2, 94(i) (1985).

International Labour Office, The Rights of Migrant Workers, ILO (1988).

_____, ILO *Sub-regional Training Workshop on Labour Migration Policy and Management.* (2004).

International Organization for Migration, *Bordering on Control: Combating Irregular Migration in North America and Europe*, IOM Migration Research Series, No. 13, (2003)a.

_____, *International Comparative Study of Migration Legislation and Practice*, (2002).

_____, World Migration Report, *Managing Migration: Challenges and Responses for People on the Move*, IOM, (2003)b.

IOM (2003a),

Japan Immigration Bureau, Ministry of Justice, *Immigration Control 2006*, Tokyo: Ministry of Justice, (2006).

John R. Dobson, "Labour mobility and migration within the EU following the 2004 Central and East European enlargement", *Employee Relation*, Vol. 31, No. 2, (2009).

Joseph. S. Lee, "Country Report: Chinese Taipei", Migration and Labor Market in Asia, Tokyo (2003).

Marie, Claude-Valentin, *Preventing Illegal Immigration: Juggling Imperatives, Political Risks and Individual Rights*, (March 2003).

Martin, David A, *Immigration Policy and the Homeland Security Act Reorganisation: An Early Agenda for Practical Improvements*, Migration Policy Institute, April (2003).

Maria Isabel Medina, "Employer Sanctions in the United Sates, Canada and Mexico: Exploring the Criminalization of Immigration Law", Sw, J.L. & Trade Am., Vol.3 (1996).

Martin, Philip., "What is at Stake in GATS: Migration Perspectives" OECD World Bank-IOM Seminar on Trade and Migration, Geneva, 12-14 November (2003).

McClelland & Stewart, *Canadian & World Encyclopaedia*, Toronto http://www.whitepinepictures.com/seeds/i/7/history1.html, (1998).

Ministry of Manpower, *A Guide to Work Permits*, (2003).

Mosisa, Abraham T., "The Role of Foreign-born Workers in the U.S. Economy", *Monthly Labor Review*, Vol. 125, No. 5, Division of Labor Force Statistics, US Bureau of Labor Statistics, May (2002).

Niessen Jan, Schibel Yongmi and Magoni Raphaele (eds.), *EU and US Approaches to the Management of Immigration*, Migration Policy Group, (2003).

OECD, *Bilateral Agreements on Labour Flows:* Italy, Seminar jointly organized by the

OECD and the Swiss Federal Office of Immigration, Integration and Emigration (IMES), June, (2003d).

_____, *Bilateral Labour Agreements and Other Forms of Labour Recruitment: The United Kingdom Perspective*, Seminar jointly organized by the OECD and the Swiss Federal Office of Immigration, Integration and Emigration (IMES), June, (2003b).

_____, *Labor Force Statistics 1982-2002*, (2003f).

_____, *Labour Migration to the United States: Programmes for the Admission of Permanent and Temporary Workers*, Seminar jointly organized by the OECD and the Swiss Federal Office of Immigration, Integration and Emigration (IMES), June, (2003c).

_____, "Some Lessons Learnt from Recent Regularisation Programmes", in *Combating the Illegal Employment of Foreign Workers: International Migration*, OECD, (2000).

_____, *The Economic and Social Aspects of Migration*, Conference jointly organized by the European Commission and the OECD, January (2003e).

_____, *The Economic Impact of International Migration*, (2002).

_____, "Migration and the labour market in Asia: recent trends and policies", OECD Report (2002).

Organization for Economic Co-operation and Development (OECD), *International Migration Outlook Annual Report 2007 Edition*, Paris: OECD (2007).

Philip Martin, "Symposium: North American Migration, Trade and Security: Article: NAFTA and Mexico-U.S Migration: Policy Options in 2004", Law & Bus. Rev. Am., Vol.11 (2005).

Salt, John and McLaughlan, Gail, *Migration Policies Towards Highly Skilled Foreign Workers*, (2002).

Salt, John, *Current Trends in International Migration in Europe*, (2002).

Statistics United Kingdom, *Control of Immigration*, (2001).

Sanford E Gaines, "NAFTA As a Symbol on the Border", 51UCLA L. Rev., Vol.51 (2003).

Sean Hayes, Columnist, New Work System Benefits Migrants, The Korea Herald, (Aug.15, 2003).

Seol, Dong-Hoon, and John D. Skrentny, "South Korea: Importing Undocumented Workers," in Wayne A. Cornelius, Takeyuki Tsuda, Philip L. Martin and James F. Hollifield (eds.), *Controlling Immigration: A Global Perspective*, 2nd Edition, Stanford, CA: Stanford University Press, (2004).

Stalker, Peter, *The No-Nonsense Guide to International Migration*, Oxford: New

Internationalist Publications. (2001). (김보영 역), 국제이주, 이소출판사(2004).

Tapinos, Georges, "Irregular Migration: Economic and Political Issues", *Combating the Illegal Employment of Foreign Workers*, OECD, (2000).

The Statutes of The Republic of Singapore, Employment of Foreign Workers Act, Singapore: The Government Printer (1991).

The Applied History Research Group, *The Peopling of Canada: 1891-1921*, University of Calgary, (1997).

UNHCHR, The Rights of Migrant Workers', Fact Sheet No 24, http://www.unhchr.ch/html/menu6/2fs24.htm 자료.

United Nations, *World Population Prospects: The 1998 Revision*, New York: United Nations. (1998).

_____, *Replacement Migration: Is It a Solution to Declining and Ageing Populations?*, New York: United Nations. (2001).

U.S. Commission on Immigration Reform, *Legal Immigration: Setting Priorities*, (1995).

U.S. Department of Justice, Immigration and Naturalization Services, 2001 *Statistical Yearbook of the Immigration and Naturalization Service*, U.S. Government Printing Office, Washington, D.C., (February 2003).

U.S. Department of Justice, Immigration and Naturalization Services, *Annual Report: Legal Immigration, Fiscal Year 2001*, Office of Policy and Planning, Statistics Division, August (2002).

U.S. Department of Labor, Bureau of International Labour Affairs, *Developments in International Migration to the United States: 2002. A Midyear Report*, Immigration Policy and Research Working Paper 36, (2002).

U.S. Office of Personnel Management, Investigation Services, *Citizenship Laws of the World*, March (2001).

United Kingdom, Office for National Statistics, *Labour Market Trends*, October (2001).

United Nations, *Replacement Migration: Is it a Solution to Declining and Ageing Populations?* Population Division, Department of Economics and Social Affairs (2000).

United Nations Population Division, *International Migration 2006*, New York: United Nations, http://www.un.org/esa/population/publications/2006Migration_Chart/Migration2006.pdf, (2006).

Wickramasekara, Piyasiri, "Irregular Migration in Asia: Issues and Policies", ILO Sub-regional Training Workshop on Labour Mogration Policy and Management, Ayutthaya,

Thailand, 2~6 August. (2004).

Work Permits, (UK) *Working Holiday Makers Scheme: Consultation Document*, (June 2002).

根本 到, ドイツ法からみた三者間 關係における 使用者責任, 季刊 勞動法219号 勞動開發 研究會 (2007).

社會保障研究所, 外國人 勞動者と 社會保障, 東京大學 出版會 (1993).

森田桐郎, 國際勞動移動と 外國人勞動者, 同文出版株式會社 (1994).

野川 忍, 外國人勞動者法, 信山社出版 (1993).

· 인터넷 및 신문 자료

가. 웹사이트

유로포커스, http://www.euro-focus.kr/news/viewbody.php?board=alaune&page =1&number=2951&search=section&genre=alaune0509(Aide Medicale d'Etat)(검색일: 2009. 11. 13).

유로포커스, http://www.euro-focus.kr/news/viewbody.php?board=alaune&page =1&number=2629&search=section&genre=alaune0509(검색일: 2009. 11. 13).

국민일보 쿠키뉴스, http://news.kukinews.com/article/view.asp?page=1&gCode= soc& arcid=0920946058&code=41121111(검색일: 2009. 10. 02).

오마이뉴스, http://www.ohmynews.com/NWS_Web/view/at_pg.aspx?CNTN_ CD=A0001224592(검색일: 2009. 10. 10).

서울신문, http://www.seoul.co.kr/news/newsView.php?id=20070531009007(검색일: 2009. 09. 10).

법무부 출입국 외국인정책본부, http://www.immigration.go.kr.

(사)외국인 노동자와 함께, http://ijunodong.prok.org/bbs/zboard.php?i d=data_02&page=1&sn1=&divpage=1&sn=off &ss=on&sc=on&select_ arrange=headnum&desc=desc&no=5(검색일: 2009. 11. 11), http://withmigrants.org로 변경되었음.

(사)외국인 근로자와 함께, http://ijunodong.prok.org/bbs/zboard.php?i d=data_02&page=1&sn1=&divpage=1&sn=off&ss=on&sc=on&select_ arrange=name&desc=desc&no=5(검색일: 2009. 11. 17).

(사)외국인 근로자와 함께, http://ijunodong.prok.org/bbs/zboard.php?id=data_01& no=60(2009.11.17).

(사)외국인 근로자와 함께, http://ijunodong.prok.org/bbs/zboard.php?id=data_01&pag
e=1&sn1=&divpage=1&sn=off&ss=on&sc=on&select_arrange=headnum&desc=asc&n
o=284(검색일: 2009. 11. 18).

(사)외국인 근로자와 함께, http://ijunodong.prok.org/bbs/zboard.php?id=data_01&pag
e=1&sn1=&divpage=1&sn=off&ss=on&sc=on&select_arrange=headnum&desc=asc&n
o=284(검색일: 2009. 12. 21)

오니바, http://www.oniva82.com/news/print.php?idxno=1819(2009.11.11).

로앤비, http://www.lawnb.com/lawinfo/contents_view.asp?cid=C614E1ADB6794D509
E704CF39716DABB(검색일: 2009. 11. 14).

로앤비, http://www.lawnb.com/law/law_list.asp, 사회보장 기본법(검색일: 2009. 11. 26).

로앤비, http://www.lawnb.com/law/law_list.asp, 출입국 관리법(검색일: 2009. 12. 29).

야후 백과사전, http://kr.dictionary.search.yahoo.com/search/dictionaryp?p=%EC%82%
AC%ED%9A%8C%EB%B3%B4%EC%9E%A5&subtype=enc&field=id&pk=14514900(검
색일: 2009. 11. 14)

야후 백과사전, http://kr.dictionary.search.yahoo.com/search/dictionaryp?p=%EA%B5%
AD%EB%AF%BC %EA%B1%B4%EA%B0%95%EB%B3%B4%ED%97%98%EB%B2%95
&subtype=enc&field=id&pk=11199660(검색일: 2009. 11. 14).

야후 코리아 지식,http://kr.ks.yahoo.com/service/ques_reply/ques_view.
html?dnum=HAC&qnum=4307403(검색일: 2009. 12. 29)

월간노동, http://www.labor21.com/new_news_view.asp?ca=4100&subca=4110&
num=4065.(검색일: 2009. 11. 15).

크리스천 투데이, http://www.christiantoday.co.kr/view.htm?code=cg&id=167269(검색
일: 2009. 11. 17).

부산일보, http://www.busanilbo.com/news2000/html/2007/0323/050020070323.101011
2102.html.(검색일: 2009. 11. 18).

동아일보 매거진, http://shindonga.donga.com/docs/magazine/shin/2007/03/14/200703
140500038/200703140500038_1.html(검색일: 2009. 11. 18).

회년선교회, http://jubileekorea.org/bbs1/data/data/독일_외국인 근로자 정책.hwp(검색
일: 2009. 11. 18).

회년선교회, http://www.jubileekorea.org/bbs1/view.php?id=jmo02&page=1&sn1=&di
vpage=1&sn=off&ss=on&sc=on&select_arrange=headnum&desc=asc&no=79(검색일:
2009. 11. 27).

외교통상부, http://www.mofat.go.kr/ko.new/nationinfo(검색일: 2009. 11. 19).

유럽연합(EU), http://europa.eu/scadplus/leg/en/cha/c00017.htm(검색일: 2009. 11. 24).

ECOTEC, http://ec.europa.eu/justice_home/doc_centre/immigrtion/studies/docs/ecotec_en.pdf(검색일: 2009. 12. 29).

노동부-외국인 고용관리시스템, http://www.eps.go.kr/wem/kh/arc/kh0502010b01.jsp 외국인고용·보험안내서(삼성화재).hwp(검색일: 2009. 11. 16).

대한상공회의소, http://www.kcci.or.kr/EconNews/EconInfo/CRE04102R.asp?m_DataID=56748&m_data=all_data&m_query=&m_queryText=&m_page=1(검색일: 2009. 12. 01).

한국외국인선교회, http://www.fan.or.kr/zeroboard/zboard.php?id=ForeginNews&page=1&sn1=&divpage=1&sn=off&ss=on&sc=on&select_arrange=headnum&desc=asc&no=48(검색일: 2009. 11. 16).

한국산업인력공단, http://hrdc.hrdkorea.or.kr/hrdc/99466(검색일: 2009. 11. 16).

네이버지식in, http://kin.naver.com/detail/detail.php?d1id=4&dir_id=411&docid=82891&qb=7Jm46rWt7 J24IOq3vOuhnOyekCDsnKDsnoXrsLDqsr0=&enc=utf8&section=kin&rank=1&sort=0&spq=0&pid=fwBIcg331xCssZ0mV0Cssv--065805&sid=Swj6HXDTCEsAAE10TiM(검색일:2009.11.22).

1등 인터넷뉴스 조선닷컴, http://news.chosun.com/site/data/html_dir/2009/09/23/2009092301178.html(검색일: 2009. 11. 15).

_____, http://news.chosun.com/site/data/html_dir/2009/10/23/2009102301909.html(검색일:2009. 12. 10).

해피캠퍼스, http://mybox.happycampus.com/krnumber/654946/(검색일: 2009. 10. 20).

오산이주노동자문화센터, http://owcc.or.kr/gnu4/bbs/board.php?bo_table=jang&wr_id=114(검색일: 2009. 11. 11).

Web2.0위키기반 걷기, http://www.walkholic.com/index.php/%EC%84%BC%EA%B2%90%EC%A1%B0%EC%95%BD%28%EC%84%EA%B2%90%EA%B5%AD%EA%B2%BD%EB%B2%95%29"(검색일: 2009. 11. 24).

러시아 교민신문 다바이코리아, http://www.dabai.com/bbs/zboard.php?id=donginbaek&page=1&sn1=&divpage=1&sn= off&ss=on&sc=on&select_arrange=vote&desc=asc&no=25(검색일: 2009. 11. 04).

한국비정규교수노동조합, http://www.kipu.or.kr/bbs/zboard.php?id=law&page=1&sn1=&divpage=1&sn=off&ss= on&sc=on&select_arrange=headnum&desc=asc&no=1(검색일: 2009. 11. 14).

대한산업안전협회, http://www.safety.or.kr/Data/content.asp?gotopage=1&board_

id=case&idx=277&areaCo de=(검색일: 2009. 11. 03).

이주민과 실무자를 위한 네트워크, http://www.migrantworkers.net/?document_ srl=19168(검색일: 2009. 10. 07).

언제나 그 자리에, http://rome.textcube.com/647(검색일: 2009. 11. 02).

조인스 뉴스, http://article.joins.com/article/article.asp?total_id=2624065(검색일: 2009. 12. 10).

뉴스클리핑, http://migrant.nodong.net/zb/zboard.php?id=report&page=1&sn1=&divp age=1&sn=off&ss=on&sc=on&select_arrange=hit&desc=desc&no=1482(검색일: 2009. 12. 10).

2009 인권대학, http://humanrightscollege.tistory.com/tag/%EC%99%B8%EA%B5%AD% EC%9D%B8(검색일: 2009. 12. 10).

침묵의 소리, http://intothereign.tistory.com/281(검색일: 2009. 12. 11).

야후 코리아 미디어, http://kr.news.yahoo.com/service/news/shellview.htm?linkid= 33&articleid=2009103009563540870&newssetid=470(검색일: 2009. 12. 10). http:// kr.news.yahoo.com/service/news/shellview.htm?linkid=450&articleid=200808242223 5955323&newssetid=5(검색일: 2009. 12. 29).

MWTV, http://mwtv2009.cafe24.com/2009/bbs/board.php?bo_table=B23&wr_ id=29&sfl=wr_subject||wr_content&stx=&sst=wr_hit&sod=desc&sop=and(검색일: 2009. 12. 13).

크라이스트처치 한인회, http://www.chchkorean.org/bbs/board.php?bo_ table=notice&wr_id=142&sfl=&stx=&sst=wr_hit&sod=desc&sop=and&page=1(검색일: 2009. 12. 15).

법무부 인권소식, http://www.humanright.go.kr/10/sub/sub05_03.htm(검색일: 2009. 12. 15).

서울신문, http://www.seoul.co.kr/news/newsView.php?id=20091023001007(검색일: 2009. 12. 16).

하나포스.컴뉴스, http://news.hanafos.com/View.asp?ArticleNo=6129689&Class No=08, 서울대 정인섭교수 세계인권선언 전문 번역(검색일: 2009. 12. 28).

주유럽연합대사관, http://missiontoeu.mofat.go.kr/kor/eu/missiontoeu/introduction/eu/ eu01/index.jsp(검색일: 2009. 12. 28)

노동인권회관, http://www.inkwon.or.kr/maybbs/form.php?db=inkwon&code= news &n=527&mod=modify&page=52(검색일: 2009. 12. 31).

인권고등판무관(UNHCHR), http://www.unhchr.ch/html/menu3/b/m_mwctoc. htm(2010. 01. 11).

유엔과인권꾸러미,http://www.sarangbang.or.kr/kr/info/UN/un3.html(검색일: 2010.

01. 20).

나. 블로그

야후, http://kr.blog.yahoo.com/enockeo/525(검색일: 2009. 11. 03).

_____, http://kr.blog.yahoo.com/jjhee634/40(검색일: 2009. 11. 03).

_____, http://kr.blog.yahoo.com/jjhee634/41(검색일: 2009. 11. 12).

_____, http://kr.blog.yahoo.com/savinayoo/16541(검색일: 2009. 11. 24).

네이버, http://blog.naver.com/1930song/40054334794, [출처] 외국인 노동자 비율 OECD 최저 |작성자 1930song(검색일: 2009. 11. 15).

_____, http://blog.naver.com/sinji021/95117744,아름다운 세상(검색일: 2009. 12. 10),

파아란, http://blog.paran.com/jinbocorea/29400308(검색일: 2009. 12. 01).

_____, http://blog.paran.com/jinbocorea/29400308.(검색일: 2009. 09. 10).

노바이블, http://knowbible.com/blog/?p=73(검색일: 2009. 11. 27).

다음, http://blog.daum.net/phil228/16506521(검색일: 2009. 11. 02).

_____, http://blog.daum.net/mamburim/6405338(검색일: 2009. 11. 04).

_____, http://blog.daum.net/skadkfl34/227레포트 월드, (검색일:2009. 08. 10).

_____, http://kr.blog.yahoo.com/iminconsult/4.html(검색일: 2009. 12. 13).

대일노무법인, http://blog.daum.net/hr119/8515662(검색일: 2009. 12. 13).

바람...그리고 길, http://blog.empas.com/review2005/list.html?c=1684379(검색일: 2009. 12. 28).

다. 신문자료

경향신문, 2009년 10월 26일자 사회10면.

국제신문, 2009년 10월 22일.

뉴 시스, 2009년 09월 24일.

동아일보, 2009년 12월 10일.

연합뉴스, 2009년 02월 19일.

오 마이뉴스, 2009년 09월 29일.

중앙일보, 2007년 02월 02일.

쿠키뉴스, 2008년 06월 20일.

색인